马克思劳动理论的
当代诠释与时代价值

王绍梁 著

中国社会科学出版社

图书在版编目(CIP)数据

马克思劳动理论的当代诠释与时代价值 / 王绍梁著.
北京:中国社会科学出版社,2024.8. -- ISBN 978-7
-5227-4163-5

Ⅰ. A811.66

中国国家版本馆 CIP 数据核字第 2024FU3927 号

出 版 人	赵剑英	
责任编辑	李 立	
责任校对	谢 静	
责任印制	李寡寡	

出 版	中国社会科学出版社	
社 址	北京鼓楼西大街甲 158 号	
邮 编	100720	
网 址	http://www.csspw.cn	
发 行 部	010-84083685	
门 市 部	010-84029450	
经 销	新华书店及其他书店	

印 刷	北京君升印刷有限公司	
装 订	廊坊市广阳区广增装订厂	
版 次	2024 年 8 月第 1 版	
印 次	2024 年 8 月第 1 次印刷	

开 本	710×1000 1/16	
印 张	16.5	
字 数	265 千字	
定 价	79.00 元	

凡购买中国社会科学出版社图书,如有质量问题请与本社营销中心联系调换
电话:010-84083683

献给我的奶奶沈彩霞女士

序　言

近些年，"内卷""躺平""摸鱼"等网络热词层出不穷，并成为青年人生活语言的一部分。这些网络流行语的不断创造和更新迭代折射的是现实劳动问题的新发展、新变化。尤其是数字信息时代背景下，人类劳动在类型、性质、中介、场所等维度都发生了翻天覆地的改变，人与人之间愈发表现为数字的中介化产物，脑力劳动不仅与体力劳动发生分离，两者的等级关系在资本逻辑下也逐渐被消弭。我们好像回到了"过劳时代"，无时无刻不在工作，甚至沦为只会劳动的动物。人类学家格雷伯（David Graeber）专门撰写了《Bullshit Jobs》一书来批判困住当代人的"狗屁工作"，诸如随从（flunky）、打手（goon）、拼接修补者（box ticker）、分派者（taskmaster）。[①] 他认为，"狗屁工作"的最大问题在于消解劳动之于现代人的意义建构。用我自己的话说，这就是劳动的非属人性遮蔽了属人性，人在劳动中感觉到的不再是对于人自身生命力量的肯定，相反，愈发感到的是强制性、折磨性和否定性。[②] 显然，这些现象仍然属于马克思异化劳动批判理论的辐射范围，只是在新的时代条件下被表达为新的意识形态话语。因此，重新回到马克思关于劳动问题的探讨，对于我们更深刻地理解当下面临的生存境遇是非常有必要的。

从理论上讲，"劳动"之于马克思哲学本身的重要性也是不言而喻的。中文版《资本论》第 1 卷除去目录和注释，提到"劳动"就有 672 页，占到全书比例超过一半。毋宁说《资本论》也是一部"劳动论"。进一步说，劳动

---

① 参见［美］大卫·格雷伯《毫无意义的工作》，吕宇珺译，中信出版社 2022 年版，第 36 页。
② 参见何云峰、朱丹《劳动二重性矛盾运动如何推动劳动幸福程度的持续提升》，《理论探讨》2022 年第 4 期。

概念贯穿了马克思的思想史，是沟通青年马克思与老年马克思、马克思的哲学与政治经济学批判的"桥梁"。然而，长久以来，劳动问题一直被视为经济学的"专属"领域，在马克思主义哲学研究中几乎处于缺席状态。随着实践哲学的兴起，劳动理论研究开始以"附属的"身份显示自身的在场性，但其独立性还远远不够。直到 21 世纪初，劳动问题逐渐上升为一门综合性的"显学"，并成为马克思主义相关学科的重要研究方向。由此，学术界逐渐出现蔚为壮观的劳动哲学研究热潮，并形成了丰硕的理论成果。以本书聚焦的"劳动辩证法"为例，对此的研究经历了一个反转过程。受苏联教科书体系的影响，学界最初判定马克思的辩证法"只能被表述为唯物辩证法，而不是实践劳动辩证法"，后来开始从实践、劳动的维度理解马克思的辩证法，再到今天主流开始认同劳动辩证法构成马克思辩证法的核心内容。①

摆在读者面前的这部著作，正是作者从总体性视角阐释马克思劳动理论的最新成果。何为"劳动"？一般遵循的是《资本论》中的工具性定义，即把劳动过程理解为"人与自然之间的物质变换"②。与此不同，本书首先以青年马克思的著作《1844 年经济学哲学手稿》为依据，从存在论视角重新考察了马克思的劳动概念，主张从"感性的对象性活动"把握人类的劳动活动。作者认为，存在论维度的劳动与人类的自由本质紧密相连。劳动是人的有意识的生命活动，人通过生产劳动把自身和动物进行区分，从而获得摆脱动物性的"消极自由"。同时，劳动蕴含的积极自由表现为人类通过劳动展现对象性的本质力量，进而促使人的个性、能力的发挥和自我实现，并创造属于人的文化、历史和世界。

这一点对于劳动理论的研究是有突破的，并构成了本书的理论基点。因为无论是在普通人的观念之中，还是在诸多哲学家的著作里，"劳动"都成为受苦受累的代名词，亦即康德、阿伦特（Hannah Arendt）、哈贝马斯（Jürgen Habermas）等强调的自然必然性或工具性。但另一个文本事实是，马克思从

---

① 参见陶富源《唯物辩证法与实践的、劳动的辩证法》，《哲学研究》1996 年第 7 期；关锋《劳动辩证法：马克思历史辩证法的新解读》，《天津社会科学》2007 年第 2 期；俞吾金《论马克思的"劳动辩证法"》，《复旦学报》（社会科学版）2011 年第 4 期。

② ［德］马克思：《资本论》第 1 卷，人民出版社 2004 年，第 215 页。

未否定劳动之于主体自我实现的积极自由，到了晚年依然强调在扬弃资本逻辑之后，"劳动已经不仅仅是谋生的手段，而且本身成了生活的第一需要"①。因此，从理论上讲清楚劳动问题的辩证性质或矛盾本质，是很有必要的。基于此，本书从存在论视角回应了以鲍德里亚（Jean Baudrillard）为代表的西方学者对马克思劳动理论的误解，探索了马克思关于共产主义的思想转变及劳动意蕴；从比较视角探讨了黑格尔劳动辩证法的思想发展脉络，以及马克思对黑格尔的全面批判。作者提出，马克思的劳动辩证法不同于黑格尔的"劳动陶冶事物"，不是指自我意识在劳动中的生成过程，而是揭示了抽象劳动对具体劳动的支配和统治。由此出发，作者从劳动与资本的权力关系系统探讨了马克思劳动辩证法的逻辑发展、理论内核与价值旨趣。

劳动不仅是一个理论问题，更是一个现实问题。本书的一个亮点是直面现实、回应现实，并试图以理论研究引领现实，探讨了许多前沿理论问题。新时代，我国社会主要矛盾已经转变为人民日益增长的美好生活需要和不平衡不充分的发展之间的矛盾。我认为，从劳动视角看，美好生活的核心议题之一便是"劳动幸福"问题。青年马克思在一篇政论中曾强调过，"一个时代的迫切问题……主要的困难不是答案，而是问题。因此，真正的批判要分析的不是答案，而是问题"，而问题是时代的口号，"是表现时代自己内心状态的最实际的呼声"。②在此意义上，"保障劳动幸福权"就是我们这个时代的口号，是人民最实际、最迫切的呼声。基于此，本人发起的"劳动人权马克思主义"论坛已连续举办了八届，其理论旨趣也是希望通过劳动问题的哲学、伦理学、教育学、公共管理学等跨学科研究，推动马克思劳动理论更进一步从"文本"走向"现实"。

作者是我曾经指导的硕、博士研究生，近些年我们围绕劳动幸福问题有过非常深入的合作。本书不仅论证了劳动幸福概念成立的前提条件即马克思恩格斯"劳动创造了人本身"的思想，回应关于劳动幸福理论的常见误解，并且澄明了劳动幸福概念的存在论内涵即"感性的对象性活动"，探索了"劳

---

① 《马克思恩格斯文集》第3卷，人民出版社2009年版，第435页。
② 《马克思恩格斯全集》第1卷，人民出版社1995年版，第203页。

动二重性"(属人性与非属人性)的基本思想及保障劳动幸福权的当代意义。此外,作者还以我所著《劳动幸福论》(上海教育出版社 2018 年版)为文本,针对劳动幸福理论的时代价值与理论界限进行了学理性和批判性的分析。作者认为,劳动人权(劳动幸福权)马克思主义是对马克思主义的创造性继承和发挥,其理论旨趣和出发点是以劳动幸福为基础构建新型社会文化价值体系。作者强调,虽然劳动幸福理论在方法论和实践指向上没有超出资本意识形态的范围,但试图建构"以尊重劳动、崇尚劳动为文化氛围,进而努力保障劳动幸福"的人类文明新形态正是当代理论工作者的重要使命。

值得一提的是,作者非常强调社会调研,通过亲身的实践考察,提出了许多有价值和有意义的新概念、新观点。例如,作者在读书期间带队深入山西 L 县考察了精准扶贫现状和农村新型合作社,发现一些政策在制定和实施过程中存在对劳动参与的排斥,由此提出了"劳动扶贫"新理念,以此作为中国特色扶贫道路的理论尝试。应该说,这一概念是直接切中要害的。唯有劳动的介入,唯有让农民通过自己的劳动获得精神和物质上的满足,才能赋予乡村振兴可持续性。作者还基于调研强调"深入劳动现场"之于构建现代和谐劳动关系、实现社会良善治理的重要性。这些想法虽然缺乏系统论证,但是这种把理论与实践紧密结合的学术研究思路是完全正确的,而把劳动问题的研究与文化人类学的方法相结合的尝试,也很值得作者和学术界继续深入研究和探讨。

是为序。

何云峰

2024 年 3 月 14 日

目　录

第一篇　劳动与存在论

第一章　马克思劳动概念的存在论澄明 ·················· 3
　　第一节　劳动是人的感性的对象性活动 ·············· 4
　　第二节　劳动是人的有意识的生命活动 ·············· 10
　　第三节　劳动确证人的对象性本质力量的主体性 ·········· 16

第二章　鲍德里亚误解马克思劳动理论的存在论根源 ········· 24
　　第一节　何为"劳动—生产之镜" ·················· 24
　　第二节　鲍德里亚缘何误解马克思的劳动理论 ·········· 31
　　第三节　象征交换：用"暴死"对抗劳动的抽象化 ········· 37

第三章　马克思共产主义的思想流变与劳动意蕴 ··········· 45
　　第一节　哲学共产主义：感性辩证法与异化劳动的扬弃 ······ 46
　　第二节　"哲学—科学"共产主义：历史唯物主义与劳动
　　　　　　分工的消灭 ························· 50
　　第三节　科学共产主义：政治经济学批判与自由劳动的生成 ···· 54

第二篇　劳动与辩证法

第四章　黑格尔劳动辩证法思想的逻辑发展 ············· 65
　　第一节　"劳动的消极性"与激进的青年黑格尔 ·········· 66
　　第二节　劳动辩证法在主奴关系中的形成 ············· 72
　　第三节　个体劳动与社会劳动的辩证统一 ············· 84

第五章　马克思颠倒了黑格尔的劳动辩证法 ……………………… 92
　　第一节　否定性辩证法：黑格尔"抓住了劳动的本质" ……… 92
　　第二节　理性辩证法与"抽象的精神劳动" ………………… 100
　　第三节　感性辩证法：马克思与黑格尔的本质差异 ………… 108

第六章　马克思劳动辩证法的总体性阐释 ……………………… 113
　　第一节　马克思劳动概念的"出场"与"在场" …………… 113
　　第二节　重新阐释马克思的异化劳动理论 ………………… 125
　　第三节　"资本—劳动"权力关系的交互运动 …………… 132

第三篇　劳动与幸福观

第七章　劳动幸福论的时代价值与理论界限 …………………… 147
　　第一节　劳动幸福论与社会文化价值系统的重构 ………… 148
　　第二节　劳动幸福论面临的两大诘难及其回应 …………… 154
　　第三节　新工人阶级的圣经与空想社会主义的幽灵 ……… 158

第八章　"劳动幸福"的马克思主义阐释 ……………………… 164
　　第一节　劳动创造人："劳动幸福"的前提条件 ………… 164
　　第二节　感性的对象性活动：劳动幸福概念的存在论澄明 … 170
　　第三节　劳动二重性与保障劳动幸福权 …………………… 175

第九章　"让劳动本身成为享受"何以可能 …………………… 181
　　第一节　劳动成为享受的价值意蕴 ………………………… 181
　　第二节　劳动成为享受的现实困境 ………………………… 185
　　第三节　如何让劳动成为一种享受 ………………………… 188

第四篇　劳动与中国现实

第十章　劳动是理解新中国 70 多年辉煌成就的钥匙 ………… 197
　　第一节　调动劳动积极性是中国共产党的执政法宝 ……… 197

第二节　改革开放前 30 年的成就离不开劳动人民的艰苦奋斗 ……… 202

第三节　改革开放 40 多年最大限度地激活了劳动的积极性 ………… 206

第十一章　"劳动扶贫"新理念与中国特色扶贫道路探索 …………… 212

第一节　农村经营主体的资本化与新型合作社的三种模式 ………… 213

第二节　"劳动—生产"在扶贫实践中的交合与分异 ……………… 217

第三节　"劳动扶贫"新理念的现实展开与体系建构 ……………… 221

第十二章　深入"劳动现场"与和谐劳动关系的建构 …………… 227

第一节　政治经济学批判视域中的"劳动现场"概念 …………… 227

第二节　现代劳动关系的复杂性表明深入劳动现场的必要性 …… 232

第三节　深入劳动现场是构建和谐劳动关系的新路径 ………… 236

参考文献 ……………………………………………………………… 240

后　记 ………………………………………………………………… 250

第一篇

劳动与存在论

第一章　马克思劳动概念的存在论澄明[*]

在哲学史上，马克思并不是第一个把"劳动"概念引入哲学视野的哲学家。在马克思之前，康德、黑格尔都曾谈到劳动。康德的劳动思想存在内部的悖论：劳动作为一种与外部感性世界打交道的活动，最终陷入自然必然性而不可能具有自由能动性，但在《判断力批判》中，他又把人的劳动看作艺术创造活动，人在劳动中获得了一种感性自由而区别于动物。康德先验哲学导致的劳动的"二律背反"最终在黑格尔的思辨辩证法中得到了解决。在《精神现象学》的主奴关系中，黑格尔把劳动推崇为一种创造历史和自由的能动活动，奴隶通过劳动陶冶事物而获得自我意识，这种自我意识是实现自由的前提。因此，黑格尔的劳动仍然是建立在自我意识哲学基础上的抽象的精神活动，而不是感性的对象性活动。

劳动与自由究竟是否兼容？或者说劳动在何种意义上与自由相兼容？从20 世纪 70 年代起，英美分析哲学界围绕这一问题展开了激烈的争论，这些观点分为悲观论/对立论、摇摆论、乐观论/兼容论。马尔库塞（Herbert Marcuse）、科恩（G. A. Cohen）是悲观论/对立论的首倡者，他们认为晚年马克思的思想也转向了悲观，劳动与自由之间的兼容性非常小。^① 这一观点随后在西方学界引起了震荡，形成了不同的观点立场。这些学者通过"症候阅读"解读出马克思文本中的思想差异，但不是因为过分强调差异而导致思想统一

＊　本章主要内容已发表。参见王绍梁《马克思劳动概念的存在论意蕴——以〈巴黎手稿〉为阐释中心》，《湖南科技大学学报》（社会科学版）2023 年第 2 期。

① 参见 Herbert Marcuse, "The Realm of Freedom and the Realm of Necessity: A Reconsideration", *Praxis*, Vol. 5, No. 1, 1969, p. 20; G. A. Cohen, "Marx's Dialectic of Labor", *Philosophy & Public Affairs*, Vol. 3, No. 3, Apr. 1974, p. 261。

性研究的缺失，就是很少从存在论①的角度对这一问题进行论证。

我们的基本立场是兼容论，认为就"劳动"概念而言，马克思同时超出了以上两种主流理解，既不是把劳动单纯地视为与人的自由（能动性）无关的自然必然性的活动，也不是把劳动建构成确证人的意识之主体性的精神活动。而这完全要归功于马克思所发动并完成了的哲学革命。如果没有对费尔巴哈的"感性对象性"原则和德国哲学中的"活动"原则的批判性改造，并具有开创性意义地将两者耦合起来，马克思对劳动概念的阐释最多只能在主体与客体的二元结构中徘徊不前。马克思之后的诸多哲学家，凡是对其劳动概念的批判，都无不回落到"前马克思"的两种理解范式之中。因此，澄清马克思劳动概念的存在论意蕴具有重要的理论价值和现实意义。

第一节　劳动是人的感性的对象性活动

马克思"劳动"概念的存在论基础就是"感性的对象性活动"。第一个把马克思的"劳动"作为本体论（Ontology）范畴进行解读的是马尔库塞，他从人的感性和对象性（对象化）的存在形式来阐释《1844年经济学哲学手稿》中的劳动概念。但马尔库塞所说的"本体论"是指马克思把"劳动"作为解释人的自我创造的基础和原点②，而不是从感性的对象性的活动之整体来理解这一概念的存在论性质。因而，他最终错误地判断说，马克思对劳动的

---

① 存在论（Ontology），也译为本体论。"本体"在中国哲学中与"用""器"相对，有"本根"之意，但存在论研究的是"存在之规定"，两者有较大差异。本体论强调的是某一概念或思想在哲学体系中所具有的基础地位，作为统一性之根据；而存在论是对存在本身的反思，由此而形成不同的哲学思想。本书是基于马克思哲学与西方传统哲学的内在关联来使用"存在论"的。生存论（Existentialism）则是存在论的一种特殊形态，是对人的生命存在的反思，因而又译"存在主义"。在此意义上，马克思的劳动理论也包含生存论的路向。但由于马克思创立了历史唯物主义思想，把劳动置于资本主义生产关系下加以批判性地审视，从而又将其存在论思想与存在主义从根基上区分开来了。

② 马尔库塞的依据是基于对马克思劳动本体论的三个公式的概括："劳动是人在外化范围内或者作为外化了的人的自为的生成"；劳动是人的"自我创造、自我对象化的运动"；劳动是"生命活动本身，生产活动本身"。这与黑格尔的劳动概念固然具有形式和方法的相似，但马克思在充分肯定黑格尔把劳动与人的自我创造关联在一起的同时，也批评了其"劳动"是一种抽象的精神劳动，亦即意识否定感性和克服对象性的自我活动。换言之，马尔库塞仍然没有领会到"感性对象性"与"活动"相统一对于马克思哲学性质包括劳动概念的重要性。

理解"仍具有黑格尔的劳动概念的本体论性质的色彩"①，正是通过一概念，"马克思超出了费尔巴哈而回到了黑格尔那里"②。这表明从"感性的对象性活动"的整体来澄清这种混淆并用以把握马克思的劳动概念，具有重要的学术价值。

从文本看，马克思并未直接使用过"感性的对象性活动"这个整体表述，而是在"感性的活动"和"对象性的活动"之间交叉使用。在《1844 年经济学哲学手稿》中，出现"对象性的活动""对象化行动""外化活动"等多种术语，在《关于费尔巴哈的提纲》中则同时出现了"感性的活动"和"对象性的活动"，而在《德意志意识形态》之后，马克思几乎固定在"感性活动"这一提法之中。从学术界的既有研究来看，有的使用"感性活动"，有的使用"对象性活动"，有的则认为在马克思的思想中两者表达的是同一个意思，如马尔库塞。笔者之所以把这两种提法综合起来并概括为"感性的对象性活动"，是因为，这种概念上的综合有助于更为清晰地表现马克思与费尔巴哈、黑格尔之间的思想差异。

第一，"感性活动"之所以被马克思最后接受，是因为这一概念既超越了费尔巴哈的"感性直观"，又与黑格尔的"纯粹活动"区分开来。这种提法虽然可以突出马克思哲学的感性特征，但又很难在概念的表达和使用上把马克思的感性与费尔巴哈的感性区别开来，甚至容易造成与动物的"感性活动"——毋宁说是"活动"概念在哲学上和常识上的本质差异，在哲学上是指人的有意识的活动，在常识中，则是指一切动物的生理机能的反应或动作、行为——的混淆。

第二，"对象性的（gegenständliche）活动"虽然把马克思的劳动、生产等概念从"主客二分"的形而上学阐释中拯救了出来，但又很容易遮蔽马克思哲学的感性特征，因为，作为对象性（以及对象化、外化）活动的"劳动"在黑格尔的哲学中同样占据着十分突出的位置，因而如何区分马克思与

---

① 复旦大学哲学系现代西方哲学研究室编译：《西方学者论〈一八四四年经济学—哲学手稿〉》，复旦大学出版社 1983 年版，第 104 页。

② 复旦大学哲学系现代西方哲学研究室编译：《西方学者论〈一八四四年经济学—哲学手稿〉》，复旦大学出版社 1983 年版，第 114 页。

黑格尔的"劳动"——与此同时，还有辩证法、异化等概念——就始终成为学术谱系上的难题。实际上，"对象性活动"同样是为黑格尔所承认的，但他的对象性活动本质上是指意识的外化活动，而这也是海德格尔误解马克思对象性或对置性概念的原因所在。黑格尔的对象性活动虽然具有对象性或对象化的性质，却仍然是理性主体的自我活动，而不是属人的感性活动。因为劳动活动的对象性本身在黑格尔那里必须也必将会被意识所克服掉，从而回到绝对主体。相反，马克思确立了对象性活动的"感性"优先性，亦即"感性"具有不被主体—意识否定的先在性、确定性。因此，将"感性活动"与"对象性活动"统一称为"感性的对象性活动"是必要和重要的。

那么，马克思究竟是如何论证"感性的对象性活动"的呢？其在论证时，又与费尔巴哈的"感性对象性"、黑格尔的"活动"有着怎样的区别？不得不承认，马克思在《1844 年经济学哲学手稿》中虽然已经显示出与费尔巴哈的本质的不同，但他对于"感性"和"对象性"原理的阐发基本是直接承袭费尔巴哈。所以马克思说："感性（见费尔巴哈）必须是一切科学的基础。"[①] 在马克思看来，"感性"与"对象性"是相互依存、相互证明的，即是说，没有脱离对象的感性，也没有脱离感觉的对象。"说一个东西是感性的即现实的，是说它是感觉的对象，是感性的对象"[②]，相反，非对象性存在物则同时是非感性和现实的抽象存在物。可见，"感性对象性"意味着人的现实性和直接性。此外，"感性对象性"还意味着受动性，说一个东西是感性的，即说它是要受他者制约的。人首先直接是一种"自然存在物"，因而必然也是一种不能脱离感性对象而存在的存在物。"人作为自然的、肉体的、感性的、对象性的存在物，同动植物一样，是受动的、受制约的和受限制的存在物"[③]，这些受动性和限制性表现在其欲望的对象存在于人之外。"受动的"（leidend，原意指"受苦的"）这个术语就直接来自费尔巴哈。费尔巴哈用此概念来解释人与外部周遭环境、感性对象的依赖性关系，并认为只有受动的和需要的存在物才是必然的和有意义的存在物。但马克思把这种受动性拓展到了人的实

---

① ［德］马克思：《1844 年经济学哲学手稿》，人民出版社 2014 年版，第 86 页。

② ［德］马克思：《1844 年经济学哲学手稿》，人民出版社 2014 年版，第 104 页。

③ ［德］马克思：《1844 年经济学哲学手稿》，人民出版社 2014 年版，第 103 页。

践尤其是生产劳动在改造外部自然时与劳动对象的相互制约关系。

因此，在马克思看来，"感性对象性"还是人的本质属性，是表现和确证人的生命活动的重要载体。因为人是一种双重的存在物，即自然存在物和生命存在物，所以人不但同其他自然物一样具有自然力，还具有能动的生命力。与没有意识的感性对象相比，人具有欲望、才能和个性等。"这些对象是他的需要的对象；是表现和确证他的本质力量所不可缺少的、重要的对象"①，因此，人就必须通过感性对象来实现自己的生命力。在这里，马克思强调了"感性对象"与"人"的本质性关联。感性对象并不是僵死的、与人无关的、直观的、存在于人之外的存在物，而是作为人的感性对象与人处在积极的互动状态之中。可见，马克思发挥了费尔巴哈"对象性"原则的第二个原理，即"主体必然与其发生本质关系的那个对象，不外是这个主体固有而又客观的（gegenständliche——引者注）本质"②。不过，马克思在这里把这种对象进一步限定在了感性的范围，并且与人的本质力量关联起来。与费尔巴哈的"没有了对象，人就是无"一样，马克思也主张把"对象性"作为人的存在之明证，而"非对象性的存在物是非存在物［Unwesen］"③。这与费尔巴哈的表达不仅具有相似的外观，而且具有相似的内容："无规定的存在者，就是非客观的存在者（ungegenständliches Wesen，也译为"非对象性的存在者"——引者注），而非客观的存在者，就是虚无的存在者。"④ 但马克思所说的"对象"一定是存在于人之外的对象，即感性对象；反过来说，马克思并不承认人的思维内部的理性对象作为人的本质的确证。马尔库塞也意识到感性（对象化）概念对于哲学革命来说具有的决定性意义，即把实践与社会存在注入人的本质之中。⑤ 人本身是一种对象性存在物，人的感性在实践中就必然表现为对象化的行动，因而这种实践又必然是一种社会的对象化。在马克思那里，人的劳动、实践就表现为感性的对象化的活动过程。

---

① ［德］马克思：《1844年经济学哲学手稿》，人民出版社2014年版，第103页。
② 《费尔巴哈哲学著作选集》下卷，荣震华、王太庆、刘磊译，商务印书馆1984年版，第29页。
③ ［德］马克思：《1844年经济学哲学手稿》，人民出版社2014年版，第104页。
④ 《费尔巴哈哲学著作选集》下卷，荣震华、王太庆、刘磊译，商务印书馆1984年版，第40页。
⑤ 参见复旦大学哲学系现代西方哲学研究室编译《西方学者论〈一八四四年经济学—哲学手稿〉》，复旦大学出版社1983年版，第113页。

从这里可以看出马克思与费尔巴哈的重要差异，两者虽然同时主张感性与对象性的相互联系，但在费尔巴哈那里，"对象"并不与"感性"必然关联。费尔巴哈指出："理性的对象，就是自己作为自己的对象的理性；感情之对象，就是自己作为自己的对象的感性。"① 换言之，费尔巴哈把对象分为"感性对象"和"理性对象"，感性对象即是可以通过感官感受到的对象，而理性对象则只能通过思维来获得证明。在费尔巴哈那里，作为对象的"上帝"只是通过理性而存在，"因为上帝或本体只是理性的对象，'自我'的对象，思维实体的对象"②。费尔巴哈认为，感性对象存在于人之外，而理性对象如宗教对象存在于人之内，是人的内在的对象，因而感性对象能够把对象的意识和自我意识区分开来，而理性对象则重合在一起。然而，"上帝"在马克思看来，并不构成"对象性"原理的一部分，因为他认为宗教的根据仍然在现实世界之中，这是在《德法年鉴》时期的宗教批判中就得出的结论。这既是马克思与费尔巴哈的重大差别，也是我们把马克思劳动概念的存在论基础概括为"感性的对象性活动"而非仅仅是"对象性的活动"的重要依据。

在这个意义上，"劳动"概念在马克思哲学中与"感性的对象性活动"具有相同的本体论地位，换言之，感性的对象性活动所具有的基本内容和性质同样体现在马克思对劳动的理解中。劳动既是人的受动的活动，也是能动的活动。人的劳动活动首先必须以自然界为前提，而自然界就是人的感性对象性世界。"没有自然界，没有感性的外部世界，工人什么也不能创造。"③这表明，感性对象并不简单只是人的知觉的、感觉的对象，而主要的是人的需要的对象，因而如马尔库塞所说，感性对象也是人的力量、能力和情欲本能的对象。没有进行加工的感性对象，"劳动"本身也就失去了存在的前提。劳动的感性对象性不仅体现在自然界为人的劳动得以实现，劳动在其中进行加工改造，并由此而生产出产品和自身提供了感性材料，而且还体现在劳动本身创造了一个属于人的感性世界，亦即人化自然。自然界为劳动提供劳动对象，这是劳动的受动性的一面，但人并不是完全受自然界的支配，像动物

---

① 《费尔巴哈哲学著作选集》下卷，荣震华、王太庆、刘磊译，商务印书馆 1984 年版，第 34 页。
② 《费尔巴哈哲学著作选集》上卷，荣震华、李金山等译，商务印书馆 1984 年版，第 143 页。
③ ［德］马克思：《1844 年经济学哲学手稿》，人民出版社 2014 年版，第 48 页。

一样随遇而安、听天由命，而是按照一定的目的有意识地去加工、改造自然物。因此，人正是通过劳动对象化证明了人的能动性，进而证明人是一种自由的存在物。

劳动不仅是感性的对象性活动，而且是属人的活动。马克思把"感性对象性"之存在、关系同时理解为感性的对象性活动，既没有始终如一的感性对象，也没有脱离自然存在物的纯粹活动。"对象性的存在物进行对象性活动，如果它的本质规定中不包含对象性的东西，它就不进行对象性活动。"① 由此可见，马克思充分吸取了"活动"之主体性、能动性的方面，所以他在高度赞扬黑格尔作为否定原则和推动原则的否定性辩证法时，进一步把劳动理解为这种人的自我产生的活动过程，即黑格尔"抓住了劳动的本质，把对象性的人、现实的因而是真正的人理解为人自己的劳动的结果"②。差别在于，这种劳动仍然是最终要扬弃对象性存在的抽象活动。因此，作为感性的对象性活动的"劳动"正是对黑格尔之"自我活动"的批判性改造。在此意义上，马克思认为黑格尔只看到了劳动确证人的本质（自我意识）的积极面，而没有看到现实的异化劳动之于人的消极面。实际上，青年黑格尔在"耶拿时期"非常系统地批判过资本主义的雇佣劳动，但这种批判几乎还是一种外部的现象批判，并且黑格尔在后来的著作中基本上放弃了批判的立场，并反过来赞美建立在资本主义个人自由基础上的互相满足需要的劳动方式。从更深层次的存在论维度看，劳动的积极性应该被理解为肯定性，即黑格尔最终只是通过扬弃"感性对象"的形式实现了劳动对自我意识之主体的确证和肯定。同时，消极性亦指否定性，黑格尔直接忽视了"抽象劳动"在对象化过程中所无法扬弃的感性对抗性，这种否定性亦即矛盾性、革命性。黑格尔是通过自我意识设定物性的方式来达到扬弃对象性本身的目的。因此，马克思认为黑格尔根本无法触及现实——异化劳动或劳动的消极性。

同样，马克思的"活动"概念也不全然只是自我意识的纯粹活动，而始终是与感性对象绑在一起的活动。这样，劳动对于"人"的创造必须从外部

① ［德］马克思：《1844 年经济学哲学手稿》，人民出版社 2014 年版，第 102 页。
② ［德］马克思：《1844 年经济学哲学手稿》，人民出版社 2014 年版，第 98 页。

的感性世界获得证明，因而也实现了黑格尔劳动创造性从唯心主义向唯物主义的转变。"整个所谓世界历史不外是人通过人的劳动而诞生的过程，是自然界对人来说的生成过程，所以关于他通过自身而诞生、关于他的形成过程，他有直观的、无可辩驳的证明。"① 进一步说，人类通过劳动所创造的"人"和"自然界"的实在性可以通过感觉直观而得到确证。因此，人的"感性对象性"与"活动性"统一于"劳动"之中。

从存在论视角看，马克思的"劳动"概念以三种形式贯穿于《1844年经济学哲学手稿》之中，这三种形式又以"感性的对象性活动"作为内在关联的据点。一是通过感性的对象性活动来规定作为主体的人和对象世界，进而为历史唯物主义奠定了存在论基础。二是感性的对象性活动在现实中是以生产劳动为载体的，因而一方面是作为私有财产的主体本质而存在的抽象劳动，另一方面是作为异化形式而存在的感性劳动。抽象劳动与感性劳动的辩证法则构成了政治经济学批判的核心主题。三是马克思把这种异化劳动的扬弃理解为对私有财产的积极占有，因而论证了一种作为彰显和确证人的本质力量的自由劳动的可能性。这构成马克思全部哲学的旨归。"只有对于马克思来说，这个汇合整个欧洲之具有世界历史意义的思潮的'三位一体'，才得以决定性地、批判地完成。"② 可见，这三种劳动形式在《1844年经济学哲学手稿》中的汇合，表明马克思已经真正地从德国哲学、英国政治经济学和法国社会主义的独立思潮中超越了出来。

第二节　劳动是人的有意识的生命活动

"劳动"与"类本质"的关系是探讨马克思的劳动概念无法回避的问题。在以往的研究中，马克思的"类本质"由于被指控染上了费尔巴哈的人本学色彩，而与异化劳动一同被当作"不成熟"的思想置之不理。的确，"类""本质"这些概念是马克思从费尔巴哈那里直接引用过来的，并且在《关于费

---

① ［德］马克思：《1844年经济学哲学手稿》，人民出版社2014年版，第89页。
② 吴晓明：《马克思早期思想的逻辑发展》，上海人民出版社2016年版，第321页。

尔巴哈的提纲》中，马克思也对"类本质"的思想进行过批判，认为费尔巴哈的"本质只能被理解为'类'，理解为一种内在的、无声的、把许多个人自然地联系起来的普遍性"①。但我们要知道，费尔巴哈之所以只是停留在抽象的普遍性上把人理解为"类"存在，是因为他不是从人的现实的社会关系而是从"感性对象性直观"来把握人之存在，因而对现实状况及其变革最终诉诸爱、友谊。但完全不同的是，马克思是从人的感性的对象性活动来理解人和世界的关系，因而对于现实的变革他诉诸能够"改变世界"的实践、劳动，而非"解释世界"的理论活动。因此，马克思对"类本质"等术语的使用在《1844 年经济学哲学手稿》中仅仅具有费尔巴哈哲学的"外壳"，在这个形似的外壳内部所孕育的已是"新的生命"、新的世界观，这就是马克思对人的本质的新的理解。

当然，人的本质即人与其他存在物的差别问题始终是哲学研究的对象，因而诸多哲学家大都是从人与动物的差别来论证人的本质的。这种从动物来说明人的特殊性并非马克思的原创。在这个问题上，马克思与费尔巴哈、黑格尔产生了十分微妙但却是本质性的差异。自亚里士多德以来，形而上学家几乎都把"理性"作为区分人与动物的标志，认为"人是有理性的动物"。黑格尔仍然延续了这一论证路径，但他认为，人之所以不同于动物，是因为人有自我意识，因而人作为独立的主体而存在。所以，劳动之所以能让奴隶摆脱奴役性的存在，从附属于主人的动物般存在逆转成其为人，就在于奴隶在对物质进行加工改造的劳动过程中获得了自我意识。所谓"自我意识"，就是人在劳动对象化、外化的过程以及在劳动产品中看到了"自己"，即意识到了自我的"独立性"。"这种意识现在在劳动中外在化自己，进入到持久的状态。因此那劳动着的意识便达到了以独立存在为自己本身的直观。"②

与黑格尔相反，费尔巴哈却是从反方向来论证人与动物的差别，即不是从纯粹主体的自我意识而是从人的"感性对象性"方面来说明人如何超越于动物的存在。费尔巴哈认为，人和动物的根本差别仍属"感性的差异"，即感

---

① 《马克思恩格斯文集》第 1 卷，人民出版社 2009 年版，第 501 页。
② ［德］黑格尔：《精神现象学》上卷，贺麟、王玖兴译，上海人民出版社 2013 年版，第 189 页。

官的有限性与无限性、局限性与自由性的差别。一方面，费尔巴哈从人的整体性高度把人的感觉与动物的感觉区别开来。人不同于动物并不只是在于理性、思维这方面，而是"整个地"有别于动物。这同样体现在人的"感性"维度，把人和动物的感觉区分开的正是人的感觉的全面性和自由性。动物的感性作用是有局限的，而人的感性作用是绝对的。因为人的"感官的对象不限于这一种或那一种可感觉的东西，而是包括一切现象、整个世界、无限的空间"①，所以人的感性的目的是"美的享受"。费尔巴哈把人的生命看作最高级的存在，认为人是世界上最为感性和最为敏感的生物。因为感觉只有在人身上才"从相对的、从属于较低的生活目的的本质成为绝对的本质、自我目的、自我享受"②。

另一方面，费尔巴哈认为人与动物的最大区别就是"意识"，但此意识非旧哲学之理性、精神的意识，而是"类"意识，即人把自己的"类"和"本质"当作自己意识和意志的对象。人不仅仅把自己的个体性当作对象，而且还把类和本质当作对象。所以，如果动物将人作为反思的对象，那么其就越发接近人类。因为只有同类的实体才能够互为对象。费尔巴哈显然还是从"人"来解释人本身、人的本质，因而不免带有"同义反复"的特点。但他的论证终究是想表明，感性虽然是人与动物所共同具有的属性，但人的感性毕竟是属人的，因而人的一切感官也就带上人的属性。因而他幽默地指出："谁将人性从胃中除掉，将胃列入兽类，谁就是承认人在吃东西的时候具有兽性。"③

马克思对人的本质的证明不但超出了黑格尔的单纯理性证明，也避免了费尔巴哈感性本体论的逻辑缺陷。因为马克思把劳动看作人的"有意识的生命活动"，因而是人的"生产活动"即劳动把人和动物根本地区分开来了。塞耶斯（Sean Sayers）也认为，马克思是从人与动物的差异说明人类劳动在某种程度上是一种自由活动。④ 这首先仍然要从劳动的存在论基础获得证明。既

---

① 《费尔巴哈哲学著作选集》上卷，荣震华、李金山等译，商务印书馆 1984 年版，第 213 页。
② 《费尔巴哈哲学著作选集》上卷，荣震华、李金山等译，商务印书馆 1984 年版，第 212 页。
③ 《费尔巴哈哲学著作选集》上卷，荣震华、李金山等译，商务印书馆 1984 年版，第 183 页。
④ 参见 Sean Sayers, *Marx and Alienation: Essays on Hegelian Themes*, New York: Palgrave Macmillan, 2011, p. 69。

然劳动是一种感性的对象性活动，那么，劳动在马克思的哲学中就获得了双重的含义：一方面，劳动必然是一种与感性对象、自然界打交道因而在一定程度上要服从外部世界的内在规律的受动性活动，另一方面，人也不必然完全跟着自然规律走，而是通过劳动的对象化过程，证明了人的活动的能动性。这种二重性表明，劳动是把人与动物区分开来的"有意识的生命活动"。在此意义上，马克思认为劳动是一种确证人的类本质的活动，即人通过劳动证明了自己是与其他自然存在物不同的类存在，用恩格斯的话说，"劳动创造了人本身"①。当然，恩格斯更多是从生物进化论的角度论证劳动在人从猿到人的转变中的作用。

如果说恩格斯是从人与自然的关系来解释人的起源，那么马克思则是从"人"本身即人的主体性而非自然性来解释"人之为人"的本质。在马克思这里，劳动确证人的类本质，意味着劳动使得人成其为人。通过劳动这把密钥，我们"人"的起源就得到了合理性的阐释，劳动一跃成为人之为人的根据所在。同时，马克思把劳动看作人的有意识的生命活动，表明劳动具有彰显人的主体性和自由性的一面。在《1844 年经济学哲学手稿》中，他把劳动理解为人的自由自觉的活动，因而是彰显和确证人的本质力量的活动。过去很多学者把这种思想贬低为一种人本学的预设，即认为马克思在价值上预先设置了劳动的自由性质，然后再去批判劳动的异化。实际上，他们没有正确认识到这里所谈的劳动的存在论意义和价值，由此忽略了"劳动创造人"的生存论内核。

劳动作为人的有意识的生命活动，首先体现在人把自己的生命活动当作自己意志和意识的对象。这显然也是从"感性的对象性活动"中推论出来的。人是一种对象性存在物，人的劳动就是一种对象性活动，即一种对"对象性关系"本身有所领会的活动。换言之，人能够把劳动这种生命活动而不是仅仅把被给定的感性存在作为对象来进行思考，也就是说，人对劳动这种生命活动本身能够反思。基于此，人类的劳动才具有创造性，而不同于动物的生命活动几乎是亘古不变的，似自然规律的提线木偶。这种意识其实就是"类

---

① 《马克思恩格斯文集》第9卷，人民出版社2009年版，第550页。

意识",这种类意识使人成为自由存在者。客观地说,这种思想也明显见于费尔巴哈的论述中。"只有将自己的类、自己的本质性当作对象的那种生物,才具有最严格意义上的意识。动物固然将个体当作对象,因此它有自我感,但是,它不能将类当作对象。"①

但是,马克思把费尔巴哈的思想往前推进了一步,即不是把抽象的"类"作为人的对象,而是把人的"感性的对象性活动"本身作为意识的对象。因此,"类"在马克思这里并不是抽象的概括,而是指人类的有意识的生命活动。正如马克思所说:"一个种的整体特性、种的类特性就在于生命活动的性质,而自由的有意识的活动恰恰就是人的类特性。"② 他认为,劳动是维持生活需要和生产活动的基础性活动,因而标志着人类的整体性。这种类的"整体性"超出了某个物种的名称集合,而是作为"人之为人"的标志。动物与人的本质差异就在于此,即动物无法把"自我"与"活动"区分开来。这一点正是人所具有的独特能力,即人能够将生命活动作为意识的对象,"有意识的生命活动把人同动物的生命活动直接区别开来"③。从这个视角看,黑格尔也是"劳动创造人"观点的持有者,但他所谓的"人"仍然披着唯心主义的外衣。黑格尔认为奴隶可以通过劳动生发出独立的自我意识,进而使得其有可能成为人,但这等于把人的本质归结为自我意识。马克思则以有意识的生命活动扬弃了"自我意识"的人的本质观,把劳动本身还原为人的本质。所以马克思批判说:"黑格尔唯一知道并承认的劳动是抽象的精神的劳动。"④

马克思的思想同样为海德格尔所认同,人的"有意识的生命活动"被其称之为"生之本质"(Lebe-Wesen)。所谓生之本质,是海德格尔对德文"Lebewesen"所做的拆分。"Lebewesen"本义为生物性,在此意义下,人和动物尚未得到区分,都带有一般的生物性状、特征。但海德格尔的"Lebe-Wesen"显然不是生物科学意义上的概念,而是通过拆词把人的存在从一般的"生物性"超拔出来成为人的"本质性",但这种本质性又是建立在生物性的

---

① 《费尔巴哈哲学著作选集》下卷,荣震华、王太庆、刘磊译,商务印书馆1984年版,第26页。
② [德]马克思:《1844年经济学哲学手稿》,人民出版社2014年版,第53页。
③ [德]马克思:《1844年经济学哲学手稿》,人民出版社2014年版,第53页。
④ [德]马克思:《1844年经济学哲学手稿》,人民出版社2014年版,第98—99页。

基础之上，并未将人的自然属性全然消解。海德格尔在《关于人道主义的书信》中指出："人的出窍的本质在于生存，……生物就是生物，生物完全没有从它们的这样的存在中来处于存在的真理中而在这样的处中保持住它们的存在的本质的东西。大概在一切存在着的存在者中，我们最难思的就是 Lebe-Wesen"①。"出窍的本质"亦即指人的生存（to be）。何为生存？如果用马克思的术语说就是指"人们的现实生活过程"，就是人们为了满足自身的需要而进行的生产劳动。换言之，人把人的本质从动物性或生物性中解放出来并证明自身的存在不是别的，正是他的有意识的生命活动。"生存"在海德格尔哲学中虽然被诗化为"烦""被抛"等，但他与马克思至少都共同承认一点："动物和自己的生命活动是直接同一的。"② 用海德格尔自己的话说就是："植物和动物诚然总是被绑在它们的环境中的，但却从来不是自由地被摆进存在的澄明中去的"③。只是在海德格尔那里，作为存在之自由的澄明是动植物所没有的"语言"，而在马克思这里，正是人的劳动活动使得人从动物性中超越了出来。

诚然，从满足需要而进行的生产劳动看，劳动的确是对人的类本质的一种确证，然而动物也有与人的劳动相类似的生命活动，如觅食、筑巢等。因此，关键在于说明人与动物在生产活动这件事上的本质不同。换言之，"人甚至不受肉体需要的影响也进行生产，并且只有不受这种需要的影响才进行真正的生产"④。费尔巴哈是将人的感性、感觉的全面性、绝对性和自由性视为人和动物的本质差别所在，而在马克思这里则又被扬弃为感性的活动即生产劳动。马克思认为，由于动物进行"生产活动"的目的没有超出肉体需要和物种繁衍的范围，因而相较于人的生产劳动来说，是片面的、直接的和局限的。人因为具有超出这种自然限制的需要，因此是全面的、自由的和创造性的。"正是在改造对象世界的过程中，人才真正地证明自己是类存在物。"⑤

① 《海德格尔选集》上卷，孙周兴选编，生活·读书·新知上海三联书店1996年版，第370页。
② ［德］马克思：《1844年经济学哲学手稿》，人民出版社2014年版，第53页。
③ 《海德格尔选集》上卷，孙周兴选编，生活·读书·新知上海三联书店1996年版，第370—371页。
④ ［德］马克思：《1844年经济学哲学手稿》，人民出版社2014年版，第53页。
⑤ ［德］马克思：《1844年经济学哲学手稿》，人民出版社2014年版，第54页。

这就是说，生产劳动是属于人的能动的类生活，因而也属于自由的创造性的活动。

不难看出，马克思主张，劳动本质上是人的自由的证明和体现，即把自由劳动看作人的本质。从生产维度看，劳动活动的"有意识性"也表现为人类劳动的"目的性"。马克思在《资本论》中有过经典的比喻，他认为人类活动相较动物的"超越性"在于其目的性，所以最蹩脚的建筑师比最灵巧的蜜蜂的高明之处在于"他在用蜂蜡建筑蜂房以前，已经在自己的头脑中把它建成了"①。因此，劳动的有意识性铸就了劳动主体的创造性。在人类历史的高度上，人通过劳动开启了属于人的新世界，"整个所谓世界历史不外是人通过人的劳动而诞生的过程"②。人学思想家卡西尔（Ernst Cassirer）同样认为，人与众不同的标志并不是形而上学本性和自然物理性，而是因为人通过劳动（work）体系"规定和划定了'人性'的圆周"③。而人类的宗教、艺术、历史等都只是作为这一圆周的不同扇面。这就是劳动在个体层面和整体层面所展现出的创造性。

第三节 劳动确证人的对象性本质力量的主体性

如果说劳动是人的有意识的生命活动，人通过这种活动来证明自己超越于动物的独立性和自由性，那么，用伯林（Isaiah Berlin）的术语来看，这种自由毋宁说还是一种摆脱动物性即兽性的"消极自由"。正如马克思所强调的，动物在受到其肉体需要的支配下才进行生产，但人正是由于摆脱了这种生命延续的外在强制才能够"进行真正的生产"，并"自由地面对自己的产品"。④ 我们认为，马克思的劳动概念还包含"积极自由"的维度，也就是人在劳动及其对象化世界中肯定自己、确证自己、实现自我的能力。概括地说，劳动是表现和确证人的对象性本质力量之主体性的活动。这可见之于《1844

---

① ［德］马克思：《资本论》第 1 卷，人民出版社 2004 年版，第 208 页。
② ［德］马克思：《1844 年经济学哲学手稿》，人民出版社 2014 年版，第 89 页。
③ ［德］恩斯特·卡西尔：《人论》，甘阳译，上海译文出版社 1985 年版，第 87 页。
④ ［德］马克思：《1844 年经济学哲学手稿》，人民出版社 2014 年版，第 53 页。

年经济学哲学手稿》中的一段经典表述：

> 当现实的、肉体的、站在坚实的呈圆形的地球上呼出和吸入一切自然力的人通过自己的外化把自己现实的、对象性的本质力量设定为异己的对象时，设定并不是主体；它是对象性的本质力量的主体性，因此这些本质力量的活动也必定是对象性的活动。……因此，并不是它在设定这一行动中从自己的"纯粹的活动"转而创造对象，而是它的对象性的产物仅仅证实了它的对象性活动，证实了它的活动是对象性的自然存在物的活动。①

这是马克思在对黑格尔的辩证法和整个哲学进行批判时"突然插入"的一部分，因而可以说是马克思在批判黑格尔"纯粹活动"后所形成的"成果"。这一成果我们可以概括为三个方面：其一，马克思把现实的人的活动概括为展现"对象性的本质力量"（gegenständlicher Wesenskräfte）之主体性的活动。我们已明确的是，马克思把人不是理解为从自然界中抽象出来的纯粹主体，而是一种进行感性的对象性活动的存在物。人是有感觉的，在自身之外有感性对象的并为对象所设定的存在物，那么，人的现实存在必然表现为"对象性活动"。"本质力量"（Wesenskräfte）是马克思的概念创新。他把本质（Wesens）和力量（Kräfte）组合成一个新的德文词，意为"有生命之存在物所固有的内在力量"。所谓对象性的本质力量，意即，人在与之必然发生关系的对象中所显现出的特殊威力、能力。在费尔巴哈哲学中也可见到类似的表达："人的绝对本质、上帝，其实就是他自己的本质。所以，对象所加于它的威力（Macht，意为权力、力量、政权等，与 Kräfte 为近义词——引者注），其实就是他自己的本质的威力。所以，感性的对象的威力，就是感情的威力；理性的对象的威力，就是理性本身的威力；意志的对象的威力，就是意志的威力。"② 但两者存在重大的差异：马克思认为对于人来说，只存在"感性的

---

① ［德］马克思：《1844 年经济学哲学手稿》，人民出版社 2014 年版，第 102 页。
② 《费尔巴哈哲学著作选集》下卷，荣震华、王太庆、刘磊译，商务印书馆 1984 年版，第 30 页

对象性",因而这种力量也必然是一种感性的生命力量,并且这种力量只能通过对象性活动才得以存在并显现于对象之中。

马克思认为,作为人所需要的对象就是表现和确证他的本质力量不可缺少的、重要的对象,因此,人的感性活动必然也是展现人的本质力量的对象性活动。这种本质力量体现为对象性关系的互相证明、互相创造。以太阳和植物的对象性关系为例:"太阳是植物的对象,是植物所必不可缺少的、确证它的生命的对象,正像植物是太阳的对象,是太阳的唤醒生命的力量的表现,是太阳的对象性的本质力量的表现一样。"① 换言之,"对象性本质力量的主体性"在马克思的存在论语境中就是指"对象性的活动","活动"意味着主体性,但此"主体性"并非近代哲学中的"主体",而是人在对象性活动中所展现的本质力量的主体性。

其二,人之主体性向来"在外"而非"在内"。"在外"是指,人虽然能够通过对象性活动设定对象,但同时也为对象所设定。所以,马克思打破了一般对人与自然的二元对立的理解。人是自然界中的人,说明人在自身之外始终存在着对象世界,而自然界始终表现为人的自然界,是因为自然界离开了人也就只是一种费尔巴哈意义上的抽象的感性对象。只要人存在,自然界必然表现为人在其中进行着对象性活动的自然界。"创立对象,与被对象所创立,在这里被统一起来了。"② 人与自然界的互动过程同时是人不断实现自我的过程。但这种实现绝不是黑格尔哲学意义上的意识的自我实现,亦即意识在外化和对象化的过程中证明了自己作为绝对主体的存在。马克思的"自我实现",是指必然为对象所限制、又能动地改造对象,并保持对象性关系的自我实现过程。自我的实现并不是返回作为纯粹主体的"自我",而是展现了人的对象性本质力量的主体性,即显示人的自由的、能动的、自主的方面。这意味着,人的"主体性"并不存在于自我意识的内部,而是一种"在外的"即对象性的主体性。因此,这种主体性,并不是指主体本身,而是指对自己的在外存在或对象性存在的一种领会。

---

① [德]马克思:《1844年经济学哲学手稿》,人民出版社2014年版,第103页。
② 王德峰:《马克思意识概念和生产概念的存在论探源——兼论海德格尔对马克思的批评》,《复旦学报》(社会科学版)2001年第6期。

其三，"对象性本质力量的主体性"之提法包含了马克思对理性形而上学尤其是黑格尔的意识内在性所进行的存在论革命。人之所以能够通过外化把自己的本质力量"设定"为异己的对象，并非说这种"设定"的活动本身是"主体"，如黑格尔的意识在外化自己并全面克服对象时成为一种扬弃对象性的纯粹主体。"设定"（setzen）是一个专属德国古典哲学的术语，发端于费希特的知识学原理。它在德文中有摆放、安置、确立、规定的意思。因此，在费希特、黑格尔等那里，"对象"表现为在意识中摆放、确立起来，受意识的规定，亦即是意识主体从自己的纯粹活动"转而"——亦即：对象本身是主体的产物，只是物性、物相之存在，而不能反过来设定主体——创造对象。与之相反，马克思认为，这种"设定"本质上还只能被理解为人的对象性活动的主体性，因为人作为一种自然存在者，亦即作为对象性的存在物，就只能进行对象性活动。人之所以能够"创造或设定对象"，是因为它也被对象所设定。换言之，对象性的产物（如劳动产品）只是证明了人的活动是一种不能脱离自然（感性对象）的对象性活动。因此，马克思反对并超出了黑格尔的"纯粹活动"的主体性哲学，而把意识之存在特性——对象性本质力量的主体性——还原了出来。这种还原用海德格尔的术语来说就是"对存在的澄明"。

从存在论看，劳动作为表现和确证人的对象性本质力量的生命活动，其蕴含的积极自由主要体现在两个方面：首先，劳动作为一种感性的对象性活动，在对象性和主体性两方面分别体现出其对人的本质力量的确证。

一方面，在马克思看来，任何一种特殊的具体劳动必然有具体的感性对象，因此，每一种现实的感性对象对于人来说就成为个体的特定的本质力量的现实，亦即成为自身的对象化和确证个性的对象，亦即对象成为他自身。那么某一对象它是如何成为人的对象的呢？"这取决于对象的性质以及与之相适应的本质力量的性质；因为正是这种关系的规定性形成一种特殊的、现实的肯定方式。"① 通俗地说，什么样的对象唤醒什么样的本质力量，也就表现什么样的个性、能力。既然植物和太阳是互为对象的，那么它们就以植物生

---

① ［德］马克思：《1844年经济学哲学手稿》，人民出版社2014年版，第83页。

长和光的形式分别唤醒自己的生命力量，这同时也是对对象的本质力量的一种确证。这即马克思所说的"特殊的、现实的肯定方式"。马克思还以耳朵和眼睛为例，耳朵固有耳朵的对象，眼睛也有眼睛的对象，所以，人如何表现出耳朵和眼睛的本质力量不仅取决于人的五官的官能，而且取决于耳朵和眼睛的对象。感性对象为人展现本质力量划定了界限和提供了具体的路径。

这在人类的劳动活动中体现得再明显不过，劳动分工虽然是人类经济活动的必然产物，但每一种劳动类型对于劳动者来说是一种特定的感性的对象性活动，这种活动表明劳动者既有特定的对象，也是特定的劳动主体，因而其活动本身所展现的就是人的本质力量的独特性。木匠不同于瓦匠，并不在于其人的独特性，而在于他们的劳动和对象——如"刨"的活动不同于"砌"的活动，刨的对象即"木头"不同于砌的对象即"砖头"——的独特性，因而他们在劳动活动和劳动产品中所感受到的喜悦、快乐、自由、幸福，一言以蔽之，对其个性、能力和本质力量的肯定的方式也是与众不同的。"每一种本质力量的独特性，恰好就是这种本质力量的独特的本质，因而也是它的对象化的独特方式，是它的对象性的、现实的、活生生的存在的独特方式。因此，人不仅通过思维，而且以全部感觉在对象世界中肯定自己。"① 这也指明了人在劳动这一感性的对象性活动中所获得的肯定自己的感觉是不能被否定和抽象掉的，这反过来也是对资本主义异化劳动的存在论批判，即抽象劳动遮蔽了人的具体劳动的感性本质，亦即遮蔽了劳动对人的本质力量的确证的积极维度。

另一方面，就活动之主体而言，每一种对象只能是这种活动主体即"我"的本质力量的肯定，"只有音乐才激起人的音乐感；对于没有音乐感的耳朵来说，最美的音乐也毫无意义"②。马克思这里的另一层批判意义在于，因为人的感觉是与人和对象相交合在一起，因而这种对人的本质力量的确证就不可能被当作商品来出卖和交换。换言之，这种快乐、幸福虽然具有客观性，但却不能被资本主义的抽象劳动所扬弃掉。不仅如此，任何一种特定的对象对

---

① ［德］马克思：《1844年经济学哲学手稿》，人民出版社2014年版，第83页。
② ［德］马克思：《1844年经济学哲学手稿》，人民出版社2014年版，第83页。

于"我"的意义即对"我"的个性和能力的肯定也必须以"我"的感觉所及的程度为限。所以马克思说:"五官感觉的形成是迄今为止全部世界历史的产物。"① 毋宁说,这种五官感觉是人类世世代代活动(尤其是劳动)的产物,那么,人的感性的、感觉的丰富性就是人的劳动、人的对象性活动的丰富性的体现。对象对于人的存在方式就是人的感觉享受对象的特有方式。马克思认为人的感觉、激情,不仅具有"人本学的规定",而且是对自然的"本体论的确定"。② 这意味着,人的感觉与自然对象本就存在于一个整体即人的感性的对象性活动之中。劳动的"积极自由"更为明显地体现在马克思的《詹姆斯·穆勒〈政治经济学原理〉一书摘要》中。马克思将劳动的存在论规定与其异化形式进行比较,认为劳动是自由的生命表现和生活的乐趣,并直接指出劳动活动对人的本质力量的肯定,"我在劳动中肯定了自己的个人生命,从而也就肯定了我的个性的特点"③。尽管这体现的是青年马克思的劳动观,但这种对于劳动内涵感性自由的乐观态度却是马克思一生坚持的立场。

其次,劳动创造的积极性不仅可以从"个体劳动"中窥见一斑,它更深刻地体现在人类劳动或社会劳动方面。

就现实而言,马克思认为,人类的"工业"最能说明劳动是一种展现人的本质力量的活动。"因为全部人的活动迄今为止都是劳动,也就是工业,就是同自身相异化的活动"④,所以,劳动和工业只不过是同一个东西的两个不同的说法。劳动是就人类活动的主体方面而言,工业则是人的生产劳动的对象化产物,作为异己的对象在我们之外罢了。在一般的物质工业中,人的这种劳动的对象化的本质力量只不过是以感性的、异己的,因而作为对人有用的对象形式呈现在人类的面前。所以马克思把工业的历史和由人的劳动所创造的存在比喻为"打开了的关于人的本质力量的书"和"感性地摆在我们面前的人的心理学"。这里的"心理学"并不是指主观意义上的人的心理反应,而是为了突出工业的主体性或劳动的维度,工业虽然是在我们之外存在的,

---

① ［德］马克思:《1844 年经济学哲学手稿》,人民出版社 2014 年版,第 84 页。
② 参见［德］马克思《1844 年经济学哲学手稿》,人民出版社 2014 年版,第 136 页。
③ 《马克思恩格斯全集》第 42 卷,人民出版社 1979 年版,第 38 页。
④ ［德］马克思:《1844 年经济学哲学手稿》,人民出版社 2014 年版,第 85 页。

但却是被我们的活动"打开了的"亦即对象化了的产物。这说明,作为工业的劳动依然符合感性的对象性活动的基本原理,工业的本质仍然是人类的劳动。撇开异化状态来看,私有财产实际上是人发挥本质力量的产物,因而"既作为享受的对象,又作为活动的对象"①。但人的这种主体性仍然是内在于自然的主体性,亦即仍然是在感性的对象世界中所表现的主体性,因而"把工业看成人的本质力量的公开的展示"也进一步确证了人的自然本质。马克思所批判的是仅从自然科学的抽象物质观对工业的理解。因为在一般人看来,工业似乎只是应用自然科学的结果,而自然科学又只是研究外在于人的"物质的运动规律",从而把人与工业、人与自然界的关系割裂开来。真相恰恰相反,没有商业和工业,哪来自然科学,工业和商业无非是人的感性活动和劳动的另一种表达而已。马克思一语道破真相:"说生活还有别的什么基础,科学还有别的什么基础——这根本就是谎言。"② 因此,工业的本质仍是人类的感性劳动,工业是从客体方面肯定了人类劳动的创造性、能动性和主体性力量。

总而言之,澄清《1844 年经济学哲学手稿》中劳动概念的存在论意蕴,对于准确把握马克思思想变化的内在逻辑及其当代价值具有奠基性的意义。劳动是人的自由之证明。这种自由不单单体现在人通过生产活动把自己与动物的存在形式区分开来,更体现在人通过劳动展现了其对象性本质力量。马克思在《1844 年经济学哲学手稿》中发动的存在论革命及其成果,恢复了马克思劳动概念的价值理性(人类的自由本质)与工具理性(物质变换的改造性活动)的统一性,为《关于费尔巴哈的提纲》的实践概念与《德意志意识形态》的生产概念提供了理论形态发展的起点,从而保证了历史唯物主义的普遍逻辑的科学性。并不像有些学者所认为的,马克思在康德式的自决性与亚里士多德式的自我实现两种自由之间摇摆。③ 就存在论的高度而言,劳动是人的这两种自由的证明。从个人看,劳动促使了主体的个性、能力的发挥和

---

① [德] 马克思:《1844 年经济学哲学手稿》,人民出版社 2014 年版,第 136—137 页。
② [德] 马克思:《1844 年经济学哲学手稿》,人民出版社 2014 年版,第 86 页。
③ 参见 Jan Kandiyali, "Freedom and Necessity in Marx's Account of Communism", *British Journal for the History of Philosophy*, Vol. 22, No. 11, Jan. 2014, p. 109。

自我实现；从社会看，人类通过世世代代的劳动活动不断地把自己的本质力量对象化，从而创造了属于人的文化、历史和世界。但这种自由毋宁说是人的感性自由，即人类在劳动中摆脱动物性、获得属人性的消极自由，以及不断地把自身的本质力量对象化，并实现自我、创造历史的积极自由。但马克思也不单是对劳动的歌颂，而同时包含了批判的目的。正是在资本主义生产关系下，具体劳动所蕴含的感性自由恰恰消解在创造资本价值的抽象劳动的自我运动之中。在此意义上，经济学维度的劳动同样包含着丰富的存在论意蕴。这就必须深入探讨现代劳动的本质规定即抽象劳动。由此，历史唯物主义与政治经济学批判的内在统一性便在"劳动"面向得到了彰显。

第二章　鲍德里亚误解马克思劳动理论的存在论根源[*]

"劳动"是联结马克思的哲学与政治经济学批判的枢纽性概念，因而对劳动概念的批判直接威胁到马克思的思想在当代资本主义批判领域中的中心地位。在近代思想史上，有两位哲学家对马克思的劳动概念展开过系统性批判，一位是社会政治思想家阿伦特，她把马克思对劳动的"重视"斥之为劳动拜物教，另一位与阿伦特遥相呼应的是后现代社会思想大师鲍德里亚。如果说阿伦特对马克思的批评属于政治哲学范式，那么鲍德里亚则采取了一种符号政治经济学批判的范式，并试图从资本主义的当代变化中寻求一种对马克思劳动价值理论和革命路线的颠覆和改造。马克思真的陷入"劳动之镜"了吗？鲍德里亚"在何种意义上"误读了马克思？鲍德里亚对马克思的批评在学术界的影响延续至今，这进一步说明了从马克思的存在论和劳动批判理论本身来回应这种批评的必要性和紧迫性。

第一节　何为"劳动—生产之镜"

鲍德里亚所谓的"镜"有两层含义：一是指政治经济学的意识形态幻境，即马克思的劳动、生产、使用价值等概念仍然没有超出资本主义的意识形态，是对政治经济学的理论延续和深层认同。二是西方理性形而上学的思维镜像，在鲍德里亚看来，生产—劳动概念以及由这一基础概念所延伸出来的

---

　　[*]　本章主要内容已发表。参见何云峰、王绍梁《鲍德里亚缘何误解马克思的劳动理论》，《北京大学学报》（哲学社会科学版）2021年第6期。

需要、自然、自由（闲暇）等映现出根植于马克思思想深处的主客二分的思维方式，进而蕴含革命的"劳动—生产"辩证法也未能逃出资本的抽象统治。

（一）劳动力批判：使用价值是被交换价值生产出来的

鲍德里亚批评的逻辑起点是马克思的"劳动力"概念。在《资本论》中，马克思对"劳动"概念有一个十分巧妙的定义："劳动力的使用就是劳动本身。劳动力的买者消费劳动力，就是叫劳动力的卖者劳动。"① 由此可知，马克思把"劳动"等同于"劳动力的使用价值"，并且劳动力是作为一种特殊的商品在市场上进行交换并被资本家消费。鲍德里亚清楚地看到劳动力概念构成了马克思劳动价值论的秘密起点，即：当马克思把劳动力作为一种特殊商品引入对资本主义的分析时，"劳动"才能够进入循环生产的体系中，并创造出商品的"价值"。鲍德里亚因而提出，对消费概念的激进批判必须延伸到马克思的劳动力概念才达到其全部视界，因为这是政治经济学的基础。"把劳动力看作'具体的'社会财富的来源，是对劳动力抽象操控的彻底表达：资本的真理在这种把人看作价值生产的'根据'中达到了顶点。"② 鲍德里亚认为马克思仍然保持着政治经济学的基本倾向，把使用价值的具体确定性看作政治经济学结构的具体前提，即商品的交换价值产生于使用价值。这就是把商品的使用价值看作财富积累的不可动摇的基础，例如一般的经济学就是把产品的有用性看作对需要的满足。他认为马克思没有超出政治经济学的地方正在于此，因为把劳动力的使用价值作为批判起点的错误正在于没有"揭示出使用价值是被交换价值生产出来的"③。即是说，使用价值也是作为符号被创造出来的。为了追求交换价值的实现和积累，多样化的使用价值才被生产出来。因而鲍德里亚把"使用价值"解释为"价值规律的最终沉淀物"，即具体的实现。

在这个意义上，鲍德里亚批评劳动力概念仍然是政治经济学的延续和表达，并由此而得出颠覆性的结论，即劳动力的使用价值并不存在，相反，"正

---

① ［德］马克思：《资本论》第 1 卷，人民出版社 2004 年版，第 207 页。
② ［法］鲍德里亚：《生产之镜》，仰海峰译，中央编译出版社 2005 年版，第 5 页。
③ ［法］鲍德里亚：《生产之镜》，仰海峰译，中央编译出版社 2005 年版，第 5 页。

是劳动力的交换价值决定着劳动力的使用价值、劳动力的具体起源以及劳动行为的目的"①。政治经济学的症结在于把自身所生产出来的劳动力概念设置为人类潜能的基础，这种设置是通过意识形态的操作完成的。因而，马克思主义把劳动力概念作为分析资本主义现实和人的解放的基础性概念时，恰恰有助于资本的诡计。

（二）劳动的质与量：量的劳动延伸到全部可能的领域

那么这种"诡计"的实现和运转过程是什么呢？鲍德里亚认为必须揭示劳动力使用价值的产生以及生产者特有的合理性概念的产生机制。这就是劳动的量与质的辩证法，其背后隐藏了价值的结构制度，即量的劳动（抽象劳动）如何延伸至社会生活的全部领域。这种揭示分为两个步骤：一是具体劳动与抽象劳动的分离；二是量的劳动（抽象劳动）升华为支配全部人类生活的基本原则。

在《政治经济学批判。第一分册》中，马克思指出："生产交换价值的劳动是抽象一般的和相同的劳动，而生产使用价值的劳动是具体的和特殊的劳动，它按照形式和材料分为无限多的不同的劳动方式。"② 具体劳动是差异化和不可比较的，抽象劳动则具有量的可计算性质。鲍德里亚认为这种概念的二分逻辑反映出马克思的政治经济学批判仍然没有超越古典政治经济学，因为他无法回答这样一个问题：具有质性规定的劳动力何以产生可计算的剩余价值？即是说，正是马克思关于质性的前提预设本身导致不能解释和发现抽象的量的劳动的形而上秘密。劳动的量与质的"分离"本身是劳动的普遍化结果，而不是相反，如马克思把具体劳动看作抽象劳动的基础。通过把质与量进行区分，进而让量（抽象劳动）从质（具体劳动）中脱离出来，并获得独立性地位，量的劳动最终才得以统治世界。量和质的劳动的结合本身就是劳动普遍化的一种证明，通过这种二分，"量的劳动延伸到全部可能的领域"。鲍德里亚把这种延伸理解为资本主义意识形态作用的结果，因为意识形态总是根据二元分叉的结构建构自己，正是"在这种'分叉'的基础上，劳动才

---

① ［法］鲍德里亚：《生产之镜》，仰海峰译，中央编译出版社 2005 年版，第 10 页。
② 《马克思恩格斯全集》第 31 卷，人民出版社 1998 年版，第 428 页。

真正地被普遍化了，它不只是仅仅作为市场价值而更是作为人类价值被普遍化了"①。即是说，这种"分叉"为抽象原则的建立奠定了基础。鲍德里亚进一步揭示出具体劳动与抽象劳动的辩证法，指出："如果任何一种类型的劳动都不再支配其他的劳动，那是因为劳动本身支配了所有其他领域。……对特殊劳动的漠不关心，适应了劳动决定社会财富的状态。"② 鲍德里亚认为马克思主义还停留在劳动价值论（抽象劳动创造价值）的基础上分析现代社会财富的形式，因而最终无法提供替代资本主义的真实方案。

（三）劳动的四个镜像：需要、自由、自然与"生产性"

第一，劳动与需要作为人的双重潜能，仅仅是政治经济学体系为服务自身而生产出来的。

"需要"是马克思解释劳动的本质和社会历史发展的基础性概念，在《1844 年经济学哲学手稿》中，马克思把需要概括为人的生产劳动的本质，"劳动这种生命活动、这种生产生活本身对人来说不过是满足一种需要即维持肉体生存的需要的一种手段"③。而到了《德意志意识形态》中，马克思则把需要作为历史发展的动力和源泉来解释人类社会的起源，"已经得到满足的第一个需要本身、满足需要的活动和已经获得的为满足需要而用的工具又引起新的需要，而这种新的需要的产生是第一个历史活动"④。鲍德里亚认为，马克思的需要概念"遭受着同样的命运"，因为它同具体劳动一样，具有唯一性、差别性和不可比较性的特征，即"质性"。所以需要的本质就是"寻求自己满足的特殊倾向"。在这种情况下，需要就被分解为无穷种类的需要，在需要中人们也赋予产品以有用的、主观的目的。鲍德里亚强调，劳动、需要是人类学的概念，马克思主义与西方理性主义共享着这一前提，马克思正是在这些概念的基础上阐发物质生产的逻辑和生产方式的辩证法。鲍德里亚由此得出结论："他用来反对资本秩序的分析工具，正是资本精心阐述的最巧妙的

① ［法］鲍德里亚：《生产之镜》，仰海峰译，中央编译出版社 2005 年版，第 7 页。
② ［法］鲍德里亚：《生产之镜》，仰海峰译，中央编译出版社 2005 年版，第 9 页。
③ ［德］马克思：《1844 年经济学哲学手稿》，人民出版社 2014 年版，第 52 页。
④ 《马克思恩格斯选集》第 1 卷，人民出版社 2012 年版，第 159 页。

意识形态幻象。"①

坦诚地说，鲍德里亚的批判具有一定的深刻性，因为需要与劳动之间的互创关系在今天获得了最极致的显现。正因为人有"需要"，所以人通过劳动来满足这种需要，一千种具体的需要就会反过来生产出一千类具体劳动形式。马克思从"需要"这一前提出发对社会历史进行分析时，"似乎"就已堕入资本主义意识形态的窠臼之中。因为资本与劳动是一对孪生兄弟，资本生命的繁衍即增殖离不开劳动，而激活劳动积极性的正是"需要"。这当然是鲍德里亚高明的地方，但他所批评的是资本主义的"虚假需要"，即资本在展开过程中通过理性化能力挖掘欲望、创造需要，从而实现自我复制即再生产。但"消灭概念"不等于消灭概念所指代的社会现实，作为人之存在的基础和前提的"需要"并不为资本主义生产制度所转移和改变，而是存在于一切社会形式和生活方式中。

第二，马克思的劳动与非劳动包含着形而上学的性质，自由（闲暇）是资本主义劳动所设定出来的幻觉。

马克思曾经勾勒过未来社会的自由形态，早期他从劳动分工维度把人的自由理解为一种自由活动的状态，而在《资本论》及其手稿中更多是从自由时间的维度探索人的自由何以可能。但鲍德里亚认为马克思的自由概念在今天受到了双重挑战。一方面，马克思的劳动伦理学仍然是一种意识形态，因为这种把劳动看作人的自由本质和潜能实现的观点本质上是"把劳动看作是价值，看作是自身的目的，看作是绝对命令"②。在此意义上，劳动失去了它的否定性维度，被抬高到具有绝对价值的地位，因而在形而上学的意义上，它恰好为劳动的痛苦性质提供了合法性证明。另一方面，作为与劳动相对的自由领域，包括马尔库塞所发展出来的游戏说（自由活动），也同样掉进了形而上学的泥潭中。鲍德里亚认为游戏始终不过是对劳动强制性的审美升华，而非劳动也只不过是劳动力的压抑性反升华。因为劳动与非劳动是二元结构的对立状态的最微妙形式，即"对劳动加以剥削，反过来导致对非劳动的痴迷，对自由时间的幻想"③。实际上，自由与劳动的二元结构既是现代秩序创

① ［法］鲍德里亚：《生产之镜》，仰海峰译，中央编译出版社 2005 年版，第 14 页。
② ［法］鲍德里亚：《生产之镜》，仰海峰译，中央编译出版社 2005 年版，第 16 页。
③ ［法］鲍德里亚：《生产之镜》，仰海峰译，中央编译出版社 2005 年版，第 21 页。

造出来的，也是维持现代秩序的一种形式。鲍德里亚认为，这种非劳动"也像在劳动领域一样是强有力的"，而获得的这种自由也只是人把自身当作价值生产出来的自由，即虚假的自由。因此把休闲看作是自主活动和把劳动的纯粹技术分工看作是社会的理想，都同样掉进了形而上学思维范式的幻觉之中。

这些批评涉及两个方面，一是劳动的目的性成为现代社会的绝对命令，鲍德里亚认为当马克思把人类的价值目的赋予劳动时，正好中了资本主义的诡计。二是马克思陷入非劳动的游戏美学想象中，把"无目的的合目的性"赋予劳动审美中。鲍德里亚的言外之意是，在资本主义社会，非劳动仍然是由劳动、价值规律所生产出来的，即是说，非劳动仍然充当着劳动体系的一部分，仍然受到创造价值的抽象劳动的操控。尽管自由时间曾经被设想为超越资本主义控制的可能性方案，但最终沦为一个未实现的空洞符号，非劳动的概念最终"仍然作为符号回落到政治经济学领域中"。

第三，劳动是对自然加以雕琢的客观改造活动，是主体支配客体的技术抽象。

鲍德里亚认为，把劳动与自然都解放为生产力的这种观念是启蒙哲学的产物。自然被解放为可以通过劳动发掘的生产力，而个人也被解放为自由劳动力。因而，无论是自然还是劳动力都被资本主义生产体系降格"成为生产的经济要素，成为同一个理性化过程的两个条件"①。鲍德里亚认为马克思的劳动概念所陷入的正是西方形而上学的主客二分思维窠臼，人作为主体通过理性对客体进行规定、塑形和改造，进而达到控制客体的目的。在这种形而上学的思维作用下，自然被划分为可被支配和理性化的"好的"自然，以及无法为经济所用的不友好的、灾难性的、威胁性的、污染的等总而言之是"坏的"自然。"任何唤醒自然的东西，都唤醒了对自然的支配。"② 同样，劳动力也被二分为能够被剥削的"好的"正常劳动力，以及对资本主义生产体系形成威胁的"坏的"劳动力。鲍德里亚认为这种二分思维根植于马克思的

① ［法］鲍德里亚：《生产之镜》，仰海峰译，中央编译出版社2005年版，第38页。
② ［法］鲍德里亚：《生产之镜》，仰海峰译，中央编译出版社2005年版，第39页。

劳动概念本身，即"这些概念普遍依赖于市场经济的形而上学，尤其依赖于现代资本主义意识形态"①。

与阿伦特等哲学一样，鲍德里亚也痴迷于前资本主义社会中的"工匠"作为劳动主体与对象的直接同一状态。首先，封建社会的工匠参与从设计到制作的整个生产过程，因此劳动内含感性自由。"工匠把自己的劳作看作是象征交换关系，而不是把自己看作'劳动者'，把物品看作是'劳动的产品'。"② 其次，工匠所创造的物品是被丢失、被放弃、被给予、被花费、被分解了，而不是"被投资"。反过来说，现代社会生产的劳动产品是被当作生产资料进入再生产过程，从而以资本增殖和经济增长为目的进行循环利用，因而"只打上了价值合目的性的印记"。鲍德里亚认为马克思是从"劳动"而非"劳作"work 这个概念出发分析资本主义，因此，马克思主义只完成对政治经济学体系运行方式的解码，即再生产出了政治经济学体系的基础。

第四，反对马克思对生产性劳动与非生产性劳动的区分，试图重新定义"劳动"概念。

在《政治经济学批判（1861—1863 年手稿）》中，马克思对生产劳动与非生产劳动有过专题式探讨。马克思认为，在资本主义条件下，只要是以创造或带来剩余价值为目的的劳动，无论是物质性劳动还是非物质性的服务劳动，都是生产性劳动。"只有生产资本的劳动才是生产劳动。"③ 相反，则是非生产性劳动。鲍德里亚认为总体工人（collective labourer）的出现意味着劳动不再是生产性的了。总体工人与个体工人相对应，这个概念描述的是当代劳动者参与生产过程的性质的变化，即不再是参与产品的全过程的制造，而只是负责产品生产的一个环节，劳动者从生产的主体地位退居其次，甚至可有可无了。可见，鲍德里亚把非生产性理解为生产内容的非物质性了。鲍德里亚由此指责马克思的生产性劳动概念没有考虑到资本可能扎根在这种掏空了物质内容的非生产性劳动之中。按照马克思的定义，资本的生存和发展依赖于生产性劳动，这种依赖恰恰构成对资本的威胁。而鲍德里亚认为这种逻

① ［法］鲍德里亚：《生产之镜》，仰海峰译，中央编译出版社 2005 年版，第 43 页。
② ［法］鲍德里亚：《生产之镜》，仰海峰译，中央编译出版社 2005 年版，第 83 页。
③ 《马克思恩格斯全集》第 33 卷，人民出版社 2004 年版，第 140 页。

辑正好适应了资本的策略，资本正是通过非生产性劳动"挫败了'生产性'劳动所具有的危险的确定性，并且开始确立自己真实的统治，不再仅仅统治劳动，而且统治全社会"①。鲍德里亚认为马克思的这种"二分法"同"劳动与非劳动"一样掉进了形而上学的陷阱之中，并把现代所有劳动定义为"劳动/服务"。也就是说，鲍德里亚是从服务性定位今天的劳动形态，这种服务性的劳动类似于哈特、奈格里等提出的"非物质劳动"，其特点是产品的非物质化和劳动的非对象化。"服务劳动"是指任何劳动被退化为非对象化的活动，如身体、时间、空间、智力的投入，其特点在于劳动活动与劳动产品的不可分离性。鲍德里亚正是从这个维度断言马克思错在没有预见到"再生产"逻辑对社会的全面控制，即非生产性劳动、休闲等都成为资本主义生产体系自我修复和完善的衍生环节。"休闲像劳动一样是'生产性'的，工厂的劳动像休闲或第三产业一样是'非生产性的'"②。

第二节　鲍德里亚缘何误解马克思的劳动理论

鲍德里亚对马克思劳动理论的批评涉及三个层次的问题。一是对马克思劳动概念的准确理解。很显然，在鲍德里亚的论述中，马克思的劳动概念只有"经济学"（生产使用价值和价值）或"人类学"（满足人类需要）维度。实际上，这种看法本身是现代资本主义社会的产物，而非马克思创造出来的劳动价值观念。二是马克思劳动理论的批判维度。鲍德里亚对马克思的批评之所以模棱两可，是因为一方面他遮蔽了马克思对资本主义批判的劳动向度，另一方面，他在误解马克思的同时又把握到当代资本主义的本质性特征及其变化。三是对"马克思"与"马克思主义"的区分问题，鲍德里亚恰恰混淆了两者。这三个方面也是鲍德里亚误读马克思劳动理论的根本原因。

（一）劳动的存在论内涵与技术性定义

鲍德里亚未能从哲学存在论维度定位马克思的"劳动"概念，将其片面

---

① ［法］让·波德里亚：《象征交换与死亡》，车槿山译，译林出版社 2012 年版，第 18 页。
② ［法］让·波德里亚：《象征交换与死亡》，车槿山译，译林出版社 2012 年版，第 35 页。

化和狭隘化为改造自然、满足需要的技术性活动。因此，要准确理解马克思的劳动或生产概念，就不能撇开马克思哲学的存在论革命。生产或劳动概念，在马克思哲学中都包含哲学和政治经济学批判两个维度。作为哲学存在论维度的劳动是指感性的对象性活动，这意味着不能简单地把劳动抽象为财富（资本）的源泉，也不能把劳动片面化为满足人类各种欲望和需要的工具，而应把劳动理解为一种人的基本存在方式，理解为展现和确证人的本质力量的活动。"人通过自己的外化把自己现实的、对象性的本质力量设定为异己的对象时，设定并不是主体；它是对象性的本质力量的主体性，因此这些本质力量的活动也必定是对象性的活动。"① 这是包括阿伦特、哈贝马斯等思想家误读马克思劳动概念的存在论根源。在存在论意义上，劳动不仅使人区别于动物，而且区别于资本主义条件下的异化劳动，因为这种异化劳动正如阿伦特所批判的，把人降格为了"劳动动物"。因此，《生产之镜》的开篇，鲍德里亚就是从经济学而非哲学存在论的维度着手批判马克思的劳动概念，把劳动狭隘地理解为"劳动力的使用价值"。"政治经济学体系不仅把个人作为可出卖的和可交换的劳动力生产出来，而且正是它生产出劳动力的概念，并以之作为人类潜能的基础。"② 在此基础上，鲍德里亚才把政治经济学的帽子戴到了马克思的头上，并进一步从人类学维度把"需要"解释为资本主义意识形态所创造出来的"诡计"。由此，马克思的劳动与需要概念就自然而然被拖进了互相再生产的循环黑洞。

我们知道，马克思对感性的对象性活动的发现不仅为劳动概念奠定存在论基础，而且使得其颠覆了西方理性形而上学的主客二分的思维弊病。一方面，感性的对象性活动继承了德国古典哲学的"活动"之主体性原则，把人之创生和改变世界的主体地位赋予劳动，彻底颠倒了自亚里士多德到康德的"自然必然性"的消极阐释。所以马克思说："我的劳动是自由的生命表现，因此是生活的乐趣"③。另一方面，这个原则又与德国观念论尤其是黑格尔的自我意识哲学区别开来，并承认人的活动的感性维度即受动的一面。但这种

① [德] 马克思:《1844年经济学哲学手稿》，人民出版社2014年版，第102页。
② [法] 鲍德里亚:《生产之镜》，仰海峰译，中央编译出版社2005年版，第11页。
③ 《马克思恩格斯全集》第42卷，人民出版社1979年版，第38页。

感性又与费尔巴哈的纯粹感性不同，马克思的感性不是指动物的纯受动性，而是属人的有意识的感性。马克思的劳动概念也遵循着存在论的基本原则，但鲍德里亚对劳动与自然的关系的解读，却是建立在"前马克思"的哲学基础之上。鲍德里亚错误地以为马克思的劳动概念"反映着整个西方的形而上学"，因而才把劳动概念定位为改造自然的工具性活动，并把资本主义条件下劳动与自然的对抗性关系归咎于马克思的思想，进而把马克思的劳动概念理解为人改造自然的技术抽象。在这样的逻辑下，鲍德里亚才提出必须打破"劳动的幻镜"，因为他认为"劳动的真理在于它的资本主义界定。从这种界定出发，就建立了劳动的幻象"①。

（二）劳动的政治经济学再现与批判性价值

鲍德里亚还忽视了马克思劳动理论的批判性质，把劳动价值论仅仅当作资本主义的政治经济学再现，从而以误读的方式说出了马克思政治经济学批判所蕴含的真理。缺乏存在论革命的视野使得鲍德里亚不能超越经济学的藩篱来把握马克思劳动概念的本真内涵，但这并不能回应鲍德里亚的另一个责难，即："马克思对政治经济学进行了激进的批判，但仍然处于政治经济学的形式之中。"②鲍德里亚如此断言的依据有两个：一是在批判劳动力概念时，马克思没有看到现代资本主义社会的一切使用价值都是由交换价值生产出来的；二是马克思没有看到正是劳动的质与量的区分使得"量的劳动延伸到全部可能的领域"。这同时是鲍德里亚对当代资本主义的判断和批判，这种符合现实的逻辑似乎让读者真的认为马克思掉进了政治经济学的范式中。我们知道，马克思认为现代商品的使用价值是由具体劳动创造的，而交换价值则是由抽象劳动创造的，所谓质的和量的区别，也分别指代劳动的二重性。但鲍德里亚并不满意这种对资本主义的解码式批判，认为"马克思实际上只是提供了一种描述的理论"③。

在对劳动的认识上，马克思和黑格尔都指出了其积极的维度，如黑格尔把劳动理解为对需要的延迟满足，同时，在马克思的劳动理论中，劳动创造

---

①　［法］鲍德里亚:《生产之镜》，仰海峰译，中央编译出版社 2005 年版，第 88—89 页。

②　［法］鲍德里亚:《生产之镜》，仰海峰译，中央编译出版社 2005 年版，第 33 页。

③　［法］鲍德里亚:《生产之镜》，仰海峰译，中央编译出版社 2005 年版，第 33 页。

了人，且是确认人的本质的活动。而鲍德里亚把劳动理解为慢性死亡的过程，这种否定性和消极性的解读正揭示了现代劳动过程的本真性质。同样，作为资本主义的事实与运作逻辑，马克思的《资本论》具有现象学的功能，即"还原"出资本主义劳动的本质。但鲍德里亚没看到的是，马克思早就批判过黑格尔对现代劳动的非批判态度："黑格尔是站在现代国民经济学家的立场上的。他把劳动看做人的本质，看做人的自我确证的本质；他只看到劳动的积极的方面，没有看到它的消极的方面。"① 马克思在这里所批判的不仅是黑格尔，而且包括现代劳动本身，即抽象劳动成为统治和支配具体劳动、人类社会生活的主体力量。鲍德里亚也看到了物体系对人的操纵，批判性指出"物品几乎成为一个全面性程序的主导者，而人在其中不过扮演一个角色，或者只是观众"②。但是，他把原因仍然归结为"技术"力量，因此，他认为是技术导致我们进入拟真的抽象世界。显然，鲍德里亚所作的批判只完成了一半，还未深入马克思劳动批判理论的深层次，即对抽象劳动主体化的批判。

马克思正要揭示和批判的是，资本主义社会创造价值的抽象劳动必然会成为一种普遍的力量，支配和统治着创造使用价值和现实世界的具体的感性劳动。不仅如此，这种控制将会蔓延至全社会。因而马克思才会在《政治经济学批判（1857—1858 年手稿）》中指出："个人现在受抽象统治，而他们以前是互相依赖的。但是，抽象或观念，无非是那些统治个人的物质关系的理论表现。"③ 这里被抽象统治着的不仅包括个人的生活世界，还包括个人之间的社会交往关系。鲍德里亚浑然不知在马克思的政治经济学批判的理论深处潜藏着他对资本权力批判的深刻洞见，而这一洞见建立在劳动批判的基础之上。

不仅如此，在对劳动与非劳动的二元批判上，鲍德里亚犯了几乎同样的错误。鲍德里亚所批判的实际上是发端于费希特的"自我创造非我"的观念论，即抽象劳动为了延伸自己的控制而创造了非劳动。在资本主义生产体系中，非劳动就是指闲暇或自由时间的领域。闲暇时间到今天仍然没有成为

---

① ［德］马克思：《1844 年经济学哲学手稿》，人民出版社 2014 年版，第 98 页。
② ［法］让·鲍德里亚：《物体系》，林志明译，上海人民出版社 2019 年版，第 58 页。
③ 《马克思恩格斯全集》第 30 卷，人民出版社 1995 年版，第 114 页。

"人的自由全面发展"的基础和条件，相反，即使是人的自由时间、生活世界，也受着资本的规定和支配。人要么处在消费中，要么处在"生产—劳动"过程中，或者同时深陷两者之间。正是在这种逻辑中，休闲的消费也掉进了再生产的循环逻辑中。"生产和消费——它们是出自同样一个对生产力进行扩大再生产并对其进行控制的巨大逻辑程式的。"① 应该承认，鲍德里亚对休闲或自由时间的异化的批判是极其深刻的，从《符号政治经济学批判》到《生产之镜》，再到《象征交换与死亡》，鲍德里亚都抓住了当代资本主义的这一本质变化，即：在现代社会，自由时间成为一种符号。在这种符号对人的控制下，人"必须证明的是他的时间的无用性，即时间的剩余，就像作为财富的剩余资本一样"②。因此，休闲时间沦为服务于资本的生产性价值。但又不得不说，这一切早已为马克思的劳动批判理论所揭示："资本的趋势始终是：一方面创造可以自由支配的时间，另一方面把这些可以自由支配的时间变为剩余劳动。"③ 显而易见，鲍德里亚虽然批判了资本主义自由的意识形态虚假性，但这种批判仍然没有超出马克思劳动批判理论所划定的范围。相反，资本或抽象劳动本身就具有形而上学的本质，它作为现代社会的"以太"无时无刻不在为了外化并实现自身而创造自己的对立面。但马克思更为深刻之处在于，他认为资本或抽象劳动同时包含着矛盾性，即同时生产着反对自己的革命力量，即"社会必要劳动时间"的降低将会从内部瓦解资本自身，在这个时候，"财富的尺度决不再是劳动时间，而是可以自由支配的时间"④。

（三）"马克思"与"马克思主义"

鲍德里亚犯的一个最大错误是混淆了"马克思"与"马克思主义"，即未将马克思主义在理论与实践发展中所触发的问题和马克思思想本身区别开来。"马克思主义"是复数，在广义上既包括马克思主义创始人的思想，也包括苏联式的马克思主义和西方马克思主义。鲍德里亚在《生产之镜》中，有一个十分巧妙的笔法，即他在批评马克思的劳动、生产、历史唯物主义等思

---

① ［法］让·鲍德里亚：《消费社会》，刘成富、全志钢译，南京大学出版社 2014 年版，第 64 页。
② ［法］让·鲍德里亚：《符号政治经济学批判》，夏莹译，南京大学出版社 2015 年版，第 81 页。
③ 《马克思恩格斯全集》第 31 卷，人民出版社 1998 年版，第 103—104 页。
④ 《马克思恩格斯全集》第 31 卷，人民出版社 1998 年版，第 104 页。

想的时候，总是在"马克思"与"马克思主义"之间来回切换使用。这种交叉使用大致分为两种情况：一是在批判马克思的基础理论时，会把教条式的马克思主义如苏联马克思主义混淆在一起进行批评、指责，认为马克思没有逃脱用概念对普遍运动的抽象或形而上学解释。以劳动范畴为例，他强调马克思把劳动当作一个普遍性的范畴投射到对历史的分析之中，而忽视了"劳动一般"的历史性生成和劳动的具体现实性。"在这种抽象性导致劳动（劳动力）的抽象普遍性的同时，我们这个时代创造出劳动范畴的普遍抽象性以及这个范畴能适用于过去所有社会的幻觉。"① 但鲍德里亚在对这种理论的教条化和普遍化进行归责时，使用的又是"马克思主义"。"马克思主义又以'批判的'帝国主义将这些概念普遍化了，就像其他理论一样。"② 这些概念不只是劳动（劳动力），还包括历史唯物主义、辩证法、生产方式等。实际上，马克思自己在《〈政治经济学批判〉导言》中就明确以"劳动一般"为例揭示过抽象概念的历史性和具体性。"劳动这个例子令人信服地表明，哪怕是最抽象的范畴，虽然正是由于它们的抽象而适用于一切时代，但是就这个抽象的规定性本身来说，同样是历史条件的产物，而且只有对于这些条件并在这些条件之内才具有充分的适用性。"③ 这就是马克思对劳动力商品的历史出场过程的揭示，即劳动者与劳动条件在历史上的分离和资本主义结合，这同时意味着劳动的价值化和抽象化。

另一种情况是在批评马克思的某些具体思想时，把西方马克思主义尤其以马尔库塞为代表的哲学家和马克思放在一起进行"清算"，甚至是根本不进行区分。在批判劳动与非劳动的"游戏论"中这种混乱最为明显。马尔库塞曾在《爱欲与文明》中，把扬弃异化劳动的消遣或游戏（play）状态理解为人的劳动与自由相统一的实现。"消遣和表演作为文明的原则，并不表示劳动的转变，而表示劳动完全服从于人和自然的自由发展的潜能。"④ 鲍德里亚从

① ［法］鲍德里亚：《生产之镜》，仰海峰译，中央编译出版社 2005 年版，第 70 页。
② ［法］鲍德里亚：《生产之镜》，仰海峰译，中央编译出版社 2005 年版，第 29 页。
③ 《马克思恩格斯全集》第 30 卷，人民出版社 1995 年版，第 46 页。
④ ［美］赫伯特·马尔库塞：《爱欲与文明》，黄勇、薛民译，上海译文出版社 2012 年版，第 177 页。

马尔库塞的理论出发，批评这是马克思思想的一种含混不清，并将其斥之为
形而上学的自然观。"游戏被看作是人类理性的实现，是人类行为不断地实现
自然对象化和控制自身与自然之间的物质交换的辩证顶点。"① 关于这一点，
马克思在批评斯密的牺牲论和美学幻想以及傅立叶的游戏说时就早已澄清。
马克思认为把劳动的自由当作一种娱乐、消遣是极其幼稚的浪漫主义想法，
"真正自由的劳动，例如作曲，同时也是非常严肃，极其紧张的事情"②。马
克思同时还分析了这种自由劳动所应具有的社会性和科学性。

　　那么，这是否是鲍德里亚的有意误解呢？从现实发生的立场看，鲍德里
亚的批评有一定的道理，现实的"马克思主义"如苏联等的确这样做了，曾
经或正在走进一面面无限劳动、无限再生产的"经济发展"的凹凸之镜中。
问题在于这顶帽子不该扣在马克思的头顶上，因为他早在一百多年前就表过
态"我只知道我自己不是马克思主义者"③。实际上，马克思反对的正是那种
把他的理论和思想教条化的实践。《资本论》及其手稿对于资本逻辑的批判和
再生产循环过程的揭示，充分显示出马克思的政治经济学批判在今天仍具有
无可替代的价值。因此，鲍德里亚的许多深刻洞见与马克思在原则上没有本
质差别，可以说，两位思想家对资本主义体系的形而上学批判可谓是"英雄
所见略同"。只不过，鲍德里亚以误读的方式说出了马克思的真理，毋宁说，
鲍德里亚恰好以这种"歪曲"的形式补充和发展了马克思主义。

第三节　象征交换：用"暴死"对抗劳动的抽象化

　　如果说《生产之镜》对马克思的劳动价值论是一种解构性批判，那么
《象征交换与死亡》则表现出一种积极建构现实的尝试。这一建构的理论基础
是由《符号政治经济学批判》提供的。在这种意义上，鲍德里亚的理论目的
的逻辑是：先通过符号政治经济学批判补充并发展马克思主义，再通过对
"生产—劳动"概念的批判在某种程度上质疑马克思（主义），最后试图通过

---

① ［法］鲍德里亚:《生产之镜》，仰海峰译，中央编译出版社 2005 年版，第 21 页。
② 《马克思恩格斯全集》第 30 卷，人民出版社 1995 年版，第 616 页。
③ 《马克思恩格斯文集》第 10 卷，人民出版社 2009 年版，第 590 页。

象征交换中的劳动与死亡理论重建马克思的革命理论。但是，鲍德里亚的这一改造能否真正替代马克思的政治经济学批判或劳动价值理论呢？这是全部问题的要害。

（一）劳动成为一种抽象"符码"

鲍德里亚从资本主义的当代发展中获得了批判性启示，认为"劳动"从生产领域延伸和渗透到全部生活领域，成为支配和控制我们的抽象力量。"劳动（包括休闲形式的劳动）按照一种无所不在的代码，作为根本的压迫，作为控制，作为对某些受到调节的时间和地点的永久占领，侵入了全部的生活。"[①] 鲍德里亚将这种"抽象"化后的支配和统治形式概括为"符号"或"符码"，"符码的狡计在于将自身掩盖在价值之下，或者通过价值而生产自身"[②]。因此，符号政治经济学的特点是远远脱离了马克思的价值等概念所能分析的范围。因为马克思的价值概念正是建立在劳动概念基础之上，因而鲍德里亚认为有必要从马克思的政治经济学批判走向符号政治经济学批判，如此方能完成对当代资本主义的批判和回应。

因此，鲍德里亚认为不再是劳动建构了这个世界，而是作为符号的劳动征服、解构了劳动自身的历史意义和实体内容，并在自身的再生产中吸纳了具体劳动。这是符号的运作机制，即符号正是通过空洞地影射所指称的事物来使自身得到重复。而劳动符号化的结果一方面是对应着现实劳动的抽象化，另一方面对应的是人类陷入无限劳动和再生产的循环。由此，劳动和生产内容的目的性被摧毁了，劳动和生产变得像代码一样运转，从而脱离了真实。"劳动不再是一种力，它成为各种符号中的符号。它像其他事物一样被生产，被消费。"[③] 因此，鲍德里亚区分了两种逻辑："生产逻辑"和"代码逻辑"。他认为，一切事物都被吸收进价值领域当作操作变量被编目、被传唤、被促逼着运转，而不是为了生产而被调动，"不是变为生产力，而是变为代码棋盘

①　[法] 让·波德里亚：《象征交换与死亡》，车槿山译，译林出版社 2012 年版，第 14 页。
②　[法] 让·鲍德里亚：《符号政治经济学批判》，夏莹译，南京大学出版社 2015 年版，第192 页。
③　[法] 让·波德里亚：《象征交换与死亡》，车槿山译，译林出版社 2012 年版，第 9—10 页。

上那些遵守相同游戏规则的棋子"①。最后，无论是人的知识、认知或态度，还是潜意识、革命等成为变量，意味着"人"的任何真实内容都要受代码的指令控制和任意改变。

在这种符号批判理论的牵引下，鲍德里亚对资本主义生产过程本身的符号化即抽象化进行了批判，认为现代人受抽象命令的支配而丧失了主体性和实体性。他把资本主义发展理解为三个阶段。一是最大限度剥削劳动力的工业系统的"前科学"阶段。二是机器和固定资本占优势的"劳动科学组织"阶段，即马克思所说的自动机器体系阶段。"在机器［体系］中，对象化劳动本身不仅直接以产品的形式或者以当作劳动资料来使用的产品的形式出现，而且以生产力本身的形式出现。"② 在这一阶段，马克思看到了作为资本的对象化劳动转变为了支配活劳动的力量，并且"人被置于生产过程之外，不是生产的主要因素"。鲍德里亚高度赞扬马克思，认为"这句话超越了政治经济学及其批判"，因为这句话意味着生产过程对劳动主体性的排斥和遗弃。即是说，马克思看到了资本主义生产对人的排斥，人从生产过程的主角退化为配角，如人成为机器体系的零件，甚至被抛弃在生产过程之外。但他认为马克思的分析仅限于这两阶段中劳动性质的变化，而资本主义的发展已进入第三个阶段，即生产过程的主体地位也逐渐被资本消解。"我们不仅应该和马克思一起说'生产过程不再是一种劳动过程'，而且应该说'资本过程本身也不再是一种生产过程'。"③ 这意味着资本主义的运动不再绝对地依赖于生产过程本身，后者不再处于前者的中心位置。

这种抽象统治还体现在"死的劳动对活的劳动的霸权"。鲍德里亚由此重释了二者之间的辩证法。他认为，当资本的原始积累完成之后，死劳动就不再仅仅满足于支配和统治活劳动，而是上升到支配一切的绝对优势地位，它作为统治代码本身压在整个社会之上，即人的社会生活的全面抽象化。马克思在《政治经济学批判（1857—1858 年手稿）》中寄希望于人类最终会扬弃机器的资本主义运用，鲍德里亚则认为这高估了机器与技术的纯洁性，从而

---

① ［法］让·波德里亚：《象征交换与死亡》，车槿山译，译林出版社 2012 年版，第 15 页。

② 《马克思恩格斯全集》第 31 卷，人民出版社 1998 年版，第 92 页。

③ ［法］让·波德里亚：《象征交换与死亡》，车槿山译，译林出版社 2012 年版，第 17 页。

"低估了死的劳动中的死亡，以为通过生产的某种历史性跳跃，在经过某个关键点之后，死的劳动可以在活的劳动中超越自身"①。马克思认为，当生产的社会化和科学化达到某种极限时，资本主义将在自我的运动中扬弃自身，这个"极限"即鲍德里亚所说的"关键点"，而扬弃则是"生产的历史性跳跃"。在这一刻，死劳动将抛弃自身作为私有财产的存在形式，成为完全社会化的生产资料。鲍德里亚认为，"死劳动的死亡"意味着具体物之本真内容的抽象化和符号化，一切对象化劳动的内在意义和价值都会在符号政治经济学的运动中被掏空。因而伴随着这种价值的"死亡"，马克思对死劳动（机器）的革命转化愿望必然就落空了。鲍德里亚认为即使生产高度社会化，资本体系的运作基础与生产逻辑也并不依赖于具体的物及其所有形式，而是成为一种能够脱离"具体"的抽象符码统治着人类。

（二）通过"暴死"拒绝劳动符码的控制

那么，鲍德里亚是如何给出突破这种符号控制的革命方案的呢？他从黑格尔主奴关系中的死亡理论获得灵感，重新阐释了劳动与死亡的关系。工人用工资所兑换的其实是死亡，因为一个人必须正在死去才能成为劳动力。正是资本主义把劳动变成这样一种慢性死亡。但鲍德里亚并不是从生理学维度把这种死亡理解为身体的衰弱，而是认为"劳动是作为一种缓慢的死亡与暴死相对立"②，即劳动是作为延迟的死亡与牺牲的即时死亡相对立。因此，在现代社会，劳动唯一的替代物不是闲暇，不是非劳动，而是牺牲。即使是在非劳动的自由时间中，抽象劳动也仍然在统治着现代人。鲍德里亚从奴隶的谱系学来说明这种死亡的差异。最初，战俘是被简单直接地处死，后来把战俘变成奴隶，最后奴隶也得到解放，而让他们摆脱直接处死威胁的动因"正是为了劳动"。鲍德里亚认为这两种死亡从根本上区分了两种类型的组织：经济组织和牺牲组织。资本主义社会正是前种类型。"资本正是通过延迟劳动者的死亡，使他们成为奴隶，使他们注定要在劳动中遭受无限的生命屈辱。"③在此意义上，鲍德里亚重新解读了黑格尔的"死亡理论"。在主奴关系中，

① ［法］让·波德里亚：《象征交换与死亡》，车槿山译，译林出版社2012年版，第16页。
② ［法］让·波德里亚：《象征交换与死亡》，车槿山译，译林出版社2012年版，第54页。
③ ［法］让·波德里亚：《象征交换与死亡》，车槿山译，译林出版社2012年版，第54页。

"对死亡的恐惧"是促使奴隶屈服于主人并不断为其劳动的原因，而在资本主义社会，鲍德里亚认为恰相反，资本是通过延迟劳动者死亡的方式而非即时性的死亡威胁，来把劳动者变成"不断劳动"的现代奴隶。

那么，如何打破资本主义的符号结构和对人的控制呢？鲍德里亚给出十分大胆的策略：通过"暴死"对抗统治。根据对劳动与死亡的分析，鲍德里亚认为只要这种死亡的悬置没有消除，权力就不会消失。反过来说，破除资本的权力统治的办法就是消除死亡的悬置。但如何消除这种死亡悬置呢？"只有交出这一生命，用即时的死亡来报复延迟的死亡，这才构成一种根本的回应，这才是废除权力的惟一可能性。"① 鲍德里亚通过消极地否定生命的悲观形式来实现对资本体系和异化劳动的革命，这种用死亡来实现解放的方式被其称之为"象征交换"。对于鲍德里亚象征交换理论的理解，一直以来都是从"礼物交换"的寓意上来解读的。"在象征性交换中，礼物是一个最为切近的实例。物在此不是一种物……确切地说，物既没有使用价值，也没有经济交换价值。已经存在的物所有的是象征性交换价值。"② 在《象征交换与死亡》这里，正如书名所说，他的象征交换是指劳动与死亡之间的交换，在这里"象征交换"理论成为一种革命的理论，而不是超越资本主义的未来方案。劳动者在"暴死"那一刻"交换"得到彻底解放的革命性"意义"。因此，他说："暴死可以改变一切，缓慢的死亡却什么也不能改变"③。工人也正是在这种缓慢杀死自己的劳动中把自己的生命一点一点地、用微小剂量而不是一次性地还给资本，资本也正是通过这种缓慢死亡的方式和策略来使工人有可能再次而且不断地处在劳动中，从而消解工人的"暴死"对其的彻底拒绝和反抗。

但鲍德里亚认为现代社会通过工资赎买的方式"中和"了这种即时性死亡对资本系统的象征报复。他接受了现象学的某些解释原则，认为与一切感受到的表象（资本向劳动者购买劳动力并榨取剩余劳动）完全相反，是资本把劳动"给予"劳动者。他指出，"企业主"（Arbeitgeber）在德语中就是

---

① ［法］让·波德里亚：《象征交换与死亡》，车槿山译，译林出版社 2012 年版，第 55 页。

② ［法］让·鲍德里亚：《符号政治经济学批判》，夏莹译，南京大学出版社 2015 年版，第60 页。

③ ［法］让·波德里亚：《象征交换与死亡》，车槿山译，译林出版社 2012 年版，第 55 页。

"给予劳动的人",而"工人"(Arbeitnehmer)则是指"接受劳动的人"。这里的给予应该准确理解为"设定"或建构的意思。实际上,这是马克思赞同的,也是马克思的劳动批判理论早已揭示过的。因为现代劳动都是被资本所设定、建构出来的,是资本在外化的过程中所自行展开的环节。但是,鲍德里亚为现代劳动者提供的革命策略就是"拒绝劳动",拒绝这种象征统治。工资就是资本对劳动实施统治的一种象征补偿,这种工资给予的正是另一类型的劳动。这种劳动用马克思的术语解释就是无限循环的抽象劳动。所以,劳动者在消费中所生产的正是资本对劳动的控制权力,因而资本把消费变成了它自身的无限再生产。鲍德里亚因此把消费看作是"实现社会控制的一种有利因素"①。鲍德里亚更为激进地认为,不仅仅是劳动、工资,权力、革命等都应该反过来被理解为资本所给予的,而"对权力的惟一有效反击是把它给予你们的东西还给它,这只有通过死亡才能以象征方式实现"②。可见,鲍德里亚仍然把出路诉诸消极的"暴死"。

(三)剩余价值规律(劳动辩证法)仍然是革命的唯一出路

如果说,鲍德里亚对马克思的批评是一种误读,即两位思想家的批判目的在本质上都是一致的,只不过前者误解了后者,那么鲍德里亚由这种误解所导出的革命方案则不得不说与马克思大相径庭。在这种"出路"的巨大差别之间,我们真的只能选择后现代的消极行动吗?真的只能选择用"暴死"的方式来拒绝资本主义抽象劳动的统治吗?

如果仔细分析,我们会发现这种"大拒绝"的后现代态度并不能为我们指出一条明路。一是这种"拒绝劳动"的方式建立在完全抛弃马克思历史唯物主义的科学价值基础之上。历史唯物主义的第一条真理就是指出"物质生产"是人类的基础活动。尽管资本已经发展到脱离一般的物质生产领域而愈来愈符号化,但我们依旧无法否认人类的生存和发展的前提是物质生产。二是这种"暴死"的拒绝方式除了能够从这种"例外状态"来暴露资本主义的弊病之外,并不是一个可行的理想方案。一方面,资本主义害怕的恰恰是劳

---

① [法]让·鲍德里亚:《消费社会》,刘成富、全志钢译,南京大学出版社 2014 年版,第 67 页。

② [法]让·波德里亚:《象征交换与死亡》,车槿山译,译林出版社 2012 年版,第 58 页。

动的即时性死亡，因为其结果就是资本失去了继续存活的力量来源。一旦劳动即时性死亡了，资本主义也就暴露了自身的漏洞和恐怖，从而威胁到自身的存在。所以，资本不会让劳动者即时性死亡。没有了劳动或劳动者，资本也就不能得到自身的复制和再生产。所以正如鲍德里亚自己指出的："在这种象征关系中，劳动和剥削的实体是无关紧要的：主人的权力首先总是来自这种死亡的悬置。因此，与人们想象的不同，权力从来都不是处死的权力，恰恰相反，是留命的权力"①。因为权力只要控制了人的死亡，现代资本也就可以通过对生存的威胁来达到支配劳动力的目的。另一方面，问题不仅在于资本不会让人死亡，而且还在于人正是"有死"的存在者，才会宁愿屈服于劳动的统治，也不愿意选择用"暴死"的方式来对抗资本主义。鲍德里亚的错误在于把这种个体"大拒绝"的革命方式放大为整个社会的政治行动原则。

而马克思的革命方案则坚持了这种必然性与偶然性的统一。一方面，劳动阶级要采取阶级斗争的方式不断减少资本对劳动的压迫、扩大我们的自由时间以及改善我们的生存环境。但鲍德里亚说："阶级斗争虽然自马克思为其命名而开始存在，但是，其以最为激烈的方式存在于世或许仅仅是在其被命名之前。被命名之后，其力度便逐渐消退。"② 尽管现实中的阶级斗争变成了鲍德里亚所批评的"为了罢工而罢工"，或斗争的远大目标被短期的利益考量所蛊惑，但这本身是一种对资本主义的对抗和拒绝。之所以革命的胜利迟迟不来，更为根本的原因在于鲍德里亚等后现代哲学家不再相信剩余价值规律的必然性仍然发挥着作用。因此，另一方面，马克思认为资本主义必然会服从剩余价值规律，并以劳动辩证法的展开方式否定自身。当然，鲍德里亚也不再相信这种内在论的辩证法的科学性，并把马克思和传统坚持普遍性逻辑的黑格尔辩证法进行同质化处理。鲍德里亚在《生产之镜》中就认为，马克思的劳动、生产、历史等概念都掉进辩证法的逻辑中了，并强调"辩证法必须辩证地被超越并且废除自身"③。虽然鲍德里亚和马克思一样，把否定性和对抗性看作革

① ［法］让·波德里亚：《象征交换与死亡》，车槿山译，译林出版社 2012 年版，第 54—55 页。
② ［法］让·鲍德里亚：《为何一切尚未消失？》，张晓明、Jean-François Petit de Chemellier（薛法蓝）译，南京大学出版社 2017 年版，第 64—65 页。
③ ［法］鲍德里亚：《生产之镜》，仰海峰译，中央编译出版社 2005 年版，第 30 页。

命的动力，但他认为，资本主义全球化的结果就是差异的消失和单一性的循环。因此，全球化事务最终不再涉及任何对立或否定的价值，因而共产主义的革命理论所提供的"对抗性体制已不存在"①。可见，鲍德里亚不是不知道马克思的辩证法，而是不相信马克思辩证法的革命性和科学性，即不相信资本主义在发展自身的同时生产着否定自己的力量，这一力量就是劳动辩证法。

马克思不仅同鲍德里亚一样，在《资本论》及其手稿中揭示了抽象劳动的形而上学本质以及对人的统治，而且给出了扬弃这种抽象劳动的科学方案。这一方案不仅坚持了历史唯物主义的物质生产第一性的基本立场，把劳动理解为改变世界的基础性力量，而且开创了政治经济学批判意义上的劳动价值论，即人类在劳动的过程中会创造出否定私有制和资本主义的革命力量。概括地说，就是随着生产的社会化和社会必要劳动时间的减少，资本主义必然会抵达自己的生命极限。剩余价值的生产极限将会使得资本主义失去其存在和发展的空间。尽管这一空间在今天的网络虚拟世界得到了拓展，但网络世界仍然依托于"电脑"这一物质基础，软件的符码不能离开硬件而运行。因为没有剩余劳动（剩余价值）资本就无法获得再生产，资本也就失去了增殖的空间。鲍德里亚看到了资本主义的金融化和生产的符号化，认为"活劳动是价值的唯一来源"这一规律失去作用了，或者错误地以为商品的交换价值和使用价值都只是可随意被定义的符号，而不再依赖于劳动价值论。而理解这一切的基础都潜藏于马克思关于劳动的存在论规定之中，即这种活动一定是感性的，而不能脱离作为自然前提的感性对象，同时这是一种对象化的活动，能把人的本质力量（在资本主义是以时间的形式进行计算）现实化。如果从剩余价值规律来看，今天的非物质劳动的价值都是物质生产领域所创造出来的价值的一部分，也就是说，鲍德里亚所主张的已经完全符号化了的"价值"依然不能脱离"自然"的基础，只不过像马克思所批判的拜物教那样，变得更加神秘而不可捉摸。

一切的问题可能只在于，资本主义的生命力依然强盛。

---

① ［法］让·鲍德里亚、菲利普·帕蒂：《临界：鲍德里亚访谈录》，戴阿宝译，上海社会科学院出版社 2021 年版，第 17 页。

第三章 马克思共产主义的思想
流变与劳动意蕴[*]

  共产主义思想是马克思哲学的灵魂和精髓。纵观思想史，马克思对共产主义的认识经历了一个艰难的转变历程，可以说，这一历程伴随着马克思的一生。在对这一思想转变的认识上，中国理论界过去的注意力大多聚焦于马克思的青年时期，一是继承列宁的"两个转变说"[①]，认为发表在《德法年鉴》上的两篇文章意味着马克思完成了从革命民主主义向共产主义的转变；二是老一辈中国马克思主义学者在文本的基础上，又提出了"两次转变说"，认为《德意志意识形态》代表着共产主义思想进一步完成了从不成熟向成熟的转变。从马克思的整个思想史看，这一划分是基本准确的。但值得注意的是，在历史唯物主义思想诞生之后，马克思几乎花了大半辈子的心力在政治经济学的研究上，于 1867 年才首次出版了德文版《资本论》第一卷，从此才有了马克思的第二个伟大发现——剩余价值规律。恩格斯的评价无疑切中肯綮："由于这两个发现，社会主义变成了科学"[②]。可见，对马克思共产主义思想的定位绝不能滞留在 1845 年，其研究视角和重心必须转向"政治经济学批判"。基于此，

---

  [*] 本章主要内容已发表。参见王绍梁《从方法论的深化重新认识马克思共产主义思想的流变》，《湖北社会科学》2021 年第 11 期。

  [①] "两个转变说"是列宁在研究了马克思早期思想之后提出的基本观点，即认为 1843 年发表在《德法年鉴》上的《论犹太人问题》和《〈黑格尔法哲学批判〉导言》两篇文章表明马克思在哲学和政治立场上完成了"从唯心主义向唯物主义、从革命民主主义向共产主义"的思想转变。"两次转变说"则是以南京大学孙伯鍨教授为代表在列宁"两个转变"的基础上提出的，即在完成第一次转变之后，1845 年马克思恩格斯合著的《德意志意识形态》则标志着他们完成了"从唯物主义向历史唯物主义、共产主义向科学共产主义"的思想转变。列宁未能提出"两次转变说"的客观原因之一可能在于《德意志意识形态》全文直到 1932 年才公开问世。

  [②] 《马克思恩格斯文集》第 3 卷，人民出版社 2009 年版，第 546 页。

我们从新的视角对马克思共产主义思想流变作了重新考察，认为其方法论经历了从感性辩证法向历史唯物主义和政治经济学批判的深化过程，正是在这三种不同的方法论指导下，才真正完成了社会主义从空想向科学的转变。

第一节　哲学共产主义：感性辩证法与异化劳动的扬弃

马克思通过对黑格尔理性辩证法的批判和改造，最终形成自己的感性辩证法。在感性辩证法的方法论指导下，马克思的共产主义思想进入了第一个阶段，即哲学共产主义阶段。

感性辩证法是马克思对黑格尔理性辩证法两次批判改造的积极成果。1843年，马克思在《黑格尔法哲学批判》中对黑格尔的辩证法进行了第一次批判改造，颠倒了黑格尔关于政治国家决定市民社会的观点，也正是在这一颠倒中揭示出黑格尔理性辩证法的根本缺陷。马克思认为黑格尔的错误在于将思维的产物颠倒为现实对象的主体。"他不是从对象中发展自己的思想，而是按照自身已经形成了的并且是在抽象的逻辑领域中已经形成了的思想来发展自己的对象。"① 这样，现实的矛盾在黑格尔理性辩证法中就被设定为思维的矛盾或者是作为理念表象的"现象的矛盾"。因此，黑格尔对诸如国家与市民社会的分裂等现实矛盾也就仅满足于思维中的表面解决。这在本质上是一种折中主义的调和论，但马克思强调的却是外部现实矛盾的真实存在和对抗本质。

《1844 年经济学哲学手稿》则标志着这一批判改造工作的完成。马克思认为，黑格尔的整个哲学体系以纯粹思辨的思想为起点，以抽象的绝对精神为终点，而理性辩证法构成了这一不断否定的思想体系的逻辑基础。这个体系可简化为：现实的人＝自我意识→意识返回自身＝将对象设定为物性→对象的扬弃＝自我意识的扬弃→现实的运动＝自我意识的运动。② 理性辩证法研究的并不是现实的对象，相反是意识的对象，从而它就将思维否定与现实否定的关系颠倒了过来，最终将现实的历史理解为逻辑思辨的思维的生产史。马

---

① 《马克思恩格斯全集》第 3 卷，人民出版社 2002 年版，第 18—19 页。
② 参见［德］马克思《1844 年经济学哲学手稿》，人民出版社 2014 年版，第 100—101 页。

克思将这种从对象—意识—自我意识内部进行的抽象思维活动称之为"纯思想的辩证法",即理性辩证法。但马克思没有完全抛弃黑格尔的辩证法,而是继承了其中的合理内核即为他所高度赞扬的否定性辩证法。这一批判改造的积极成果就是"感性辩证法"。这一改造得益于马克思对费尔巴哈"感性"思想的吸收,后者将黑格尔的理性形而上学从天上拉回了人间,重新确立了感性在哲学革命中的本体地位。所谓感性辩证法,指的是人的感性存在之异化及其扬弃的运动,揭示的是人在感性活动中所形成和发展起来的对抗、冲突和斗争。

正是在感性辩证法的指导下,马克思第一次较集中地从政治批判和经济学批判的哲学范式对共产主义进行了阐释。首先是政治批判。马克思是在《1844 年经济学哲学手稿》中第一次谈到"共产主义",但其共产主义的思想转变可以提前追溯到 1843 年发表在《德法年鉴》上的《论犹太人问题》与《〈黑格尔法哲学批判〉导言》。这两篇极具战斗性的论文指向了同一个问题,即人类解放何以可能。在这里,马克思找到了解放人类、实现共产主义的物质力量——无产阶级。马克思先是批判了青年黑格尔派代表人物鲍威尔将犹太教的人的解放归结为宗教解放,反对其将政治解放等同于人类解放,进而转变了问题域,即从政治解放与宗教的关系转向政治解放与人类解放的关系。但鲍威尔并未回答人类获得解放的力量源泉是什么,《〈黑格尔法哲学批判〉导言》将这一问题往前推进了一步,初次阐明了无产阶级解放全人类的历史使命。马克思从德国的阶级现实出发,将人类解放的出路诉诸无产阶级的革命运动,认为"批判的武器当然不能代替武器的批判,物质力量只能用物质力量来摧毁"[①]。这个物质力量正是无产阶级。无产阶级就是这样一个被锁链彻底束缚着的,并表明一切等级解体的阶级。因此,无产阶级必须先解放其他一切社会领域和他人,才能实现自身的解放。由于这种政治批判还只是一种原则批判,因而需要得到经济学批判的证明。马克思第一次把人类解放运动与否定私有财产的革命行动关联在一起,开启了政治经济学批判的共产主义思想路向。他认为,人类解放"只有通过废除私有财产、限定财产最高额、没收财产、实行累进税,通过消灭生命、通过断头台,才能做到","只有同

---

① 《马克思恩格斯选集》第 1 卷,人民出版社 2012 年版,第 9 页。

自己的生活条件发生暴力矛盾,只有宣布革命是不间断的,才能做到这一"。① 虽然马克思此时对人类解放思想的表述还较为抽象和粗略,但他已意识到,无产阶级的革命目标是否定私有财产,并将这种否定原则作为无产阶级解放自身的前提条件提升为社会行动的原则。

这种经济学批判的全面展开是在《1844 年经济学哲学手稿》中进行的。马克思将感性辩证法自觉地应用于对异化劳动的批判,形成了异质于黑格尔的劳动辩证法。共产主义意味着人的本质之自由自觉活动的复归,并内在地要求扬弃非人性质的异化劳动和作为异化劳动的外化表现的私有财产。马克思首先批判了错误的共产主义思潮,反对将共产主义理解为对现代文明世界的抽象否定和向贫困状态的简单返回,强调共产主义是人的本质的现实生成。"共产主义决不是人所创造的对象世界的消逝、舍弃和丧失,决不是人的采取对象形式的本质力量的消逝、舍弃和丧失,决不是返回到非自然的、不发达的简单状态去的贫困。"② 这些思潮的错误在于没有真正弄清楚私有财产的积极本质,私有财产的充分发展实际上是共产主义的基础。马克思由此第一次提出了自己的"共产主义"概念,其核心就是私有财产的积极扬弃。私有财产只不过是人的对象性活动之异化了的感性存在,因而其积极扬弃决不能看作直接的享受和片面的占有,而是作为完整的人以一种全面的方式占有作为人之为人的本质。这体现在存在和本质、对象化和自我确证、自由和必然、个体和类之间斗争的真正解决。第一、四个矛盾表现为人自身与他人的社会关系的对抗性,第二、三个矛盾表现为人和自然的关系的对抗性。马克思把"共产主义"视为对这四对矛盾即对抗性关系的解决和回答。"它是人向自身、也就是向社会的即合乎人性的人的复归,这种复归是完全的复归,是自觉实现并在以往发展的全部财富的范围内实现的复归。"③ 马克思由此将历史的全部运动归结为共产主义的现实生成和经验诞生活动,完全推翻了黑格尔建立在绝对理念基础上的先验历史哲学。

马克思此时对共产主义的理解仍然属于建立在感性辩证法"内在论"逻

---

① 《马克思恩格斯文集》第 1 卷,人民出版社 2009 年版,第 33 页。
② [德] 马克思:《1844 年经济学哲学手稿》,人民出版社 2014 年版,第 110 页。
③ [德] 马克思:《1844 年经济学哲学手稿》,人民出版社 2014 年版,第 78 页。

辑基础上的哲学范式，即"自我异化的扬弃同自我异化走的是同一条道路"①。这句话虽然还带有黑格尔否定性辩证法的影子，但其中蕴含了马克思感性辩证法的基本原则，因为感性辩证法的研究对象是现实矛盾和感性对抗。从否定性到对抗性的深化，是马克思超越于黑格尔辩证方法论的一个重要标识。这一标识最为显著地体现在 1847 年马克思对蒲鲁东的批判之中。在《哲学的贫困》中，马克思批判蒲鲁东对黑格尔辩证法的庸俗化和拙劣模仿。这种方法论运用失败的根源在于蒲鲁东没有正确处理"对抗性"这个要素，没有从现实的对抗性运动之中理解和把握资本主义的历史方位，由此通过理性形而上学建构起来的新社会形态也仍未超越资本主义本身。可以说，感性辩证法的核心就在于历史运动中的感性对抗，撇开现实谈辩证法容易跌入黑格尔式的形式主义泥潭。

学界以往较为重视马克思《1844 年经济学哲学手稿》中共产主义思想的人本主义痕迹，而忽视了"生产—私有财产"这一维度在思想史上的连贯性。马克思并不是以目的论的形式将共产主义指认为人类发展的终极目标，而是以辩证法的逻辑将其看作通达"真正的人类社会"并实现人类解放的中介，因此"共产主义是最近将来的必然的形态和有效的原则"②。这一点特别重要。马克思并没有把共产主义定义为历史的终结，未来人类社会只意味着资本主义生产关系的对抗性质的消灭，并不意味着社会形态一成不变。就像恩格斯所说的："所谓'社会主义社会'不是一种一成不变的东西，而应当和任何其他社会制度一样，把它看成经常变化和改革的社会。"③ 这也是我们未将未来的人类社会简单地概括为"共产主义社会"的根本原因。④

---

① ［德］马克思：《1844 年经济学哲学手稿》，人民出版社 2014 年版，第 75 页。

② ［德］马克思：《1844 年经济学哲学手稿》，人民出版社 2014 年版，第 90 页。

③ 《马克思恩格斯文集》第 10 卷，人民出版社 2009 年版，第 588 页。

④ 仅就概念的使用差异而言，在马克思的几个重要文本中出现最多的是"共产主义"，很少出现"共产主义社会"的表述。具体来说，在马克思与恩格斯合作完成或出版的著作中，《德意志意识形态》和《共产党宣言》大概使用了 2 次来描述未来社会。1891 年出版的《哥达纲领批判》使用得最多，高达 6 次。在《资本论》及其手稿中很少出现"共产主义社会"这个提法，在第 1 卷第 2 版的脚注和第 2 卷中分别出现过 1 次，而第 3 卷则最多提到共产主义共同体、共产主义公社、共产主义的社会生产。以上表明，虽然马克思恩格斯基本都认同用"共产主义社会"来指称未来社会，但对这一提法却格外谨慎。相反，从"共产主义"概念出现的语境看，马克思更多是用于概括作为现实的革命运动以及作为革命成果的社会生产制度的基本原则。

实际上，在实现了共产主义革命之后，社会形态依然会不断发生变化，社会矛盾依然存在，感性辩证法依然起着作用，只是这种变化和矛盾运动不再是建立在生产关系的对抗性质基础上，因为未来社会的生产形式和原则将取得同等的性质。从后往前看，这个形式和原则应当理解为与资本主义异质的"生产—劳动"方式。我们也只是在这个意义上才把扬弃资本主义之后的社会称之为"共产主义社会"，这在本章第三节将会展开论述。在《1844 年经济学哲学手稿》中，马克思对共产主义的论述也几乎始终与人通过"劳动—生产"实现的对象化成果即私有财产绑定在一起。马克思最终对"共产主义"而不是"社会主义"概念的选择隐含了其方法论的转变，即从以社会关系为基础转变到以决定一定社会关系的经济结构和生产方式为基础。

第二节 "哲学—科学"共产主义：历史唯物主义 与劳动分工的消灭

感性辩证法为马克思分析资本主义社会矛盾和探索共产主义革命奠定了科学的方法论基础。显然，这一方法论在《1844 年经济学哲学手稿》中带有明显的思辨和形式的外壳。唯有马克思完成哲学革命并真正创立出自己的新哲学，才能够让共产主义理论从"哲学思辨"走向"科学论证"。这一新哲学就是历史唯物主义。如果说《1844 年经济学哲学手稿》还留存费尔巴哈人本哲学的痕迹，那么作为"哲学宣言"的《关于费尔巴哈的提纲》则让马克思不仅告别了黑格尔的思辨唯心主义辩证法，而且也使得一切旧唯物主义哲学的"思想症候"被彻底消除，从而将"实践"即感性的对象性活动确立为历史唯物主义的基本原则。众所周知，《德意志意识形态》系统地阐述了历史唯物主义的出发点是现实的人及其活动，揭示了历史的四个原初关系，即物质生活资料的生产与再生产关系，生命的生产活动所表现的自然关系和社会关系，并将物质生产与再生产作为理解历史的理论基点。《共产党宣言》则进一步从阶级斗争的"对抗性"维度描述社会历史运动。基于此，马克思第一次将感性辩证法作为方法论运用于生产力与生产关系、经济基础与上层建筑的矛盾运动及其扬弃过程的分析之中，进而从宏观的历史运动层面论证了以共产主义为原则的新社会形态替代资本主义的必然性。

以历史唯物主义为方法论，马克思恩格斯形成了科学共产主义的基本思想。"如果说历史唯物主义是科学共产主义的理论基础，那末科学共产主义就是作为历史唯物主义的实际结论而产生的。"① 马克思此时的共产主义思想相比较《1844 年经济学哲学手稿》时期更为科学的地方，首先在于他清洗了哲学共产主义阶段的伦理色彩，不再从人的本质出发寻找答案，而是从人的社会关系和现实运动理解共产主义的社会历史性。在资本主义社会，偶然性对个性的压抑、物的关系对人的支配达到了尖锐和普遍的辩证顶点，而按照共产主义原则组织社会的任务就是"确立个人对偶然性和关系的统治，以之代替关系和偶然性对个人的统治"②。但马克思反对把共产主义设定为现实应当与之相适应的理想，以此规定社会生活和制度，而是把共产主义称之为"消灭现存状况的现实的运动"③。这种"消灭论"——本质是"扬弃论"——在《共产党宣言》中得到了充分发挥。马克思批判了各种错误的或空想的共产主义学派，全面应用"对抗性"方式论证资本主义的历史性和暂时性，把共产主义"消灭现实"的运动序列从《德意志意识形态》中的消灭私有制和分工的最高纲领拓展至社会关系的各个领域，即"消灭城乡对立、消灭家庭、消灭私人营利、消灭雇佣劳动、提倡社会和谐、把国家变成纯粹的生产管理机构"④。总而言之，共产主义运动要消灭阶级对立，但这个运动的条件不是先验给予的，而是从资本主义的现实中生产出来的。早在《1844 年经济学哲学手稿》中，马克思就讽刺这种道德悬设的观念："要扬弃（又译为"消灭"——引者注）私有财产的思想，有思想上的共产主义就完全够了。而要扬弃现实的私有财产，则必须有现实的共产主义行动。"⑤ 因此，这种自我扬弃的共产主义行动需要经历一个极其艰难而漫长的历史过程。

不但如此，马克思进一步从社会关系异化的现象深入历史的本质追问中，

　　① 孙伯鍨：《探索者道路的探索：青年马克思恩格斯哲学思想研究》，南京大学出版社 2002 年版，第 308 页。

　　② 《马克思恩格斯全集》第 3 卷，人民出版社 1960 年版，第 515 页。

　　③ 《马克思恩格斯选集》第 1 卷，人民出版社 2012 年版，第 166 页。

　　④ ［德］马克思、恩格斯：《共产党宣言》，人民出版社 2014 年版，第 62 页。

　　⑤ ［德］马克思：《1844 年经济学哲学手稿》，人民出版社 2014 年版，第 126 页。

从消灭私有制①和分工的资本主义生产方式中探寻扬弃异化的现实路径，并从分工视角提出了共产主义的劳动形式和人的自由全面发展的基本原则。马克思认为，脑力劳动和体力劳动的分工是历史上的第一次分工，正因为生产资料的私有制才导致分工在历史上的自发性和生产的盲目性，人才会被束缚其中，劳动活动的创造性和自主性也就会被限制住，因而人只能得到片面的发展。"要消灭关系对个人的独立化、个性对偶然性的屈从、个人的私人关系对共同的阶级关系的屈从等等，归根到底都要取决于分工的消灭。"② 现代人的任务就是去消灭私有制，因为生产力和交往形式在私有制的统治下反而成了破坏力量，使得劳动阶级与资产阶级的对立达到了辩证的顶点。美国学者艾略特（John E. Elliott）指出了这种"消灭分工论"在经典马克思主义阐释中包含的悖论。③ 从社会总体的生产和分配看，物质的匮乏和劳动分工是不能被消灭的，但从社会个体看，发达生产力为个体创造力的发展提供生活必需品、教育、工作和闲暇，消灭两者又是必要和必然的。这里的悖论涉及马克思共产主义思想的关键，即人类活动的能动性和自然基础之间的矛盾，仍然属于传统理论中自然必然性和自由之间的关系范畴。马克思在《政治经济学批判（1857—1858 年手稿）》中对"消灭分工"的这种提法作了进一步的阐述。"假如他们作为共同的所有者从事劳动，那就不会发生交换了，而是共同消费了。所以交换费用也就消失了。［这里指的］不是［一般］分工，而是以交换为基础的分工。"④ 可见，共产主义要消灭的并不是一般分工即"各司其职"，而是要消灭资本主义生产方式所决定的交换和交往基础上的"异化分

---

① 私有财产和私有制的德文都是 Privateigentum，有趣的是，《1844 年经济学哲学手稿》译为前者，《德意志意识形态》等文本译为后者，但都指向所有制。到了《资本论》及其手稿，在涉及未来社会的论述时，马克思不再局限于所有制的分析方法，更多围绕"生产"展开。这里有两个原因：一是恩格斯的因素，他最早在《国民经济学批判大纲》中继承了空想社会主义的"消灭私有制"的用法，在与马克思合著的《共产党宣言》中也使用到了。二是马克思本人的方法论深化，1844 年聚焦劳动的对象化即私有财产的现象学批判，而 1845 年则着眼于资本主义所有制问题，到了《资本论》及其手稿中则主要立足于生产方式从资本主义的内部矛盾运动来分析共产主义的可能性。

② 《马克思恩格斯全集》第 3 卷，人民出版社 1960 年版，第 516 页。

③ 参见 John E. Elliott, "Marx and Engels on Communism, Scarcity, and Division of Labor", *Economic Inquiry*, Vol. 18, No. 2, Apr. 1980, p. 290。

④ 《马克思恩格斯全集》第 31 卷，人民出版社 1998 年版，第 21 页。

工"。因此，只有在政治经济学批判的视域中，这一理论矛盾才能得到辩证的和合理的解释。而在历史唯物主义作为方法论阶段，马克思恩格斯将这一问题的解决诉诸自主活动的逻辑，这与《1844年经济学哲学手稿》中自由自觉的活动的差异在于承认了一般分工在人类社会的基础作用。正是基于分工逻辑，马克思恩格斯勾勒了共产主义革命之后未来社会的活动形式，即著名的自由劳动论。"在共产主义社会里，任何人都没有特殊的活动范围，而是都可以在任何部门内发展，社会调节着整个生产，因而使我有可能随自己的兴趣今天干这事，明天干那事，上午打猎，下午捕鱼，傍晚从事畜牧，晚饭后从事批判，这样就不会使我老是一个猎人、渔夫、牧人或批判者。"[1]

　　尽管《德意志意识形态》中的分工逻辑带有一定的浪漫主义色彩，但正是在这样的理论想象中显露出马克思共产主义思想的变化以及对未来社会形态探索的方法论自觉，即从"历史唯物主义"深化为"政治经济学批判"。这表现在两个方面：一是与《1844年经济学哲学手稿》时期明显不同，马克思的论证视角不再是形式的辩证逻辑，而是转向"历史总体"逻辑。一方面，马克思强调人类在未来社会可以摆脱特定活动范围的束缚，选择在任何生产部门发展，通过社会调节着整个生产；另一方面，马克思并未忽视社会关系和活动方式维度，而是从个体与社会联系的维度将人的自由全面发展的基础概括为"经济""关系""活动"的三位一体，即"经济前提，一切人的自由发展的必要的团结一致以及在现有生产力基础上的个人的共同活动方式"[2]。二是马克思突出生产方式的基础地位，认为共产主义革命只有作为"各民族'一下子'同时发生的行动"[3]才具有现实的可能，而这种行动本身又必须建立在生产力和世界性交往的普遍发展基础之上。马克思已自觉地意识到，联合起来的个人共同控制、调节生产对于实现共产主义革命的重大意义，并强调共产主义的特殊之处在于："它推翻一切旧的生产关系和交往关系的基础，并且第一次自觉地把一切自发形成的前提看做是前人的创造，消除这些前提

---

① 《马克思恩格斯选集》第1卷，人民出版社2012年版，第165页。
② 《马克思恩格斯全集》第3卷，人民出版社1960年版，第516页。
③ 《马克思恩格斯选集》第1卷，人民出版社2012年版，第166页。

的自发性，使这些前提受联合起来的个人的支配。"① 显然，这里已经蕴含了政治经济学批判方法论的"共同生产"原则。

总而言之，生产力的发展为消灭私有制和分工、实现共产主义革命奠定了物质基础，也只有在生产力普遍发展的同时，人们之间才会形成普遍的交往关系，无产阶级的联合行动才具有现实可能性。以历史唯物主义和感性辩证法为方法论，马克思恩格斯在《共产党宣言》中才得出资本主义必然灭亡、共产主义必然胜利的结论，并从"自主活动"深化为"自由发展"，认为未来社会"将是这样一个联合体，在那里，每个人的自由发展是一切人的自由发展的条件"②。正因如此，马克思恩格斯从理论基础、阶级基础、思想内涵、依靠力量和实现道路等方面，将他们的共产主义思想与其他社会理论根本性地区别开来了。

第三节 科学共产主义：政治经济学批判 与自由劳动的生成

政治经济学批判既是马克思哲学的精髓，也是精准把握共产主义思想的一把密钥。马克思的政治经济学研究工作是在 1844 年抵达巴黎后才开始的。包括共产主义思想在内的整部《1844 年经济学哲学手稿》，就是"哲学—经济学"汇流所形成的伟大成果。此后近四十年，马克思从未放弃政治经济学的批判事业，最后才写成被誉为工人阶级圣经的《资本论》，其副标题正是"政治经济学批判"。

与历史唯物主义不同，政治经济学批判的对象是作为人类漫长历史中的一个特定阶段即资本主义社会，而经历共产主义革命之后的则是从其内部矛盾运动中孕育并生长出来的新社会形态。马克思指出："无论哪一个社会形态，在它所能容纳的全部生产力发挥出来以前，是决不会灭亡的；而新的更高的生产关系，在它的物质存在条件在旧社会的胎胞里成熟以前，是决不会出现的。"③

---

① 《马克思恩格斯选集》第 1 卷，人民出版社 2012 年版，第 202 页。
② ［德］马克思、恩格斯：《共产党宣言》，人民出版社 2014 年版，第 51 页。
③ 《马克思恩格斯文集》第 2 卷，人民出版社 2009 年版，第 592 页。

从"两个必然"到"两个决不会"，鲜明地体现了马克思方法论视域的转换，即从一般的历史矛盾运动到特殊的生产方式的内在对抗中揭示和论证社会发展的规律。因此，对社会形态的演变的认识就从《德意志意识形态》的"五种社会形态论"深化到"五种生产方式论"。即：1845 年，马克思恩格斯从所有制和分工的逻辑将人类历史理解为部落所有制、古代公社所有制和国家所有制、封建或等级的所有制和资产阶级所有制相互更替的过程，共产主义革命则是下一个必然到来、并恢复公有制的社会形态的实现路径；1859 年马克思又在《〈政治经济学批判〉序言》中把社会形态依次划分为亚细亚的、古代的、封建的和现代资产阶级的生产方式，而替代资本主义生产方式的自然就是共产主义的生产方式。马克思认为，资本主义社会是人类史前时期的最后阶段，这种"对抗性"的生产关系以及由此规定的社会关系也将随之消失。这里的"对抗"指的是从个人的社会生活条件中生长出来的对抗，因此，共产主义作为更高社会形态的生产原则，其首先必须消灭资本主义生产关系的对抗性质。显而易见，这体现出马克思对感性辩证法、历史唯物主义和政治经济学批判方法论的综合运用。

在经历政治经济学批判方法的洗礼后，马克思每一次谈到共产主义都没有偏离过"生产"维度。马克思并不像一些学者所误读的那般，即"他预言了许多变化，但没有一个涉及生产关系"①。马克思不仅从剩余价值规律论证了共产主义运动的客观性，还从"生产方式"的辩证总体对未来社会的生产与生活进行了科学的论证。

第一，共产主义作为剩余价值规律的必然结果，最终将重建"个人所有制"。

马克思的剩余价值规律揭示的是资本主义生产方式自我否定和自我革命的运动规律。除了经典理论所概括的"生产的社会化与生产资料的私人占有之间的矛盾"外不应忽视的是这种矛盾运动所导致的"一般利润率下降"的哲学规律。马克思在《政治经济学批判（1861—1863 年手稿）》中分析了这

---

① Ware R. X. , *Marx on Emancipation and Socialist Goals: Retrieving Marx for the Furture*, London：Palgrave Macmillan, 2019, p. 206.

一规律的内在原因是"资本有机构成的提高"。绝对剩余价值的实现必须通过延长劳动时间或加强劳动强度，但这种方式存在自然限制。因此，单个资本家还可通过优化生产程序、更新生产设备等技术方式来减少单个产品生产时间以低于社会必要劳动时间，并将这部分转化为剩余劳动时间，从而实现超额剩余价值的剥削。资本主义发展愈是充分，这种技术运用愈是普遍，最终结果是社会生产的"剩余价值量相对减少。由此而来的是利润率下降，利润率有不断下降的趋势"[1]。这可以通过数学直观的方式来认识共产主义革命的可能性，即 m（剩余劳动）与 v（必要劳动）的辩证法，当 m 与 v 皆趋近于 0 的时候，则意味着资本主义完成了向新的社会形态的范式转换。也即是说，共产主义只有在资本主义完成了其生产方式的极限运动后，才是可能的和现实的。

在共产主义实现对资本主义的积极否定之后，它自然也就扬弃了资本主义生产资料私人所有制，并重建个人所有制。这同样是资本主义剩余价值规律发挥作用的结果。生产资料所有制的问题是任何社会形态的核心。从马克思的思想发展史看，他对共产主义的探索一直都未离开"所有制"问题，1844 年之前探讨"私有财产"，1845 年则转变为"私有制"，到了《资本论》就表述为"个人所有制"。从历史实践看，实行了生产资料的公有制并不一定意味着共产主义革命的真正诞生，因此，马克思晚年就转向政治经济学批判的"生产"视角。马克思勾勒了所有制的历史辩证法，指出资本主义生产方式与占有方式是对过去以个体劳动为基础的私有制的第一次否定，而否定的否定意味着资本主义的自我革命。"这种否定不是重新建立私有制，而是在资本主义时代的成就的基础上，也就是说，在协作和对土地及靠劳动本身生产的生产资料的共同占有的基础上，重新建立个人所有制。"[2] 可见，共产主义生产方式的关键在于"共同占有生产资料，共同控制社会生产过程"，而个人所有制则是在扬弃私人占用生产资料之后所形成的新的所有制。

第二，共产主义革命之后的未来社会所实行的计划生产及所决定的两个

---

① 《马克思恩格斯全集》第 32 卷，人民出版社 1998 年版，第 508 页。
② ［德］马克思：《资本论》第 1 卷，人民出版社 2004 年版，第 874 页。

阶段、分配原则。

在生产资料实现共同占有、生产实行共同控制之后，共产主义生产方式就由自由竞争的盲目生产转变为"计划生产"。所谓计划生产，从再生产理论看，社会生产总产品可分为生产生产资料的第 I 部类和生产消费资料的第 II 部类。共产主义的计划生产无非就是计算、调节和控制这两者之间的比例和关系。在进行生产前，"社会必须预先计算好，能把多少劳动、生产资料和生活资料用在这样一些产业部门而不致受任何损害"[①]。在《哥达纲领批判》中，马克思认为一个特定社会形态的分配方式和消费方式是由生产方式决定的。共产主义生产方式的不同阶段决定了不同的具体分配方式，这就是著名的"按劳分配"与"按需分配"两个阶段论。

在第一阶段，由于刚从资本主义中脱胎出来，新社会将在道德精神和经济形式等方面留存旧社会的原则和痕迹。劳动时间在此阶段将继续作为分配原则兼具调节社会生产与个人消费关系的两重作用。一方面，社会通过对劳动时间的计划性分配来调节职能与需要的正确比例；另一方面，劳动时间也是衡量个体劳动在社会劳动中所占比例的尺度，这一尺度同时是消费资料的分配比例的标准。[②] 个体与社会的关系在生产和分配上都是清晰透明的，每个人获得生活资料的凭证都只能是向社会提供自己的劳动。到了共产主义高级阶段，随着共同控制生产的效率提高，在社会财富如涌流般出现之后，人类"才能完全超出资产阶级权利的狭隘眼界，社会才能在自己的旗帜上写上：各尽所能，按需分配"[③]。其一，计划生产创造的社会总产品在社会与个人之间的分配仍按照"二分法"进行，即劳动成果一部分作为生产资料归公共所有，一部分作为生活资料归个人所有。其二，"按需分配"的依据不是主体的任意的和无限制的需要，而是维持主体生活的基本需要。具体分配形式是历史性的，它会随着社会生产机体的特定方式和个人发展状况如文化因素而改变。其三，学界一般把重心放在"按需分配"，而忽略"各尽所能"，从这里看，各尽所能应该理解为一种分配的条件，因而共产主义将采用一种需要与贡献

---

① ［德］马克思：《资本论》第 2 卷，人民出版社 2004 年版，第 349 页。

② 参见［德］马克思《资本论》第 1 卷，人民出版社 2004 年版，第 96 页。

③ 《马克思恩格斯文集》第 3 卷，人民出版社 2009 年版，第 436 页。

相结合的综合分配方式。

尽管马克思提出了个人与社会的积极的互动模式，但这个模式似乎暗含了一个前提，即每个人将会"自觉地"各尽其能。这里的"尽"意味着社会对个体的规范和要求，但如何衡量尽其所能的程度将成为理论与实践上的共同困难。正如威尔（Robert X. Ware）质疑的，马克思只给出了贡献是依据能力而定的原则，而没有详细说明如何应用这一原则，因此应该是"根据"人们的能力，而不是"尽"他们的能力作出贡献。[1]

第三，在实行共产主义生产方式的未来社会中，劳动将成为生活的第一需要。

从《1844 年经济学哲学手稿》到《德意志意识形态》，再到《资本论》及其手稿，马克思的劳动解放思想是一以贯之的，其核心思想就是"自由劳动"。在以感性辩证法为方法论时，这种自由劳动的思想被表达为自由自觉的活动。在创立历史唯物主义后，马克思从分工逻辑论证了自主活动的可能性。这些思想被马克思内在地继承了下来。在政治经济学批判思想发展已几近完备后，马克思首先指出在高级阶段，资本主义雇佣劳动分工的强迫性质，体力劳动与脑力劳动的对抗关系皆会随之被消灭，到了这时，"劳动已经不仅仅是谋生的手段，而且本身成了生活的第一需要"[2]。也就是说，共产主义扬弃了资本主义"劳而不获，获而不劳"的组织形式，由于生产交由社会共同控制、调节，因而每个人都必须参加必要的劳动。在这个前提下，人类才能自主活动和满足精神需要，如从事艺术活动等。这正是阿伦特将马克思所描绘的共产主义误读为"劳动者社会"的原因所在。因为以劳动为唯一衡量标准的社会，往往忽略了人们之间的体力、智力、天赋等差别。因此，以劳动时间为尺度的分配形式仍属于资产阶级的法权。但马克思此时已清除 1844 年理念主义的思想痕迹，共产主义不再是其理念自身的实现，而是从资本主义的现实运动中生长出来的。

在未来社会，个人劳动与社会劳动也是直接同一的。黑格尔和国民经济

---

① 参见 Ware R. X, *Marx on Emancipation and Socialist Goals: Retrieving Marx for the Furture*, London：Palgrave Macmillan，2019，p. 208。

② 《马克思恩格斯文集》第 3 卷，人民出版社 2009 年版，第 435 页。

学家的劳动理论也承认这种同一性，认为在普遍交换和生产的基础上，个人在完成自己劳动的同时，也在为他人和社会劳动。但他们没有看到这种同一性仍然建立在生产的私人性质和竞争的基础上。在资本主义社会，生产个体需要将劳动产品拿到市场上进行交换，并得到他人的承认后，其劳动才成为社会性劳动。在个人劳动社会化之前，需要经过很多迂回曲折的中介环节，其剩余价值也需要经过诸多中间阶层的分割和剥削才能实现自身，同时还受着供给关系的限制和干扰。这意味着资本主义社会中劳动的本质是社会中人与人之间的对抗和斗争。共产主义则完全消弭了资本主义劳动形式的内在矛盾。由于实现了共同占有生产资料和控制生产过程，每个劳动者的劳动时间等于他为社会总劳动时间所贡献的部分。个人劳动与社会劳动不再处于对立状态，而是直接同一的。"因为这时，同资本主义社会相反，个人的劳动不再经过迂回曲折的道路，而是直接作为总劳动的组成部分存在着。"① 这个同一性还体现在分配方式上。在共产主义社会，作为商品交换媒介和价值尺度的"货币"不复存在了，而是采用"凭证"的承认和兑换方式来标记劳动时间和对象化成果。从劳动作为生命的要素看，无论是处于哪个阶段，劳动都将成为每一个人的义务和需要。

第四，共产主义将带来必然王国与自由王国的辩证互动。

马克思描绘了未来社会中必然王国与自由王国、劳动时间与自由时间的辩证互动的景象：

> 社会化的人，联合起来的生产者，将合理地调节他们和自然之间的物质变换，把它置于他们的共同控制之下，而不让它作为一种盲目的力量来统治自己；靠消耗最小的力量，在最无愧于和最适合于他们的人类本性的条件下来进行这种物质变换。但是，这个领域始终是一个必然王国。在这个必然王国的彼岸，作为目的本身的人类能力的发挥，真正的自由王国，就开始了。但是，这个自由王国只有建立在必然王国的基础

---

① 《马克思恩格斯文集》第 3 卷，人民出版社 2009 年版，第 434 页。

上，才能繁荣起来。①

这一经典表述，引起了理论界的二元论误读，"两个王国"似乎不可和解。我们认为，可以从以下四个方面把握"两个王国"的辩证关系：

其一，自由王国的繁荣必须建基于物质生产的必然王国。在一切的社会形态中，在一切可能的生产方式中，人类都必须为基本生存需要而进行物质生产，与自然进行斗争。因此它存在于为满足生活需要而进行的必要劳动的彼岸。这是自然界为人类划定的前提条件。

其二，由于自由王国的建立，此岸的必然王国所进行的物质生产劳动本身也摆脱资本主义的外在强制而获得了自由。同时，自由劳动并不等于没有任何体力或智力的消耗，这是由人的生物本性决定的。正如马克思所说："真正自由的劳动，例如作曲，同时也是非常严肃，极其紧张的事情。"② 因此，绝不能将自由劳动粗俗地理解为消遣和娱乐。

其三，"时间的节约"将变得至关重要，"自由时间"将成为社会财富的衡量尺度。"社会发展、社会享用和社会活动的全面性，都取决于时间的节省。一切节约归根到底都归结为时间的节约"。③ 但时间的节约和劳动时间在不同生产部门之间的理性规划和合理分配的前提是共同控制社会生产。这将成为未来社会的一条普遍规律。同时，当进入新社会，财富尺度将发生重大转变。在马克思看来，以劳动时间作为财富尺度的社会如资本主义社会只能表明财富本身是建立在贫困的基础上，即自由支配的时间与剩余劳动时间仍以相互对立的形式存在着，劳动时往往不自由，自由的获得又必须建立在不劳动的基础上。但个人的生活资料的生产所依赖的社会必要劳动时间的缩减同时标志着自由全面发展的时间的扩大。"因为真正的财富就是所有个人的发达的生产力。那时，财富的尺度决不再是劳动时间，而是可以自由支配的时间。"④

---

① ［德］马克思：《资本论》第 3 卷，人民出版社 2004 年版，第 928—929 页。
② 《马克思恩格斯全集》第 30 卷，人民出版社 1995 年版，第 616 页。
③ 《马克思恩格斯全集》第 30 卷，人民出版社 1995 年版，第 123 页。
④ 《马克思恩格斯全集》第 31 卷，人民出版社 1998 年版，第 104 页。

其四，在自由时间中，人类可以实现自由与劳动的统一。"自由时间——不论是闲暇时间还是从事较高级活动的时间——自然要把占有它的人变为另一主体，于是他作为这另一主体又加入直接生产过程。"[①] 马克思认为，对于处于成长过程中的人来说，这个直接生产过程是教育和训练，而对于具备一定能力的成年人来说，这个过程便是知识的运用，即具有创造能力和物化效果的实验科学。由于这种生产劳动必须付出一定的体力或脑力，因而这个过程同时能够使得他们的身体得到锻炼。但马克思始终不忘记这一切的前提是发达的社会生产力所创造的物质条件，这个物质条件是每个人自由而全面发展的现实基础。

总而言之，准确理解和把握"共产主义"是马克思哲学研究中必须直面的课题。由于 20 世纪共产主义运动在实践中的挫败，人们对共产主义的普遍态度不是置于教条主义框架中进行批判，就是将其移居精神信仰领域，从而将其推向了脱离现实的彼岸世界。当代著名学者洛克莫尔（Tom Rockmore）就从对革命无产阶级的依赖、普遍的经济危机、政治解决方案和社会批判等方面批评马克思共产主义思想的乌托邦性质。[②] 加之学术界时下流行的某些"新共产主义论"，因完全抛开资本主义经济运动的客观规律论证新社会形态的可能性，最终导致对世界历史发展的错误评估，而不得不汇入马克思所批判的蒲鲁东主义之流。

这说明，对马克思共产主义思想进行重新认识是很有必要的。从方法论看，马克思对共产主义的认识也经历了一个不断发展和深化的过程，概括地说，经历了感性辩证法、历史唯物主义和政治经济学批判三次方法论的洗礼。这三次洗礼分别为马克思确立了"对抗性""历史性"和"生产方式"的分析方法。这三个方法论的关系并不是完全分离和对立的，而是马克思哲学方法论的三位一体。历史唯物主义是从社会经济结构与上层建筑的矛盾运动分析社会形态和社会意识的变迁，这显然是对感性辩证法的扬弃和自觉运用。因为感性辩证法揭示的正是在社会历史中形成和发展起来的对抗和冲突及其

[①] 《马克思恩格斯全集》第 31 卷，人民出版社 1998 年版，第 108 页。

[②] 参见 Tom Rockmore，*Marx's Dream: From Capitalism to Communism*，Chicago：University of Chicago Press，2018，p. 233。

运动过程。同样，政治经济学批判作为方法论也是建立在历史唯物主义和感性辩证法的基础之上，可理解为通过深入资本主义生产方式这一特定社会经济形态的内部而取得的最终成果。在《1844 年经济学哲学手稿》中，马克思通过感性辩证法对共产主义进行了哲学探索；在创立历史唯物主义后，马克思又从"哲学—科学"的双重维度论证共产主义。在充分吸收对抗性和历史性方法前提下，通过政治经济学批判方法论的自觉运用，马克思将共产主义理解为剩余价值规律即资本主义自我否定的积极成果，并从生产方式的辩证总体勾勒了未来社会的基本原则。

政治经济学批判方法之所以为马克思青睐，是因为这一方法对于认识社会形态演变具有不可替代的科学价值，而离开"剩余价值规律"和"生产方式"的一切历史哲学都是脱离现实并具有实践危害的理论。反过来说，抛开剩余价值规律讨论超越资本主义，是一种主观思想和反马克思主义的理论映像。正如美国著名马克思主义学者奥尔曼（Bertell Ollman）所说："要评价马克思的共产主义观点，只有一种方法，那就是检验他对资本主义的分析，看看共产主义社会是否真的作为一种未实现的潜力孕育其中。"[①]

---

① Bertell Ollman, "Marx's Vision of Communism: A Reconstruction", *Critique*, Vol. 8, No. 1, June 1977, p. 41.

第二篇

劳动与辩证法

第四章　黑格尔劳动辩证法思想的
逻辑发展[*]

　　学界一般都是顺着马克思在《1844 年经济学哲学手稿》中的批判路子展开对黑格尔劳动或劳动辩证法思想的研究。这样的缺陷在于，黑格尔在《精神现象学》中对劳动极其"抽象"和"突兀"的论述使得读者难以理解：为什么马克思说黑格尔只看到了劳动的积极方面，而没有看到消极方面？难道黑格尔对于他那个时代蒸蒸日上的资本主义所带来的劳动异化现象视而不见？以至于黑格尔在《精神现象学》中只字不提，人们看到的顶多是其晚年发表的《法哲学原理》中关于劳动异化现象的肯定性描述，即：黑格尔仍然是从满足人的需要以及特殊利益与普遍利益相互促成的积极层面理解劳动，其劳动辩证法思想也被表达为劳动的异化现象在更高的国家阶段被扬弃。如果将比较的视野拓宽至黑格尔早期，将"整全的黑格尔"置于其思想史来看，问题的视域会变得更宽阔和清晰。按照洛维特（Karl Löwith）的说法，黑格尔至少有三次关于"劳动问题"的讨论，分别是："耶拿讲演"、《精神现象学》和《法哲学原理》。^① 因此，对黑格尔劳动辩证法思想的理解和阐释，只有从其对劳动的这三次讨论入手才能得到整体性和实在性的把握。

---

　　* 本章主要内容已发表。参见何云峰、王绍梁《黑格尔劳动辩证法思想的萌芽、形成及其应用——基于后黑格尔的批判性视角》，《学术交流》2019 年第 6 期。

　　① ［德］卡尔·洛维特：《从黑格尔到尼采：19 世纪思维中的革命性决裂》，李秋零译，生活·读书·新知三联书店 2006 年版，第 358 页。

第一节 "劳动的消极性"与激进的青年黑格尔

在"耶拿时期"①，青年黑格尔是第一个从哲学探讨劳动的哲学家，他打破了国民经济学对劳动解释的霸权，将劳动看作对自然具有塑造性和肯定性的否定性行动。黑格尔同样是看到"劳动的异化"并对其进行哲学批判的第一个哲学家，不过他是从"机器"（工具）的视角分析劳动者与劳动对象相分离的异化。但是，黑格尔主要是从作为满足需要的中介活动来理解劳动。这一点既贯穿于黑格尔劳动辩证法的思想史，同时在晚年也得到了完整发挥，即从个体劳动与社会劳动的社会结构理解二者的辩证关系。最后，黑格尔已无意识地表达出，作为"物质实存概念"的"货币"本质上就是精神劳动或抽象劳动的代名词。

（一）否定性行动：劳动是人对外部世界的肯定性破坏

劳动成为赞颂的对象并非古已有之。在中古基督教时代，劳动本身被赋予了"原罪"性质。劳动是上帝对罪恶的一种惩罚，因而被赋予了"诅咒"的消极属性，"劳动就是毁坏或诅咒世界"②。

与这种消极的理解不同，黑格尔一开始就从"精神特征"对劳动作出规定。他认为，人不同于动物，劳动不是人的本能活动，相反是人所特有的一种"理性活动"，黑格尔称为"精神的方式"。从而在黑格尔这里，劳动（Arbeit）就被设定为一种相对于自然的"否定性行动"，是"对象的消灭"和"有目的地消灭客体"等。③ 这种否定性行动使人和动物区别开来。动物并不会同人一样"劳动"，它只是通过与自然建立直接性关系使得本能需要得到满足。"与此相反，人的杰出之处在于他间接地自己生产自己的面包，把自

---

① 黑格尔早期讨论到劳动的著作并不只是洛维特所指认的《耶拿实在哲学》第1卷（1803—1804），至少还包括《伦理体系》（1802—1803）和《实在哲学》第2卷（1805—1806）。因此，我们将1802—1806年这一时期统称为黑格尔的"耶拿时期"。

② 参见［德］卡尔·洛维特《从黑格尔到尼采：19世纪思维中的革命性决裂》，李秋零译，生活·读书·新知三联书店2006年版，第358页。

③ 参见 Georg wilhelm Friedrich Hegel, *Schriften zur Politik und Rechtsphilosophie*, Leipzig: Felix Meiner, 1913, p.424。

然仅仅当做手段来使用。"① 因此，劳动在这里被表达为调节人与世界关系以满足人的需要的"中间环节"。不过，黑格尔认为作为中介的调和运动，它并不是纯粹意义上的否定性行动，不是简单的消灭活动。与动物的本能不同，"人借助工具的精神性劳动是构成性的，是借助塑造来造成持久的东西的，也就是说，是造成独立自主的东西的"②。这清晰地表现出了黑格尔与以往哲学（宗教）对劳动的完全消极的评价有着质的不同，可以看作黑格尔对劳动进行哲学化（去宗教的神秘化）的早期尝试。

因此，黑格尔的劳动辩证法表现为对"否定性""破坏性"以及"塑形性"的强调。但他同时又指出这一"否定性"行动所包含的"肯定性质"。在劳动的过程中，这种包含"肯定的否定性"应当被理解为对现存世界的加工改造，它给予劳动主体的对象世界一个全新的存在形态。我们知道，马克思把劳动的否定性理解为"内在否定"。一是学界熟知的"异化劳动"，二是在《资本论》中揭示的抽象劳动对具体劳动的否定。相较马克思，黑格尔在这里仍是从主客二分的传统形而上学思维理解劳动的否定性，即主体改造客体。因此，此时黑格尔的劳动辩证法主要展现为客体的维度，即人对自然的改造和塑形。这与《精神现象学》强调的不同，劳动不仅对外部世界有塑形能力，而且创造了人（确证自我意识）本身，因而包含了劳动对主体的反向创造与塑形。

（二）中介性劳动：作为满足需要的劳动体系

黑格尔在1802—1803年写作的《伦理体系》中阐述了劳动在需要体系中的"三一式"辩证法，即"需要—劳动—享受"。从其中可以看出，黑格尔此时将劳动看作需要和满足（享受）的中介。与劳动对自然的否定一样，黑格尔将劳动的中介性视为人与动物之间的差别。因为动物与欲望的关系是单纯的直接性关系，所以其满足也是直接性的，不像人必须通过劳动这个中介来获得物质需要上的满足。因而对于动物而言，"单纯满足欲望就是纯粹消灭对象"③。

---

① 参见［德］卡尔·洛维特《从黑格尔到尼采：19世纪思维中的革命性决裂》，李秋零译，生活·读书·新知三联书店2006年版，第358页。

② 参见［德］卡尔·洛维特《从黑格尔到尼采：19世纪思维中的革命性决裂》，李秋零译，生活·读书·新知三联书店2006年版，第359页。

③ 参见宋祖良《青年黑格尔的哲学思想》，湖南教育出版社1989年版，第171页。

在这里，黑格尔实际上已经涉及后来在历史哲学中的重要思想——理性的狡计，劳动只是被理性设定为满足需要的中介环节与工具。

黑格尔并不仅仅停留在单个人的需要与满足的关系理解劳动的本质，而是从劳动体系作为社会结构的组成部分阐发个人劳动与社会劳动的辩证关系。这一讨论表现了耶拿时期黑格尔对国民经济学的研究及其认同，并在《法哲学原理》中得到了展开。在传统社会中，劳动扮演的是个人的中介和工具，即人为了满足当前一时的需要而进行劳作，并收获了物质财富，但这个财富并不是"货币"，而是具体的"物"。所以，这种满足仍然是从个体出发，而又立即回到了个体。但是现代社会的劳动所满足的对象不囿于个人层面，而是为满足每一个人的需要，即个人劳动与社会劳动互为中介关系。黑格尔认为："每个人的工作按其内容来说是普遍的劳动，既看到一切人的需要，也能够去满足一个个人的需要。……每个人虽然是具有需要的个人，却变成为一个普遍的东西。"① 这是黑格尔对国民经济学的"劳动一般"的哲学指认。实质上，这个"普遍的东西"就是"抽象劳动"。黑格尔在这里已经看到在需要及其满足中构成的抽象劳动体系对现代人的支配和统治。这与国民经济学完全乐观地理解现代劳动体系（"看不见的手"）有着本质的不同。但黑格尔在晚年证明，这种异化仍然会在下一个更高的"国家环节"得到扬弃，所以在这一点上仍然没有脱离国民经济学的基本立场。其次，这种"普遍劳动"的异化形式还体现于劳动体系化所导致的专门化，而这意味着多样化的丧失。② 劳动的单调化、特殊化以及简单化使得本身也更"复杂化"即精细化。这种复杂化和多样化使得人越是从自然的具体化中解放出来，就越变得屈服和依赖于自然。

按照贺麟的研究，在构成需要与劳动的相互依赖的体系中，黑格尔的劳动辩证法体现在两个方面：一是劳动在客体中的辩证法，即劳动者通过劳动活动获得占有产品的过程。二是劳动在主体中的辩证法，即体现在人的需要

---

① 参见中国社会科学院哲学研究所西方哲学史研究室编《国外黑格尔哲学新论》，中国社会科学出版社 1982 年版，第 283—284 页。

② 参见［德］卡尔·洛维特《从黑格尔到尼采：19 世纪思维中的革命性决裂》，李秋零译，生活·读书·新知三联书店 2006 年版，第 361 页。

的满足方面。① 贺麟将其图式化为：主体辩证法，即"需要—劳动—享受"；客体辩证法，即"占有物质资料—劳动活动本身—占有产品"。马克思显然继承了劳动的主客体辩证法思想（尽管不一定读了黑格尔的早期著作）。他认为，劳动必须尊重客观规律才能摆脱自然的必然性。因此，马克思认可黑格尔"抓住了劳动的本质，把对象性的人、现实的因而是真正的人理解为人自己的劳动的结果"②。其次，劳动的主体辩证法隐含了后来卢卡奇（György Lukács）哲学中的"物化"思想。但是，这一思想并没有发展出来，因为黑格尔仍然只是就"辩证法"的积极和肯定意义谈劳动对人的需要的满足作用。

（三）异化的劳动：第一次从机器生产批判劳动的抽象化

黑格尔对"机器"造成的劳动异化的批判性分析是其早期经济思想中最为精彩而耀眼的篇章。这一点打破了一般学者对黑格尔的教条主义理解，即认为只有马克思看到了"劳动的异化"，似乎黑格尔只看到了"积极的一面"。对黑格尔早期思想的研究表明，这一认识是片面和错误的。在劳动辩证法的问题上，黑格尔对机器的讨论分为经济学和哲学两个方面：

第一，黑格尔从经济学的角度分析了机器的运用对于劳动生产率与劳动产品价值的影响。劳动的社会分工和专门化虽然在一定程度上消灭了个体劳动的多样性，但大大提高了整个社会的劳动生产率。黑格尔生活在机器运用和机械化的社会进程中，他和其他经济学家一样看到了机器这种客观存在的必然性和进步意义。他认为："由于劳动的个别化，任何个人的单一劳动的技能直接增大了"，"劳动的个别化增加了产量"。③ 其次，黑格尔还洞察了机器化生产体系下，"劳动的价值"随着劳动生产率的提高而下降的价值规律。因此，黑格尔从普遍劳动中洞察出了"劳动（力）"具有价值。他认为："被加工物的等同性即价值，在价值中，被加工物都是同一的，这个价值本身作为物是金钱。"④ 这里的"等同性"其实就是"抽象的普遍的劳动"，即从纷繁复杂的具体劳动中抽象出"一般劳动"。这表明黑格尔深谙国民经济学，尤

① 参见贺麟《黑格尔哲学讲演集》，上海人民出版社1986年版，第39页。
② ［德］马克思《1844年经济学哲学手稿》，人民出版社2014年版，第98页。
③ 参见宋祖良《青年黑格尔的哲学思想》，湖南教育出版社1989年版，第177页。
④ 参见宋祖良《青年黑格尔的哲学思想》，湖南教育出版社1989年版，第176页。

其是斯密的劳动价值理论。

但从马克思的政治经济学批判角度看，黑格尔"犯了两个错误"：其一，混淆了劳动与劳动力，这里的"劳动具有价值"所指的实则是"劳动力"。劳动无价值，具有价值的是劳动力。其二，根据马克思的劳动价值论，随着大机器在现代社会中的普遍运用以及劳动生产率的不断提高，单个商品所包含的价值会随之下降。黑格尔没有明确指出这一点，而是对价值存在着认识上的"主观"与"客观"的模糊，把价值看成对"事物的意见"。

第二，黑格尔从人的生存境况出发批判了资本主义大机器的使用所造成的劳动异化现象以及给劳动者带来的巨大伤害。这是黑格尔关于"劳动的异化"最精彩的部分。机器作为人与劳动对象之间的工具，虽然是为人服务的，是人征服自然的表现，但是同样给人带来了负面作用。黑格尔认为，虽然随着机器的使用，劳动生产率得到了提高，但是"劳动绝对地变成越来越僵死，它成为机器劳动，个人自己的技能受到极大的限制，而工厂工人的意识则下降到极端愚钝"[1]。并且，"由于劳动的抽象化，工人变得更加机械、更加呆板和缺乏灵活性。……他能把某些劳动交付给机器，他自己的动作就越趋向形式化"[2]。显然，黑格尔这种批判仍然停在存在主义批判范式的，而没有继续探索异化的经济根源。

所以，机器造成了人与自然之间天然亲和关系的疏离。正是机器的使用使得自然界被人欺骗了，带来的后果则是自然反过来报复人类，欺骗者反而在这种借助机器奴役和剥夺自然的过程中将人类自身变得更卑微和渺小。由于劳动者使用"机器加工自然，他并没有扬弃自己劳动的必要性，而是仅仅推移了劳动，使它远离了自然，不把自然作为一个有生命的自然而以有生命的方式对待它；而是逃避这种否定性的有生命性，而他所剩下的劳动也就变得甚至更为用机器进行了"[3]。因为劳动越是依赖机器，劳动（力）就越没有价值，劳动者也就越依赖机器。在黑格尔看来，机器会造成劳动的恶性循环。

---

[1] 参见宋祖良《青年黑格尔的哲学思想》，湖南教育出版社 1989 年版，第 177 页。
[2] 参见宋祖良《青年黑格尔的哲学思想》，湖南教育出版社 1989 年版，第 178 页。
[3] 参见［德］卡尔·洛维特《从黑格尔到尼采：19 世纪思维中的革命性决裂》，李秋零译，生活·读书·新知三联书店 2006 年版，第 360 页。

不仅如此，黑格尔还批判了"机器生产"会将人丢进无法救助的贫困深渊之中。因为人们总是寻求对劳动的简化以及对新机器的疯狂追求，从而导致"现在个人的生存已屈从于整体的癫狂的偶然性，因此，大量人被驱赶到车间、工厂和矿厂中去从事完全残酷、有害而又完全没有保障的劳动，……整个阶层都被丢进了无法救助的贫困的深渊之中。我们看到了巨富与赤贫之间的对立"①。黑格尔看到了，当社会财富分配出现两极分化时，这种依赖机器体系的劳动会使得社会有可能堕入"极度野蛮"的不正常状态。更甚，这种巨富与巨贫之间的极度不平等关系也必然造成人们意志的极度分裂和内心的愤恨。由此可知，黑格尔对英国工业革命和现代社会的真实状况有着具体而深刻的研究，对"巨富"和"巨贫"的研究延续至了《法哲学原理》。

综上所述，黑格尔并非没有看到劳动消极的一面。相反，他对劳动的异化现象有着独到的理解，充满了激进的批判精神。在黑格尔对劳动的分析中显现出两种影子：一是哲学存在论的，二是政治经济学批判的，但都只是零星闪烁、若隐若现，并没有被继续发挥和充分发展出来。他没有认识到，实际上现代劳动的异化是抽象劳动对人的具体劳动的统治的结果（"抽象对人的统治"），而只是从机器作为工具的角度批判了劳动与工人的疏离现象。这仍然属于人类学和现象学的讨论范式，而不是从哲学存在论进入政治经济学批判的内核中来分析"异化劳动"。

（四）精神性劳动：货币作为普遍的抽象劳动的代名词

我们发现，黑格尔的讨论呈现出一种模糊的指认，即"抽象的精神劳动"。这是马克思在《1844 年经济学哲学手稿》中对黑格尔《精神现象学》中劳动辩证法思想的概括。在耶拿时期，黑格尔主要是从"货币"指认"抽象的精神劳动"。抽象化和精神化的劳动，就物的实在性而言指的是货币，因而货币实则是精神劳动和抽象劳动的代名词。"货币拥有一切需要的意义，因为它是所有特殊性的一种抽象，因为它借助自己的精神统一性和普遍性绝对造成了平均化。"②

---

① 参见孙乐强《哲学与经济学的双重演绎：黑格尔劳动哲学的逻辑嬗变》，《南京工业大学学报》（社会科学版）2012 年第 4 期。

② 参见［德］卡尔·洛维特《从黑格尔到尼采：19 世纪思维中的革命性决裂》，李秋零译，生活·读书·新知三联书店 2006 年版，第 362 页。

黑格尔按照劳动的方式区分了由不同教养组成的三种阶层，即农民阶级、手工业劳动者阶层和商人阶层。黑格尔指出了这三个阶层与劳动的抽象程度的内在递进关系。他认为，农民的劳动还不是抽象性的精神劳动，因为它沉浸于具体的事物之中；手工业的劳动是"具体劳动"向"抽象劳动"的过渡；与"物"离得最远的是商人，他们根本不塑造任何东西。因此在商人通过货币与商品的抽象交换之中，劳动的精神性的东西被最为纯粹地表达出来了。所谓"精神劳动"指的是货币作为"理性的形式原则"，作为"精神性"的实体内容。因为抽象普遍的本质是"精神"，所以它（意识）能够抽象掉感性的东西，包括自身的存在。黑格尔再往前走一步就和马克思达成了默契，即抽象劳动是"价值"和"资本"的代名词。但黑格尔此时还停留在"物"的层面（货币）理解"社会劳动"的抽象性，而没有进入资本主义生产关系和生产机制中把握"抽象劳动"的存在论含义。所以黑格尔所说的具体劳动指的是与"物"直接打交道的传统劳动，抽象劳动也只是被简化为现代劳动形式，即机器生产下的机械性劳动。这与马克思的劳动二重性思想有着质的差异。

第二节　劳动辩证法在主奴关系中的形成

《精神现象学》是黑格尔于1807年发表的第一本哲学著作，在出版之后并未如预期般反响热烈，以至于黑格尔一度沮丧而未曾做过一次修订。但在今天看来，这本书毫无疑问是黑格尔整个哲学体系最核心的部分之一。马克思同样推崇备至，称之为"黑格尔哲学的真正诞生地和秘密开始"①。黑格尔在《精神现象学》中有两次提到"劳动"，第一次是众所周知的第四章（"自我意识"章）的"主人—奴隶"部分，第二次是第五章（"理性"章）的"理性的自我意识通过其自身的活动而实现"部分。因此，我们首先沿着文本自身的展开方式阐明"主奴辩证法"的原初内涵，进而探明蕴含在主奴关系中的劳动辩证法思想及其内在机理。

---

① ［德］马克思：《1844年经济学哲学手稿》，人民出版社2014年版，第94页。

（一）"主人—奴隶"关系的确认：双重自我意识及其斗争

在黑格尔看来，主人并不是天生就是主人，同样也没有天生的奴隶。这就是说，主人与奴隶的关系是在人类漫长的历史之中形成的。问题在于，与马克思、恩格斯所说的"至今一切社会的历史都是阶级斗争的历史"[①] 不同，黑格尔这里指认的历史载体不是"阶级斗争"，而是"主奴斗争"。"阶级"之间是为"生存的经济条件"而斗争，"主—奴"之间却完全不同：他们为了崇高的尊严、荣誉，为了"承认"而斗争，归根结底是为"自由"而斗争。于是，关于黑格尔主奴辩证法形成了两种解读模式：第一种是以科耶夫（Alexandre Kojève）为代表的"为承认而斗争"，即准马克思主义的解释模式。这在今天看来广为学界诟病，因此产生了类似"回到黑格尔"的第二种解读模式，即主张将主奴关系置放在黑格尔的文本以及哲学体系中讨论，主人与奴隶之间的生死斗争以及奴隶的劳动本质上是人类自由意识的实现过程，也是绝对精神外化的一个环节。这种解读反对科耶夫那种准马克思主义的解释，反对一味从奴隶的卑微地位讨论主奴关系，尤其反对从"阶级斗争"即"支配论""统治论""平衡论"等角度过度诠释黑格尔哲学。[②] 我们认为，既要全面展现黑格尔主奴关系或劳动辩证法思想全貌，但也可以从现代视角对其展开马克思哲学的批判，如此才能张扬两种哲学的时代价值。

《精神现象学》包含六个环节，即意识、自我意识、理性、精神、宗教，最后走向的是绝对知识。主奴关系属于自我意识的第一个本质形态，也是人类历史的真正开端，而主奴辩证法正揭示了意识从"自然"形态向"人"的形态的转向过程。

首先，黑格尔指出自我意识的运动必须是双重的，也就是相互依存的关系。"单方面的行动不会有什么用处的，因为事情的发生只有通过双方面才会促成的。"[③] 这就隐含了后面讨论的两种自我意识即主人和奴隶的斗争。这个"事情的发生"在主奴关系中即指"主奴关系的逆转"，或者在马克思哲学的

---

① ［德］马克思、恩格斯：《共产党宣言》，人民出版社 2014 年版，第 27 页。

② 参见潘斌《"为了承认而承认"：重审黑格尔主奴辩证法的神话》，《社会科学》2017 年第 11 期。

③ ［德］黑格尔：《精神现象学》上卷，贺麟、王玖兴译，上海人民出版社 2013 年版，第 182 页。

语境下理解为"无产阶级革命"的胜利，这必须通过双向的运动才能得以发生，仅靠一方面消灭另一方面或单方面的极端运动（如极端暴力革命），事情是办不成功的。① 但在黑格尔哲学中，所谓双重的自我意识，本质上是同一个意识的双重化；而运动本身也只是被解释为自我意识的运动，而不是社会现实的运动。黑格尔认为，双重自我意识之间并没有达到"等同性"的地位，"一方只是被承认者，而另一方只是承认者"②，这就必然会导致两种自我意识的对抗和斗争。

其次，主奴权力关系的确立源自双重自我意识的斗争。两种自我意识的斗争是一个双重的行动：一方面是对方的行动，"每一方都想要消灭对方，致对方于死命"；另一方面是通过自身的行动，"它们自己和彼此间都通过生死的斗争来证明它们的存在"③。它们必须通过这样的行动来证明和确证自己的真理性，并将这种真理性提高到客观的即现实的地位。马克思与黑格尔的区别在于，后者认为双方的斗争是源于"自我意识"的确证和提升，那些为"物质利益"的斗争只是偶然性而不具备真理性；但马克思以为，人类社会的历史根源于为现实利益的真实斗争，其中固然包含着自我意识（证明自己）的一方面，但"现实利益"更为根本。两者共同性的一面是，"只有通过冒生命的危险才可以获得自由"④，这种危险的考验是奴隶获得自由的必要且必然的环节。显而易见，黑格尔仍然将自我意识转变成了"历史运动"的主体。对于自我意识来说，"没有什么东西不是行将消逝的环节"⑤，反过来说，自我意识才是永恒的，因而建立其上的自由也才是永恒的。这里已经显示出黑格尔历史观中的唯心主义性质。

在经历了生死斗争之后，这种你死我活的环节就结束了。因而，他们的关系就转向了独立存在而不对立（斗争）的两个极端，即后面出现的主人和

① 有学者反对从阶级斗争阐释黑格尔的"主奴关系"。这是值得商榷的。文本研究的根本价值在于其现实意义（黑格尔哲学也如此），将黑格尔主奴思想作为解读现代社会的资源完全符合理论与现实的发展逻辑。马克思受到了主奴思想的影响，受资本家支配和统治的劳动者在某种意义上就是"现代奴隶"。

② ［德］黑格尔：《精神现象学》上卷，贺麟、王玖兴译，上海人民出版社2013年版，第183页。
③ ［德］黑格尔：《精神现象学》上卷，贺麟、王玖兴译，上海人民出版社2013年版，第184页。
④ ［德］黑格尔：《精神现象学》上卷，贺麟、王玖兴译，上海人民出版社2013年版，第184页。
⑤ ［德］黑格尔：《精神现象学》上卷，贺麟、王玖兴译，上海人民出版社2013年版，第184页。

奴隶。由此可知，主人和奴隶是经历了生死斗争后被确立下来的"非等同性"的"和平关系"。黑格尔指出这种否定关系是一种"抽象的否定"，而不是意识的否定。在抽象的否定中，相互之间是没有"肯定"的因素，而只是简单粗暴的否定。"意识的扬弃是这样的：它保存并且保持住那被扬弃者，因而它自己也可以经得住它的被扬弃而仍能活下去。"① "活下去"是指扬弃的运动建立在两者生命保存的前提下，不然没有了"生命"，要么主奴关系不复存在，也就无所谓"主"与"奴"；要么陷入重复的战斗。这意味着主奴辩证法的扬弃仍然属于意识的范围内。②

（二）主奴辩证法的展开过程：作为"否定"力量的统治与恐惧

主奴关系确定之后经历了逻辑的而非历史的三个阶段，即主人对奴隶统治、奴隶对绝对主人的恐惧以及奴隶的劳动（陶冶事物）。

第一，主人的统治阶段。

这是就主人对奴隶的单向关系而言，但这种关系同时建立在主奴通过生死斗争而相互承认的基础之上。首先，奴隶的本质是作为主人的物性存在，在两个方面与主人建立起内在联系。"一方面与一个物相关系，这物是欲望的对象，另一方面又与意识相关联，而这个意识的本质却是物或物性。"③ 所以这里的确隐藏了卢卡奇所提出的"物化"思想，主人对物的欲望必须通过奴隶来得到满足，因此奴隶对于主人来说，其本质上是为满足欲望的"工具"，即物性。这与亚里士多德时代是一致的，奴隶只不过是主人财产的一部分，只是"会说话的工具"。奴隶与物打交道，在这里也被表达为物与物打交道，而主人则是通过"物"间接地与奴隶发生关系，"正是在这种关系里，奴隶才成为奴隶"④。

① ［德］黑格尔：《精神现象学》上卷，贺麟、王玖兴译，上海人民出版社 2013 年版，第 185 页。
② 这里显示出黑格尔主奴辩证法的深刻之处。对于社会现实的推进来说，如消灭阶级绝对不是指所处阶级的人之生命的消亡，而是"阶级关系"的消亡。这种关系不能不说是以"意识"（承认）为基础，关系的转变也会在意识观念中显现。尽管黑格尔和马克思都看到了"关系"转变并不是生命的简单消亡，但在后者那里是指建立在社会生产关系基础上的人与人的社会关系，而在前者那里指作为意识转变结果的抽象关系。因此对于资本主义社会人与人现实关系的透视，马克思的确深入到历史本质维度中去了（海德格尔语）。而黑格尔也的确是"现象学"的描述，从而主奴的现实关系归根结底只是意识关系的现象。
③ ［德］黑格尔：《精神现象学》上卷，贺麟、王玖兴译，上海人民出版社 2013 年版，第 186 页。
④ ［德］黑格尔：《精神现象学》上卷，贺麟、王玖兴译，上海人民出版社 2013 年版，第 186 页。

　　从比较视角分析，这里的"关系"在马克思那里指劳动者与资本家。这与黑格尔主奴关系的联系与区别在于：其一，劳动者或奴隶都是被他者设定为"工具"，在这种关系中被降格为物与物的关系，"人"被"物化"了。其二，对于主人或资本家却有着质的差异，奴隶的劳动所得是为了满足主人的直接需要，劳动产品成为主人直接享用的对象。资本家却不同，他们通过把生产资料与劳动力相结合所生产的产品并不是为了自己享用，而是为了他人（消费者）。这个他人更根本的意义上包括劳动阶级自身。其三，资本家生产的目的不再是"商品"，商品不仅不是他直接享用的对象，而且和其他东西一样变成了"剩余价值"生产的"工具"，所有的存在都成了资本增殖的中介。

　　其次，我们再看一看主人与物的关系的本质。奴隶对于物的关系在黑格尔看来是一种否定的运动的关系，奴隶虽然加工改造物，但并不直接消灭掉物。因此，主人需要通过奴隶间接地与物发生关系。直接消灭物的是主人，也就是"享受了物"。相对于动物的直接性（不需加工）而言，人（主人）则必须通过"陶冶"之后才可以享用物，但这个"陶冶"的工作交给了他者即奴隶。这也是主人对物始终存在的显隐关系，即一方面是通过奴隶与物发生间接关系，另一方面又是对物的直接性（没有通过自己的劳动）享受。无论哪种关系，都决定了主人必须依赖奴隶才能完成"吃喝"这种生命活动。"这样一来，他就只把他自己与物的非独立性相结合，而予以尽情享受；但是他把对物的独立性一面让给奴隶，让奴隶对物予以加工改造。"① 主人将劳动的独立性让渡给了奴隶，因此在主人这方面包含了两个矛盾：一是，冒着生命危险的斗争是为了被承认有尊严和价值，但主奴关系一旦确立后，又倒退为自然存在物，即仅为了自然欲望的满足。二是，斗争的目的在于另一个他者的承认，但最后承认他的却是一个作为"物性"的存在——奴隶。这就意味着他必将走向自我灭亡，所以科耶夫认为，"主人的态度是一条存在的绝路"②，并称之为"主人的辩证法"。

　　那么，主人是如何实现对奴隶的权力支配关系的呢？在斗争中，主人证

---

① ［德］黑格尔：《精神现象学》上卷，贺麟、王玖兴译，上海人民出版社 2013 年版，第 187 页。

② ［法］亚历山大·科耶夫：《黑格尔导读》，姜志辉译，译林出版社 2005 年版，第 59 页。

明了其存在对于奴隶的否定作用，因此主人支配着奴隶的存在。"主人既然有力量支配他的存在，而这种存在又有力量支配它的对方［奴隶］，所以在这个推移过程中，主人就把他的对方放在自己权力支配之下。"① 这意味着仍然是"承认关系"决定了主人与奴隶的行动的主次，进而决定了他们之间权力的高下关系。但承认的关系是两方面的：其一，奴隶否定了其"自为存在"，他的一切行为（包括劳动）正是主人对他所要做的事情。主人对奴隶是一种支配的权力关系，支配就是"命令"，但这种命令的有效性体现在"承认"的关系中，因此主人对奴隶的支配也是奴隶在支配自己去行动。其二，奴隶所做的事情正是主人所要去做的，所以仍然是"主人的行动"。在这样的情势下，主人是主要的行动，奴隶是次要的行动。但是黑格尔指出，这种承认的关系仍然是"不平等"的，这是一种片面和不平衡的承认关系。

黑格尔这里涉嫌"循环论证"或"同义反复"。一方面，黑格尔说主人和奴隶的存在是后者依赖前者，为前者而生活和存在；另一方面又说，主人有权力支配奴隶的这种存在，这种存在又支配奴隶。所以，主人就把奴隶放在权力支配之下。这等于是说，因为是主人和奴隶，所以有主奴关系。这种循环论证之所以发生，源于黑格尔的视野始终是"高于现实"，即着眼现实关系在"意识"中的本质而没有说明这种权力关系形成的社会历史根源。这在马克思哲学视野里或许才能解释支配者何以能够支配被支配者，这种力量不是来源于他们已经存在的支配关系，而是来源于对"生产资料"的支配，如果更进一步，权力关系来源于对"资本"的支配，不一定是拥有"货币"，而是将资本运用于资本主义的生产之中。所以说，资本不是"物"，它是一种支配与被支配的社会关系。主人和奴隶的关系正是在支配与被支配以及奴隶的劳动过程中发生翻转，这就是主奴关系的转变。这种转变是一种形式上的转变，是人类学意义上（与动物的区别）的转变，而不是真实权力关系的转变及其消失。

第二，奴隶的恐惧阶段。

黑格尔认为，奴隶虽然没有这种独立的自为存在着的意识，但奴隶在本

---

① ［德］黑格尔：《精神现象学》上卷，贺麟、王玖兴译，上海人民出版社 2013 年版，第 186 页。

质上却内在包含这种纯粹的否定性和真理，因为奴隶曾在自身生命中体验到这一本质。

> 这种奴隶的意识并不是在这一或那一瞬间害怕这个或那个灾难，而是对于他的整个存在怀着恐惧，因为他曾经感受过死的恐惧、对绝对主人的恐惧。死的恐惧在他的经验中曾经浸透进他的内在灵魂，曾经震撼过他整个躯体，并且一切固定规章命令都使得他发抖。①

绝对主人即指"死亡"。奴隶的一切行动都是在这种死亡意识中完成的，主人也是将"死亡意识"作为控制对象，进而实现对奴隶的支配。

黑格尔的"唯物主义"在这里略微表现，即他认为奴隶对死亡的意识并不能完成"普遍的转化"，而必须是"在服务中现实地完成这种转化的"②。这个现实的"服务"就是奴隶为主人的劳动过程。因此，死亡恐惧的积极意义在于：通过扬弃对自然存在的依赖，转而用"劳动"取消自然的存在，也就是改造和加工自然物。如果没有对"死亡"的恐惧意识，也就没有主人对奴隶的"权力"支配关系，更不会有"陶冶事物"的机会。在《精神现象学》中，"死亡"与对死亡的"恐惧"具有双重内涵："第一，它使奴隶失去了本质，从属于自然；第二，它又把本质还给奴隶，使它优越于主人。"③ 所以黑格尔下一个环节必然绕不开对奴隶"劳动过程"的讨论，并且暗示了奴隶通过此过程实现对"死亡意识"的扬弃以及主奴关系（认识形式上）的逆转。

（三）主奴关系中的劳动辩证法思想

劳动辩证法在黑格尔哲学中属于主奴辩证法的最后一个环节。因此，在主奴辩证法的发展过程中包含四个本质环节：为承认而发生的斗争、主人对奴隶的统治、奴隶对死亡的恐惧以及奴隶的劳动。这四个环节在逻辑上一个

---

① ［德］黑格尔：《精神现象学》上卷，贺麟、王玖兴译，上海人民出版社2013年版，第188页。
② ［德］黑格尔：《精神现象学》上卷，贺麟、王玖兴译，上海人民出版社2013年版，第188页。
③ 高全喜：《论相互承认的法权——〈精神现象学〉研究两篇》，北京大学出版社2004年版，第160页。

比一个更高、更深刻，同样是一个扬弃一个。主奴关系的所有本质全部聚之于最后的劳动辩证法阶段。在《精神现象学》中，劳动不仅使奴隶重获"自我意识"，从而成为自为之存在；甚至可以说劳动创造了一切。正如马克思评价的："劳动是人在外化范围之内的或者作为外化的人的自为的生成。"①

第一，劳动逆转了主人与奴隶之间的权力关系，使奴隶成为"人"之存在。这是黑格尔《精神现象学》中劳动辩证法的最主要方面。

对于奴隶来说，在恐惧中意识到自身的存在并不意味着他所意识到的是"自为的存在"。只有通过劳动，奴隶的意识才能回到它自身。对于主人来说，他的欲望的满足只是对对象的纯粹否定，而不能像奴隶一样与物直接打交道。缺乏劳动的环节是主人的缺陷。"劳动是受到限制或节制的欲望，亦即延迟了的满足的消逝，换句话说，劳动陶冶事物。"② 奴隶对事物的否定才说明了奴隶的独立性和自主性。黑格尔认为，这个否定的中介过程或陶冶行动同时表明奴隶的自为存在，"因此那劳动着的意识便达到了以独立存在为自己本身的直观"③。黑格尔认为外在化的结果都是直观自身，每一次返回都是一次进步。

逆转主奴关系的动力源自陶冶事物的"劳动"。这包含双重含义：一是肯定性的意义，"使服役的意识通过这种过程成为事实上存在着的纯粹的自为存在"④，即奴隶获得"自我意识"。二是否定性的意义，劳动是对前一个环节（恐惧）的否定。在劳动过程中，"服役的意识"意识到它自身具有的否定能力，自为存在则成为其意识的对象。黑格尔将功劳归之于"劳动"，因为奴隶意识实现了对"独立存在形式"（物）的否定，即成为他的"劳动对象"。这个被奴隶所否定的对象曾经是他恐惧的对象，"在这个异己的存在面前它曾经发抖过"，但这个异己的存在者最终被奴隶摧毁即否定了。所以马尔库塞认为，劳动不仅是主奴关系的中项，而且是"改变这种关系的手段"⑤。

但奴隶的"自为存在"或自我意识并不是在"劳动"阶段突然生成。在

---

① ［德］马克思：《1844 年经济学哲学手稿》，人民出版社 2014 年版，第 98 页。
② ［德］黑格尔：《精神现象学》上卷，贺麟、王玖兴译，上海人民出版社 2013 年版，第 189 页。
③ ［德］黑格尔：《精神现象学》上卷，贺麟、王玖兴译，上海人民出版社 2013 年版，第 189 页。
④ ［德］黑格尔：《精神现象学》上卷，贺麟、王玖兴译，上海人民出版社 2013 年版，第 189 页。
⑤ ［美］赫伯特·马尔库塞：《理性和革命：黑格尔和社会理论的兴起》，程志民等译，上海人民出版社 2007 年版，第 109 页。

黑格尔看来，它经历了"统治""恐惧"和"劳动"三个过程。在主人面前，奴隶感觉到的自为存在仍然只是外在的。但到了恐惧阶段，这种自为存在就转变为潜在的了。最后，"在陶冶事物的劳动中则自为存在成为他自己固有的了，他并且开始意识到他本身是自在自为地存在着的"①。奴隶必须经历恐惧、一般服务和陶冶事物的环节，这三个环节是以普遍的形式存在的，即奴隶的劳动成为抽象和普遍的社会劳动。

第二，劳动改造了世界，解决了人与自然的关系，因此劳动创造了历史，推动了社会的进步。

在奴隶的劳动中，包含了三重含义。其一，奴隶劳动的目的不是为了满足奴隶自身的自然需要和欲望，而是为了一个"超越性"的目标。其二，奴隶的劳动之所以超越了自然的本能需要，是因为奴隶在劳动中始终保持着对绝对主人即死亡的恐惧。其三，劳动是奴隶生命的对象化和外在化过程，在对象性的关系中奴隶获得了对自身的直观。因此，"劳动从根本上解决了人与自然的关系问题"②。人与自然的矛盾是人类理性所固有的，人的理性的外化便是一种创造性的活动，因此劳动对外在世界的改造正好导致人与自然的分裂。但也正是通过劳动，人与自然在更高阶段获得了统一性。在《精神现象学》中，奴隶的劳动和主人对物的绝对否定和消灭不同，它是一种赋形的活动。劳动陶冶事物的原始形式，赋予的是人类的价值和审美。所以，劳动产品正是人与自然关系达到统一的象征。

劳动不仅改造世界，而且创造人的世界，推动人类的历史发展进程。奴隶的劳动在改造给定的世界时，创造了完全不同的条件。他的劳动是重复的，并且会在不同的条件中重复他的劳动行为。因此，世界会更进一步得到改善和发展，"哪里有劳动，哪里就必然有变化，有进步，有历史的发展过程"③。科耶夫明显受到马克思的影响，将黑格尔的劳动辩证本性进行了马克思主义

---

① ［德］黑格尔：《精神现象学》上卷，贺麟、王玖兴译，上海人民出版社 2013 年版，第 189—190 页。

② 高全喜：《论相互承认的法权——〈精神现象学〉研究两篇》，北京大学出版社 2004 年版，第 171 页。

③ ［法］亚历山大·科耶夫：《黑格尔导读》，姜志辉译，译林出版社 2005 年版，第 210 页。

的解读。他始终强调奴隶在历史发展过程中的独特贡献，而"人的历史发展过程，是奴隶劳动者的产物，而不是主人战士的产物"①。只有奴隶的劳动才能真正推动历史的进步，所以在奴隶的劳动过程中蕴涵了社会转型的可能性。这种可能性本就隐藏于主人与奴隶的权力关系之中，"一旦奴隶或任何人在劳动中并且通过劳动而意识到自我"②，那么主奴之间的社会关系就被转化了。卢卡奇在《历史与阶级意识》中专门探讨了商品物化与阶级意识的关系问题。但这并不意味着，当被支配者意识到这种权力关系时就必然促成社会变革。

第三，劳动获得了普遍性的形式，造就了个人与社会的统一。

奴隶的劳动在黑格尔看来仍然不是普遍的抽象的"一般劳动"，因此人与社会之间的矛盾并未得到真正解决。不论马克思或海德格尔都指出了黑格尔《精神现象学》中劳动的抽象性质或形而上学本质。从文本来看，黑格尔在《精神现象学》的"理性"章中对劳动也有过简短的分析，在黑格尔那里，主奴在自我意识中的对立仍然是一种抽象的对立，而没有进入现实的伦理社会之中。当自我意识发展到理性环节，社会关系则表现为现实的而非抽象的人与人之间的关系，它达到了社会意义上的统一性。

这种统一性仍然是通过劳动完成的。因此，黑格尔在《精神现象学》中并没有放弃"耶拿时期"通过劳动统一个人与社会、特殊利益与普遍利益的愿望。他认为，在一个共同体中，个体劳动并不仅是为了满足自身的需要和欲望，更是为了满足每一个他者的需要和欲望。并且，每个"小我"需要的满足必须通过"大我"才能实现。黑格尔指认了劳动的抽象本质："个别的人在他的个别的劳动里本就不自觉地或无意识地在完成着一种普遍的劳动，那么同样，他另外也还当作他自己的有意识的对象来完成着普遍的劳动"③。因此，这是个人在劳动体系中完成的为整体献身的总体社会，并且是通过普遍的"抽象劳动"才得以完成的。同样，个人的具体劳动只有在社会的普遍劳动之中才能获得其真正的意义。"既是通过我而存在的，也是通过别人自己而

---

① [法]亚历山大·科耶夫：《黑格尔导读》，姜志辉译，译林出版社 2005 年版，第 211 页。

② [美]汤姆·罗克摩尔：《黑格尔：之前和之后——黑格尔思想历史导论》，柯小刚译，北京大学出版社 2005 年，第 158 页。

③ [德]黑格尔：《精神现象学》上卷，贺麟、王玖兴译，上海人民出版社 2013 年版，第 297 页。

存在的；——我直观到，他们为我，我为他们。"① 这种具体劳动的意义必须到普遍劳动中去寻找的价值取向，正表现出了马克思所批判的黑格尔的"国民经济学"立场。

第四，劳动开辟了人类自由与自我解放的道路。

当奴隶从劳动之中获得了自我意识之后就开始进入诸个漫长的历史阶段，这也是奴隶或人类获得自由意识的三个发展阶段：斯多葛主义、怀疑主义和苦恼的意识。因此，奴隶的劳动开辟了人类自由与自我解放的艰苦卓绝而漫长的道路。

一是奴隶通过主人而意识到的"自由"。主奴的生死搏斗既是为了得到对方的承认，同时在奴隶的生命活动即劳动中蕴涵了一种超越于物质欲望和承认欲望的价值和力量，这种使其自力更生、艰苦奋斗的内生力量就是"自由"。奴隶在体验到死亡恐惧的时候，也体验到对其自由的双重否定：一是主人对自由的否定，二是死亡对自由（生命）的绝对否定。所以，奴隶意识到的仅仅是另一个人的自由，而不是劳动的自由价值。科耶夫表述为："否定性＝死亡＝个体性＝自由＝历史；人是：终有一死的，有限的，自由的，历史的个体。"②

二是奴隶从普遍的劳动中陶冶出的"自由"。奴隶的劳动与那种个别性的劳动不同，因为他不是为自己而劳动，所以他将自己理解为一种能够从事普遍劳动的存在。因此，奴隶发现自己同主人一样也具有否定和陶冶任何事物的自由与力量。所以霍尔盖特（Stephen Houlgate）认为，正因为奴隶害怕死亡，因此他可以"把任何特殊的活动视为他摆脱周围所有被给定的、特定的东西的普遍自由"③ 的特殊表达，即普遍的赋形活动。科耶夫甚至认为奴隶的劳动开辟了人类的自由和解放之路。奴隶的劳动并不完全依赖于某种给定的生存环境和条件，而是依循奴隶自身的想法去利用甚至改造被给予的东西，因而他意识到了自由和独立的精神。在黑格尔哲学中，劳动是奴隶实现自由

---

① ［德］黑格尔：《精神现象学》上卷，贺麟、王玖兴译，上海人民出版社 2013 年版，第 298 页。

② ［法］亚历山大·科耶夫：《黑格尔导读》，姜志辉译，译林出版社 2005 年版，第 55 页。

③ ［英］斯蒂芬·霍尔盖特：《黑格尔导论：自由、真理与历史》，丁三东译，商务印书馆 2013 年版，第 112 页。

和自我解放的一个必然途径，就像马克思那里的异化劳动是实现自由劳动的必经之路一样。"自由"是奴隶或人类的最高价值追求，通过劳动曾经潜藏于生命之中的自由目的得到了实现，所以"劳动是自由的基础，自由是劳动的灵魂"①。但这意识到的还只是抽象自由，奴隶仍然是奴隶，他的劳动仍然是强迫的不自由的劳动。

　　到此为止，奴隶的自由意识进入第一个形态：抽象的自由意识——斯多葛主义，往后便是怀疑主义或虚无主义和苦恼的（基督教）意识。在黑格尔看来这都是劳动所开辟出来的自由必然经历的三个逻辑阶段。可见，劳动是实现自由的中项和工具，是满足需要或生产自我意识并创造人的中介。但马克思相反，他认为，劳动是人的本质而不是中介，自由劳动本身就是目的和人类追求的最高生活方式。因此，黑格尔的自由仍然是一种精神的抽象的自由，自由和劳动的耦合是马克思对以往劳动观和自由观发起的一次成功的革命。"拥有自由观念和没有人身自由"②，这是科耶夫所看到的奴隶的自由状态。但在马克思看来，拥有人身自由，也并不一定就意味着解放。因为这种劳动获得了普遍的形式，成为每个人每天必须为生存而烦恼和担忧而不得不去做的事情。这种自由仍然是虚幻的，现代人只是有自由选择某种特定的不自由的权利而已。因此，黑格尔的自由与劳动都带有抽象的精神性质。马尔库塞评价道："纯粹思维再次吞噬了活的自由：当法国革命被清除时，'绝对精神'的王国被推崇到超越已结束的历史斗争之上，哲学认识世界的自我信心战胜了实践改变世界"③。

　　综上所述，黑格尔《精神现象学》中的劳动辩证法思想特征呈现出"否定"和"精神"（抽象）的二元结构。一方面，奴隶的劳动经历了两次否定。第一次是奴隶通过劳动对物的"否定"，这种否定同时是一种赋形的活动。第二次是在劳动过程中，奴隶实现对自己作为"奴隶"的否定，从而获得自我

---

　　①　高全喜：《论相互承认的法权——〈精神现象学〉研究两篇》，北京大学出版社 2004 年版，第 173 页。
　　②　［法］亚历山大·科耶夫：《黑格尔导读》，姜志辉译，译林出版社 2005 年版，第 209 页。
　　③　［美］赫伯特·马尔库塞：《理性和革命：黑格尔和社会理论的兴起》，程志民等译，上海人民出版社 2007 年版，第 113 页。

意识和自由意志。因此，劳动的否定性质为奴隶的自由解放指明了精神上的道路。另一方面，这种劳动在黑格尔这里仍然是"抽象的精神劳动"（马克思语）。黑格尔既认为劳动必须获得纯粹的形式，这个纯粹形式就是抽象的精神劳动，又继续沿袭着"耶拿时期"的想法，企图在具体劳动中抽象出满足所有人的普遍劳动，以实现个人与社会的统一。黑格尔的这种"国民经济学"愿望最终在《法哲学原理》中得到了全面的展开。

第三节　个体劳动与社会劳动的辩证统一

《法哲学原理》是黑格尔最后也是争议性最大的一本著作，但就其中的劳动辩证法思想来说，并没有多大根本性的变化。黑格尔无非是延续了"耶拿时期"和《精神现象学》中对"劳动"的"中介性"和"精神性"的讨论。在《法哲学原理》中，黑格尔对劳动的讨论着重置于"伦理"中的"市民社会"部分。在黑格尔看来，"伦理"是高于"抽象法"和"道德"的环节，也是前两者在社会现实的统一。而"伦理"又包含"家庭""市民社会"和"国家"三个阶段。"市民社会"处在"家庭"和"国家"之间。

因此，对"市民社会"的准确把握成为理解黑格尔劳动辩证法的关键。黑格尔分析了市民社会的两个原则和内在矛盾，并对其进行了深刻的哲学批判。市民社会的首要原则是"以个人利益为目的"的特殊性原则，这一原则是市民社会的起点，也是"劳动"的起点。但个人的满足必须经由他人的劳动才能得到满足，所以"通过他人的中介，同时也无条件地通过普遍性的形式的中介"① 就构成了市民社会的第二原则。简而言之，市民社会就是以特殊利益为起点和终点，因此，"在市民社会中，每个人都以自身为目的，其他一切在他看来都是虚无"②。这样，普遍性中的特殊性成为社会福利的唯一尺度，所有人都成为个人达到目的的手段和中介。最终，在社会中活跃的一定是偶然性和任性，整个市民社会成为中介的基地，在其中，"一切癖性、一切秉

---

① ［德］黑格尔:《法哲学原理》，范扬、张企泰译，商务印书馆1961年版，第224页。
② ［德］黑格尔:《法哲学原理》，范扬、张企泰译，商务印书馆1961年版，第224页。

赋、一切有关出生和幸运的偶然性都自由地活跃着；又在这一基地上一切激情的巨浪，汹涌澎湃，它们仅仅受到向它们放射光芒的理性的节制"①。

黑格尔对市民社会做了辩证分析，既看到市民社会的起点是"个人的特殊利益"，但也意识到个人必须依赖于社会，并通过普遍性原则才能满足"一己之私"。普遍利益就是在这种私人利益战场之中得到了满足。因此，黑格尔看到了潜藏在市民社会内部的矛盾，并指认了二者的"不可分性"。他认为，市民社会中的特殊性和普遍性看似相互分离，实际上是互相束缚和制约的。实际情况是，"普遍性和特殊性两者都只是相互倚赖、各为他方而存在的，并且又是相互转化的"②。正是市民社会内部包含了不可调和的矛盾，黑格尔由此认为其必然会导致"荒淫"和"贫困"的现象，同时市民社会中的人也会出现生理和伦理上的蜕化景象。

至于如何走出这种困局，黑格尔提供的方案仍然充满着"思辨的逻辑体系"的痕迹。他明确表示，没有节制和尺度的特殊性所导致的贫困和匮乏的"这种混乱状态只有通过有权控制它的国家才能达到调和"③。因此，尽管黑格尔看到了市民社会中的矛盾和特殊利益的优先性，但他并未放弃追求"普遍利益"的希望。一方面，特殊性只有在普遍性之中才能实现自己的权利。理念不仅赋予特殊性以伸张和发展的权利，更"赋予普遍性以证明自己既是特殊性的基础和必要形式、又是特殊性的控制力量和最后目的的权利"④。另一方面，特殊性的真理存在于普遍性之中。"特殊性的原则，正是随着它自为地发展为整体而推移到普遍性，并且只有在普遍性中才达到它的真理以及它的肯定现实性所应有的权利。"⑤

黑格尔的理论目的和旨归清楚地再现在《法哲学原理》之中，他既承认市民社会内在的不可调和的矛盾，又承认一切特殊性的真理都不在自身之中，试图寻求特殊利益与普遍利益的现实统一。"劳动"及其辩证法就是在这样的

① ［德］黑格尔：《法哲学原理》，范扬、张企泰译，商务印书馆 1961 年版，第 225 页。
② ［德］黑格尔：《法哲学原理》，范扬、张企泰译，商务印书馆 1961 年版，第 226 页。
③ ［德］黑格尔：《法哲学原理》，范扬、张企泰译，商务印书馆 1961 年版，第 228 页。
④ ［德］黑格尔：《法哲学原理》，范扬、张企泰译，商务印书馆 1961 年版，第 225 页。
⑤ ［德］黑格尔：《法哲学原理》，范扬、张企泰译，商务印书馆 1961 年版，第 228 页。

文本语境中再一次被黑格尔重新设置进其体系之中。

（一）作为"中介性"的劳动

《法哲学原理》继续发挥"耶拿时期"的思想，劳动不仅是满足个人需要的工具和手段，而且是实现"主观性"与"客观性"、特殊利益与普遍利益、个人与社会的统一性的"中介"。黑格尔在"耶拿时期"分析了作为满足需要的劳动体系，模糊地指认了个体劳动与社会劳动的相互关系。在《法哲学原理》中，黑格尔更为明晰地显示出了他的劳动辩证法的价值关怀，即作为特殊需要与普遍需要之间之中介的劳动。"通过活动和劳动，这是主观性和客观性的中介。"① 从主观出发的特殊需要，正是通过普遍性在满足他人需要和自由的关系中肯定了自己。黑格尔仍然从区分人与动物的角度谈论人的需要，人不是直接享用食物，也不是像动物一样"随遇而安"。所以人的共同活动构成了"需要的体系"，在其中"通过个人的劳动以及通过其他一切人的劳动与需要的满足，使需要得到中介，个人得到满足"②。如此，市民社会无非就是一个通过彼此的劳动而相互依赖、相互满足的共同体。就劳动的中介性来说，黑格尔不过是将早年的零星思想放到了逻辑体系中重新加以考察而已。劳动的辩证运动就表现为在劳动与需要的相互依赖性关系中，即"通过普遍物而转化为特殊物的中介"。这种辩证运动的积极成果是每个人在为自己的享受而进行生产劳动的同时，也在为所有人的享受进行生产劳动，这种全面交织的劳动需要体系带来的便是具有普遍性的社会财富。

《法哲学原理》更加深刻地批判了这种以"特殊利益"为起点和终点的劳动分工体系将导致"需要的无限性"③，其消极结果便是"每一次舒适又重新表明它的不舒适，然而这些发现是没有穷尽的"④。黑格尔的确看到了这种需要体系的虚假本质，并指出需要的无限性并非来自我们自身，而是追求利润的商人创造出来的。因此，黑格尔这里的劳动是带有原罪性质的，它是个

---

① ［德］黑格尔：《法哲学原理》，范扬、张企泰译，商务印书馆1961年版，第232页。

② ［德］黑格尔：《法哲学原理》，范扬、张企泰译，商务印书馆1961年版，第231页。

③ 马克思恩格斯在《德意志意识形态》中也讨论了"需要"的无限性，他们的差别在于马克思恩格斯是从生产方式出发讨论"需要"的历史必然性和进步意义，黑格尔则是从消极意义批判虚假需要的无限性。

④ ［德］黑格尔：《法哲学原理》，范扬、张企泰译，商务印书馆1961年版，第235页。

人与他人需要的中介，是市民社会的必然环节，是必须和必将被扬弃的东西。

（二）包含"解放性"的劳动

黑格尔区分了直接的或自然的需要和观念的精神需要，并且认为社会需要正是这两种需要之间的联系。精神需要是高于物质需要的文化观念需要，它是作为社会的普遍物而出现的，如人对普遍物（社会）的观念依赖。黑格尔反对片面贬低自然需要的积极性，认为正是在这种自然需要和精神需要的社会联系之间包含了"解放的环节"，因为那种观念"没有考虑到劳动所包含的解放的环节"①。自然需要及其满足在自然中的精神性状态是潜在的，因而是粗野和不自由的，"至于自由则仅存在于精神在自己内部的反思中，存在于精神同自然的差别中，以及存在于精神对自然的反射中"②。

黑格尔的伟大之处是看到了劳动包含的解放意义，但他从劳动作为满足自然需要的中介性而只将这种解放看作形式的。从黑格尔的研究方法可知，他认为市民社会的劳动尽管是满足一切人需要的劳动，但这种劳动的目的仍然是建立在"特殊性"的基础之上。一方面，市民社会的劳动体系导致的一定是无限的"分工"，"社会状况趋向于需要、手段和享受的无穷尽的殊多化和细致化"③，最终导致了奢侈。劳动本身并不能使人从对物的直接依赖中得到真正的解放，这种细致化和精练化的过程所创造的无限需要反而使人堕入贪婪和奢侈的"无限恶"之中，这种对劳动体系的依赖性和贫困也无限增长。另一方面，劳动的解放意义在于劳动分工的抽象过程带来了"技能"和"生产量"的提高。这基本上是重复国民经济学的理论和观点。

概言之，在黑格尔哲学中，劳动只是包含解放的"环节"，劳动本身并不能获得解放和自由。这也是黑格尔与马克思的劳动解放理论的重大差异之处。黑格尔将形式的解放归之于劳动，而自由的真正实现却只能发生在精神领域。这在另一维度与阿伦特的意见达到了高度一致，他们最终都认为劳动仍然无法摆脱自然必然性，因而这种自由只是形式的而非真正的自由。可见，黑格尔只是指认了市民社会中的这种相互依赖的劳动体系必然导致奢侈和贫困的

---

① ［德］黑格尔：《法哲学原理》，范扬、张企泰译，商务印书馆1961年版，第237页。
② ［德］黑格尔：《法哲学原理》，范扬、张企泰译，商务印书馆1961年版，第237页。
③ ［德］黑格尔：《法哲学原理》，范扬、张企泰译，商务印书馆1961年版，第237页。

产生，却没有深入探讨"无限恶"的根源及其产生过程。因此，他也就不相信劳动本身是可以获得解放和自由的。实际上，自由与劳动并不存在天然的、无法弥合的矛盾。

（三）实质是"抽象性"的劳动

对劳动抽象化的哲学分析是黑格尔的一大贡献，但他一方面批判抽象劳动导致人的异化，另一方面又在理论上对这种抽象给予哲学的认同。劳动的抽象化内在包含了自由、平等和普遍三个原则。在黑格尔看来，每一个劳动既是个别的，也是普遍的，只有是为他人、为社会的并成为增进社会共同利益的劳动才具有真理性。这种普遍性使孤立而抽象的需要与劳动都成为具体的和社会的，"我必须配合着别人而行动，普遍性的形式就是由此而来的。我既从别人那里取得满足的手段，我就得接受别人的意见，而同时我也不得不生产满足别人的手段"①。黑格尔承认这种在相互服务中包含的平等人格的存在，即这种为满足需要而产生的劳动体系"直接包含着同别人平等的要求"②。有学者认为，这里的"平等"指的是每一个体作为特殊存在的人格平等，而不是经济上的交换平等，后者是前者的一种衍生。③ 但无疑，黑格尔是认同这种市场经济的"自由平等"的交换原则的。他相信，在这种普遍和平等交换的劳动体系中，人的个性和特点并不会消失，反而每个人的个性和特点会在劳动的普遍性和抽象性之中得到现实的肯定，即"特殊性用某种突出标志肯定自己"④，劳动也由此获得了"自由"的存在方式。

黑格尔在认同上述原则的基础上再对劳动抽象化给予隔靴搔痒的批判。这里所谓的劳动的抽象化是指"劳动中普遍的和客观的东西存在于抽象化的过程中"⑤。这一抽象化所引发的手段与需要的展开和细化也会带来生产的相应展开和细致化，分工也就产生了。这种"生产和劳动的抽象化"所带来的消极意义是使得劳动本身越来越机械化，越来越被机器排斥和甚至取代。对

---

① ［德］黑格尔：《法哲学原理》，范扬、张企泰译，商务印书馆1961年版，第235—236页。
② ［德］黑格尔：《法哲学原理》，范扬、张企泰译，商务印书馆1961年版，第236页。
③ 参见高兆明《心灵秩序与生活秩序——黑格尔〈法哲学原理〉释义》，商务印书馆2014年版，第281页。
④ ［德］黑格尔：《法哲学原理》，范扬、张企泰译，商务印书馆1961年版，第236页。
⑤ ［德］黑格尔：《法哲学原理》，范扬、张企泰译，商务印书馆1961年版，第239页。

劳动抽象化的辩证分析在《哲学全书》里尤其明显："抽象的劳动，一方面由于其单调性而导致劳动变得容易和生产的增加，另一方面导致局限于一种技巧并因而导致对社会联系的无条件的依赖性。"① 除此之外，黑格尔还批判了市民社会劳动抽象化所导致的人与人的社会关系的抽象化以及抽象对人的规定（统治），即："当需要和手段的性质成为一种抽象时，抽象也就成为个人之间相互关系的规定。"这一点同样表现出黑格尔劳动辩证法的深刻性。

马克思依据生产资料的所有制将现代社会划分为两大阶级，而黑格尔则是依据"劳动的抽象化程度"将社会进行三等划分，即作为实体性或直接性的农业等级、作为反思的或形式的（回到自身，通过劳动从普遍利益返回特殊利益而未得到扬弃的）产业等级以及代表普遍利益的公职等级。② 农业劳动及其成果仍然受制于自然（如土地和天气），并且是建立在家庭私有制的基础之上，因此其抽象程度是最低的。不过，黑格尔也指出，"在我们时代，农业也像工厂一样根据反思的方式而经营"③。产业等级更体现出黑格尔划分"劳动抽象化"等级的依据。手工业等级是以具体的方式去满足个人需要的劳动，工业等级则是为满足更为普遍需求而进行的较为抽象而集体的劳动。商业等级是劳动的最高抽象，他们之间是通过"货币"这一抽象劳动的价值符号进行普遍交换的。

然而，在"普遍等级"即以社会普遍利益为目的而免于参与直接劳动的公职等级划分中再次显示出黑格尔的理论矛盾。一方面，他以劳动的抽象化程度作为划分等级的尺度，另一方面，他又以劳动的普遍意义（实现公共利益）大小将"公职"划分至最高的等级。这仍然体现了黑格尔劳动辩证法的内在矛盾，他始终认为具体的特殊的个别劳动的真理性存在于抽象的普遍的社会劳动之中。但他没有将创造价值的抽象劳动与实现普遍利益的社会劳动作出原则的区分，因而他也无法透视市民社会的内在本质。这种内在矛盾同时表明了黑格尔劳动辩证法思想的深刻性：一方面，他的价值立场仍然是社

① ［德］黑格尔：《哲学科学百科全书Ⅲ 精神哲学》，杨祖陶译，人民出版社 2015 年版，第 292 页。

② 参见［德］黑格尔《法哲学原理》，范扬、张企泰译，商务印书馆 1961 年版，第 241 页。

③ ［德］黑格尔：《法哲学原理》，范扬、张企泰译，商务印书馆 1961 年版，第 243 页。

会的普遍利益，他反对市民社会所带来的劳动异化现象，据此他将公职等级视为最高的普遍等级。另一方面，在寻求实现"普遍利益"之实践路径方面，他又站到了国民经济学立场之上，认为市民社会中的个体劳动与社会劳动的辩证运动为"普遍利益"的实现开辟了道路，过分肯定了市民社会中劳动辩证法的积极意义。

在某种意义上，黑格尔所指的个人的特殊劳动可理解为"具体劳动"，而社会的普遍劳动就是"抽象劳动"，而《法哲学原理》的归宿和立场明显受着国民经济学的影响而过于积极地认同了"抽象劳动"的真理性。黑格尔相信，市民社会中虽然是私人利益的战场，其中存在着一切人反对一切人的战争，但他却坚信这种社会具有"自由平等"的原则，每一个人都能够也必须通过自己的劳动满足自己，并在满足自身需要的同时，一切人也得到了普遍的满足。同样，从劳动方式来划分阶层或等级的时候，黑格尔的视野里似乎也没有"资本家"，即从整个市民社会的劳动体系中分溢出来的"不劳而获"的阶级，这个阶级并不需要通过自身的劳动就能够获得物质的满足。

黑格尔在《法哲学原理》中的劳动辩证法思想看似是《精神现象学》的逻辑递进，但他并未彻底揭示出，在某种意义上，市民社会仍然是一个"主奴社会"，仍然是一部分人统治、奴役、剥削和压迫另一部分的对抗性社会。这种社会在劳动上的辩证表现就是抽象劳动对具体劳动的支配和统治，资产阶级对无产阶级的剥削和压迫。这一点，在马克思哲学中有着清楚明白的揭示，黑格尔的妥协性、保守性以及对资本主义社会的辩护性质和乐观心态也同样清楚地表现在这种思想差异之中。在《法哲学原理》中，黑格尔的着眼点与马克思是一致的，都是市民社会中的"劳动"，但马克思从中读出的是"异化劳动"，而黑格尔读出的是为满足个人需要而实现普遍利益的积极劳动。这是黑格尔哲学必将导出的实践立场，即只是匆匆看了现实中的异化劳动一眼便奔着他的体系建构而去，为的是满足于更高的逻辑追求——国家，即对市民社会（为满足需要而建立的劳动体系）的扬弃。

纵观黑格尔整个思想史，劳动辩证法同样是沿着现象（"耶拿时期"）—本质（《精神现象学》）—现实（《法哲学原理》）的逻辑而展开的。黑格尔在"耶拿时期"尤其观察到了资本主义机器生产所导致的"劳动异化"现象，打破了学界的一般结论。黑格尔对劳动辩证法的理解表现出难能可贵的存在主义或生存论倾向，如劳动作为对外部世界塑形、破坏和肯定的否定性行动，以及货币作为精神劳动的抽象化符号。但是，这些思想在《精神现象学》和《法哲学原理》中并没有得到自我继承和充分展开。黑格尔一方面从自我意识哲学出发，在唯心主义立场上讨论了劳动对人的自我本质的确证、劳动改造和创造了历史以及劳动开辟了人类解放而获得自由的道路；另一方面在晚年则把劳动彻底简化和退守为实现市民社会中特殊利益与普遍利益相互统一的"中介性"活动。黑格尔之所以从早年的激进走向晚年的保守，主要源于对"抽象的精神劳动"的信仰，对劳动的内在矛盾和否定的轻视，并坚信从其中能够获得个体劳动与社会劳动的统一。这一理论就导向劳动本身并不能获得解放，劳动只是人获得自由或解放的一个中介和环节。黑格尔的劳动辩证法之所以演变为非批判和非革命的性质，根本原因在于自我封闭的哲学体系和保守的国民经济学立场。

第五章　马克思颠倒了黑格尔的劳动辩证法[*]

马克思与黑格尔的关系向来是学术界讨论的深水区。尤其是在辩证法的问题上，关于二者的真实关系一直处于争论不休的状态。马克思一生主要有两次着重谈到黑格尔的辩证法，一是青年时期在《1844年经济学哲学手稿》的独立篇章展开了"对黑格尔的辩证法和整个哲学的批判"；二是晚年在《资本论》第一卷第二版"跋"中"公开承认我是这位大思想家的学生"①。由此产生了一个重要的问题，即马克思与黑格尔在辩证法问题上的真实关系究竟是什么？以及如何表现在"劳动"这一核心范畴中？黑格尔的劳动辩证法为什么会从耶拿时期的激进走向晚年的保守，其作为"否定性的辩证法"之批判和革命的本质为何没有被真正发展出来？这些问题要求我们不能仅仅停留在"劳动"视角来理解马克思对黑格尔的批判，而要反过来从前者对后者整个哲学及其辩证法的批判高度来把握马克思对黑格尔劳动辩证法的批判。因此，我们有必要回到青年马克思的相关文本中一窥究竟。

第一节　否定性辩证法：黑格尔"抓住了劳动的本质"

马克思在《1844年经济学哲学手稿》中第一次提出了要重新认识黑格尔的辩证法，并认为"费尔巴哈是唯一对黑格尔辩证法采取严肃的、批判的态

---

* 本章主要内容已发表。参见王绍梁、何云峰《论马克思对黑格尔劳动辩证法的批判与颠倒——以〈巴黎手稿〉为文本依据》，《财经问题研究》2019年第9期。
　① ［德］马克思：《资本论》第1卷，人民出版社2004年版，第22页。

度的人"①。但在发起批判总攻之前，马克思对黑格尔的劳动辩证法给予了极高的评价，他将"作为推动原则和创造原则的否定性的辩证法"② 推崇为黑格尔《精神现象学》的最后成果。

那么，什么是黑格尔"作为推动原则和创造原则的否定性的辩证法"呢？"否定"是黑格尔整个哲学体系的核心概念，按照亨利希（Dieter Henrich）的说法，黑格尔在 1800 年时期建构哲学体系的最高概念是"生命"的观念。但他后来发现"生命"只能是个体的表现，为了建构超越个体的普遍世界的新哲学体系，所要寻找的新词项不仅能够"自我指涉"和表达"对立者间的关系"，而且还必须是建立在逻辑结构基础之上的理性论述。"黑格尔相信同时可以满足这三个条件的词项是「否定」。"③ 因此，对"否定"的准确把握成为理解黑格尔与马克思劳动辩证法的关键之处。

辩证法的"否定性"在黑格尔哲学中主要以两种形态彰显，一种是"不断否定自身的哲学体系"，另一种是"自我运动、自我展开的否定性精神"或"自否定"。马克思批判的正是黑格尔思辨的、封闭的哲学体系，而高度赞扬、继承的正是"自否定"。这就是他在《资本论》中对颠倒过后的辩证法的经典论述，"辩证法在对现存事物的肯定的理解中同时包含对现存事物的否定的理解"④。

（一）否定作为概念逻辑发展的圆圈："不断否定自身的哲学体系"

黑格尔哲学并不是一个静止的、僵化的封闭空间，相反是一个不断运动、不断发展和不断否定自身的思想体系。这种特征贯穿黑格尔整个哲学，尤其体现在《逻辑学》之中，其他著作便沦为《逻辑学》的应用。马克思在《1844 年经济学哲学手稿》中对黑格尔哲学体系有这样一段精辟的概括：

扬弃了的质＝量，扬弃了的量＝度，扬弃了的度＝本质，扬弃了的本质＝现象，扬弃了的现象＝现实，扬弃了的现实＝概念，扬弃了的概念＝

---

① ［德］马克思：《1844 年经济学哲学手稿》，人民出版社 2014 年版，第 92 页。
② 《马克思恩格斯全集》第 42 卷，人民出版社 1979 年版，第 163 页。
③ ［德］迪特·亨利希：《康德与黑格尔之间：德国观念论讲演录》，彭文本译，商周出版社 2006 年版，第 423 页。
④ ［德］马克思：《资本论》第 1 卷，人民出版社年 2004 年版，第 22 页。

客观性，扬弃了的客观性＝绝对观念，扬弃了的绝对观念＝自然界，扬弃了的自然界＝主观精神，扬弃了的主观精神＝伦理的客观精神，扬弃了的伦理精神＝艺术，扬弃了的艺术＝宗教，扬弃了的宗教＝绝对知识。①

从以上可一览黑格尔的整个哲学体系的运动和建造过程。这样一个过程既是通过后者否定并扬弃前者得以完成的，同时在整体上呈现出一个庞大的不断否定自身的哲学体系。黑格尔将这一套否定之否定的逻辑公式称之为"圆圈"，他认为这个圆圈所描述的是"科学向前运动的路线"②。那么，"否定"这一原则是如何体现在黑格尔哲学体系中的呢？这主要体现在逻辑学、自然哲学和精神哲学三个阶段。

第一，"逻辑哲学"中的"否定"。首先，在存在论阶段，其中概念的规定性相比前面仍较抽象，因此它的规定性还是单一而没有达到具体的概念。在存在论中的各种范畴（如质、量、度）是彼此外在而没有关联的，但通过具体的"否定"过程，它们又建立起内在联系。质的自我否定成为量，量的差异构成质的改变等。这种在存在论里由否定建立起来的关联，黑格尔称为"过渡"。过渡并不是断裂式或间断性的否定，而是连续性和相互关联地从一个阶段转化到另一个阶段。因此，过渡表现为"不断向外"和"不断深入"的特征。其次，在本质论阶段，其否定是以自身作为中介的形式完成的，它必须通过一个个间接的环节才能获得自己的确定性。本质论虽然否定了存在论，但并不意味着被抛弃，而是作为一个环节将存在论纳入其中，即扬弃。所以本质论并不是简单地或抽象地规定"绝对"，而是从"中介性"来规定自身。"本质的中介性是隐藏在存在背后的、更内在的东西，因此它比存在论更高。"③ 最后，思维经过漫长的自我否定的进程最终抵达了"概念"阶段。在黑格尔哲学里，概念既是对本质论的否定，也是存在论与本质论的统一，并且具有更加丰富、具体和高阶的内涵，所以概念论也包含独立性和自由性。

第二，"自然哲学"中的"否定"。自然哲学也经历了内在的自我否定的

---

① ［德］马克思：《1844 年经济学哲学手稿》，人民出版社 2014 年版，第 109 页。
② ［德］黑格尔：《逻辑学》上卷，杨一之译，商务印书馆 2017 年版，第 56—57 页。
③ 《黑格尔说否定与自由》，王运豪编译，华中科技大学出版社 2017 年版，第 70 页。

三个阶段，即力学、物理学和有机物理学。力学阶段分为"抽象性的时间和空间"、立足于个体性之上的抽象关系的有限力学和自由运动的绝对力学。因此，力学阶段是排他性的，它们之间的规定性还是彼此外在、缺乏彼此联系的个体性。物理学相对获得了"个体性"，但也经历了自我否定的三个阶段，即作为直接、抽象的普遍的个体性，作为表达特殊性的个体性，以及表达在物理学阶段自由性的总体的个体性。物理学阶段表达了事物的内在相互反映的特殊规定性。"有机物理学"获得了前两者都不具备的"生命"，从而扬弃了力学和物理学、恢复了主体性，也就是"具有现实性的生命"。"生命"同样经历了三个自我否定的过程，即地质自然界、植物自然界和动物有机物。三个否定的过程，也是主体性从萌芽到完全的回复过程。"整个自然哲学都是一个自我否定的发展进程，这一发展进程也是一个不断突破自由的外在性，要求回到真正自由的发展进程。"①

第三，"精神哲学"中的否定。精神哲学分为三个相互否定的阶段，即客观精神否定主观精神，二者又在绝对精神中得到了扬弃和统一。"主观精神"经历了人类学、精神现象学和心理学三个阶段，所以它并不等于主观性精神，而应该把这三个阶段理解为不断突破自身的进程。在人类学阶段，精神还处于具有自然性的原初状态，而到了精神现象学阶段就意味着原先并未经历"中介"环节的精神开始经历三个不断否定和扬弃的环节，即认识对象的客体性、主体性（自我意识）以及二者在更高理性阶段的统一。由此便过渡到心理学阶段，分别经历了主观性的理智、客观性的意志和自由精神三个发展环节。"客观精神"主要见之于现实中的政治制度、法律法规。因此，在黑格尔看来，"法"的精神运动既是一系列的否定过程，同时也是自由不断实现的过程，即自由意志以财产关系表现的抽象法阶段、外在法则返回自身的道德阶段和自由意志的主客观统一的伦理阶段，具体又体现在家庭—市民社会—国家的否定运动之中。最后，精神就发展到了最高阶段——绝对精神。绝对精神是主观精神和客观精神的最高统一，是主体与客体、普遍与特殊、同一与差异的统一。"它已经超出了之前

---

① 《黑格尔说否定与自由》，王运豪编译，华中科技大学出版社 2017 年版，第 140 页。

环节的有限性，而达到了无限性。"① 从否定的逻辑看，绝对精神同样经历了从感性与直接性的艺术阶段到宗教阶段，最后抵达哲学阶段的过程。

我们将黑格尔的整个哲学视作否定自身的思想体系是恰如其分的。在每一次的"否定"行动中，精神或思想的内在矛盾必将其自身推向对立面，从而获得更高、更具体和更丰富的规定性，后者不是抛弃而是不断扬弃前者并将之降格为自己的一个环节。没有这样的否定，也就没有黑格尔的哲学。同样，没有这样的否定就没有思想的发展，所以亨利希将"否定"喻为"《逻辑学》的钥匙"②。如果说在逻辑哲学和自然哲学中"否定"仍然只是主体外在赋予的一种逻辑递进，那么精神哲学就更清晰地表达了这种内在于精神自身内的积极力量和本质属性。

（二）否定作为推动和创造的原则："自我运动和展开的否定力量"

马克思对黑格尔"否定性的辩证法"的高度赞扬是从《精神现象学》说起的，他指出："黑格尔把人的自我产生看做一个过程，把对象化看做非对象化，看做外化和这种外化的扬弃；可见，他抓住了劳动的本质，把对象性的人、现实的因而是真正的人理解为人自己的劳动的结果。"③ "否定性的辩证法"贯穿了黑格尔的整个哲学体系，同样这一原则应用于"劳动"指的就是劳动的否定性，即劳动创造了人。恩格斯是从生物进化论立场来阐述动物在劳动的过程中如何演化成为人类的，马克思在这里则是从哲学—人类学角度讨论劳动的辩证本性。马克思对否定性的理解不仅包含"创造人"，在资本主义社会尤指"劳动的内在矛盾"和"自我否定"，也就是抽象劳动对具体劳动的否定，从而实现这种否定的否定。因而要深刻把握黑格尔的这一原则就必须深入探讨所谓"作为推动和创造的否定力量"究竟是什么？

学者邓晓芒将"否定"定义为黑格尔辩证法的灵魂，这意味着：第一，"否定"贯穿黑格尔的辩证法逻辑，即黑格尔的否定是"自否定"；第二，否定在黑格尔辩证法中具有本体论的地位，即"否定之否定"。

---

① 《黑格尔说否定与自由》，王运豪编译，华中科技大学出版社 2017 年版，第 240 页。

② ［德］迪特·亨利希：《康德与黑格尔之间：德国观念论讲演录》，彭文本译，商周出版社 2006 年版，第 426 页。

③ ［德］马克思：《1844 年经济学哲学手稿》，人民出版社 2014 年版，第 98 页。

所谓"自否定"，在黑格尔看来并不是一种单纯的外部否定或排斥，而是指同一个事物在其自身中所生长出来的自我否定。"换言之，并非一个事物'遭受到'外来的否定，而是这个事物自己否定自己，自己超越自己，自己打破自己的肯定或规定。"① 在亨利希看来，黑格尔将这种"否定"从传统的逻辑学和语法提高到了本体论的高度，即否定之否定或双重否定。黑格尔赞成斯宾诺莎的"否定即是规定"的原则，而规定作为肯定性的东西也是自己否定自己的结果，因此"规定"本身内在包含了"否定之否定"的逻辑。所以在黑格尔哲学中，"否定"性内含"自否定"和"否定之否定"，而自否定就是否定之否定。没有否定性的力量就没有具体性，"存在着的东西的运动，一方面，是使它自己成为他物，因而就是使它成为它自己的内在内容的过程，而另一方面，它又把这个展开出去的他物或它自己的这个具体存在收回于其自身"②。在前一种运动中，否定性即建立区别，而在后一种返回自身的运动中，否定性具有规定性的功能。因此，黑格尔双重否定的结果是确认否定性，而"否定"原则的一以贯之成了"普遍原则"，它的否定对象就是"自身"。

马克思曾指出《精神现象学》才是"黑格尔哲学的真正诞生地和秘密"，这与他将"否定性的辩证法"视为《精神现象学》的最后成果是遥相呼应的。从此前分析可知，"否定"的原则是作为建构哲学体系的一个"工具"或"纽带"而贯穿整个哲学体系，其他哲学只不过是《逻辑学》的应用。马克思打破了这一"形式理解"，"作为推动原则和创造原则的否定性的辩证法"的真正诞生地和秘密是《精神现象学》而不是《逻辑学》。最为明显的是，黑格尔受当时牛顿经典力学的影响，从而将一切事物归结为"力"与之表现，而"力"就使得表面看来是相互外在的对象和对立的关系逐渐转变为运动着的"否定过程"。我们在这里着重分析《精神现象学》"主奴关系"与劳动辩证法中体现的"否定性"原则。

这里涉及贯穿"自我意识"章的几个前提性概念：自我意识、欲望和生命。其一，自我意识在黑格尔哲学里高于意识阶段，即更具真理性。"意识"关于对

---

① 邓晓芒：《思辨的张力——黑格尔辩证法新探》，湖南教育出版社 1992 年版，第 158 页。
② ［德］黑格尔：《精神现象学》上卷，贺麟、王玖兴译，上海人民出版社 2013 年版，第 86 页。

象的确定性的直接性存在，实际上等于真正的不存在，因为"其真理都是意识自身以外的某种东西"①。而自我意识不仅包含对象的存在，而且能够从对象返回到自身从而获得统一性。这就是说，自我意识②是从对象之中直观到自身的意识（在奴隶的劳动阶段才被揭示出来），因此"自我意识就是欲望一般"③。其二，"欲望"是自我意识的本质。因此，欲望在黑格尔的哲学里表现为"一种冲动，一种渴求，一种否定的指向运动"④。动物只拥有直接满足自身本能需要的欲望，反之人的欲望不仅不停驻在自然需求，而且高于自然目的。科耶夫将欲望指认为人的本质，正是在对欲望的欲望中"人才'被确认'为人"⑤。人的欲望指向的是"人"即另一个"欲望"，黑格尔认为"欲望的对象即是生命"⑥。其三，在黑格尔哲学中，生命是欲望和对象，是普遍与个体的统一，是一个类。所以，生命就表达为欲望之间不断否定的运动过程。"生命乃是自身发展着的、消解其发展过程的，并且在这种运动中简单地保持着自身的整体。"⑦ 在主奴关系中这是一个为承认而斗争的运动过程。

自我意识是"否定"的主体，"欲望"是"否定"的本质，而生命就是一个自我意识通过欲望不断否定的运动过程。在《精神现象学》中，这样一个不断否定的运动过程贯穿自我意识的"斗争""统治""恐惧"和"劳动"四个环节。应该说，没有双重自我意识的斗争就没有主人对奴隶的统治，也就没有奴隶对死亡的恐惧，没有恐惧也就没有"劳动陶冶事物"，从而奴隶永远只能是奴隶而不能重新获得自我意识，并走上"自由之路"。因此，"否定"原则成为整个历史运动的源泉和动力。

从黑格尔的思想史来看，在"耶拿时期"，劳动辩证法的"否定性"体现在"劳动是人对外部世界的一种塑造性和肯定性的破坏"以及"机器生

① ［德］黑格尔：《精神现象学》上卷，贺麟、王玖兴译，上海人民出版社 2013 年版，第 173 页。
② 黑格尔和马克思的自我意识都强调他物与他人的关系，但黑格尔的他物以及与他物的关系都是从自我意识出发为自我意识所建构出来的。
③ ［德］黑格尔：《精神现象学》上卷，贺麟、王玖兴译，上海人民出版社 2013 年版，第 175 页。
④ 高全喜：《论相互承认的法权——〈精神现象学〉研究两篇》，北京大学出版社 2004 年版，第 142 页。
⑤ ［法］亚历山大·科耶夫：《黑格尔导读》，姜志辉译，译林出版社 2005 年版，第 7 页。
⑥ ［德］黑格尔：《精神现象学》上卷，贺麟、王玖兴译，上海人民出版社 2013 年版，第 175 页。
⑦ ［德］黑格尔：《精神现象学》上卷，贺麟、王玖兴译，上海人民出版社 2013 年版，第 178 页。

产"产生的劳动异化。马尔库塞甚至咬定黑格尔的"耶拿体系在劳动和社会统一的具体过程中精心建构了辩证法"①。在《精神现象学》中，劳动的"否定性"更加丰富，主要表现在以下四个方面：第一，劳动逆转了主人—奴隶的统治关系，赋予了奴隶以人之存在；第二，劳动更进一步创造了世界，推动了历史的发展和进步；第三，劳动否定了个体性从而获得了普遍形式，造就了个人与社会的统一；第四，劳动开辟了人类自由与自我解放的道路。此前分析已指出，奴隶的劳动经历了两次否定，第一次是劳动对物的否定，这种否定同时是一种赋形的活动，第二次是在劳动过程中，奴隶实现了对自己作为"奴隶"的否定，从而踏上了寻求真正自由之路。马尔库塞指出："黑格尔称主体将成为'绝对的否定'，这意味着主体具有否定每个特定条件的力量，具有使一切成为自己意识的产物的力量。"② 否定每个特定条件的能力来自"作为奴隶的劳动"，奴隶不是为自己而是为主人即他者生产产品。因此，对于每一个特定的具体劳动，奴隶都不曾留恋，因为他要达到的是对每一个具体劳动的把握，同时也是对每一个具体劳动的否定。

在《法哲学原理》中，劳动的"否定性"是通过市民社会中的个人与他者之间的张力关系建构起来的。市民社会中的个人劳动都是对自己的一种"否定"，因为社会分工体系的形成，每一个人的劳动产品都是满足其他人的需要。但同样是在他人需要得到满足的同时，个体需要也得到了满足，这是劳动的第二次否定。一方面，《法哲学原理》中劳动辩证法的否定性只是"耶拿时期"和《精神现象学》的一个向外部现实的理论延伸，但另一方面，《法哲学原理》中的"劳动"既不是"耶拿时期"的"否定性"的具体行动，也不是《精神现象学》中开辟自由道路的"赋形"活动，而是"具体劳动"和"精神劳动"在现代市民社会中的最高抽象。

莱文（Norman Levine）同样认为，黑格尔的"伟大之处"就在于他的"创造理论"。"思维通过劳动创造了对象世界，思维通过劳动达到了其自身的

①　［美］赫伯特·马尔库塞：《理性和革命：黑格尔和社会理论的兴起》，程志民等译，上海人民出版社 2007 年版，第 91 页。
②　［美］赫伯特·马尔库塞：《理性和革命：黑格尔和社会理论的兴起》，程志民等译，上海人民出版社 2007 年版，第 93 页。

目的。思维的劳动最终获得的是理性和现实的一致，是自在与自为的统一；只有当理性与现实相统一，思维方能实现其现实化。"① 但黑格尔强调思维的能动性，将精神或思维看作"推动和创造"的主体。反之，马克思并不是将精神或思维视为创造理论的内容和主体，而是将"人类劳动"（非抽象的劳动）作为内容和主体。这就意味着马克思必然会发起对黑格尔哲学的全面批判，而这一批判工作是从《1844 年经济学哲学手稿》开始的。

第二节　理性辩证法与"抽象的精神劳动"

马克思高度评价黑格尔的劳动辩证法思想，即黑格尔"把劳动理解为人的自我产生的行动，把人对自身的关系理解为对异己存在物的关系，把作为异己存在物的自身的实现理解为生成着的类意识和类生活"②。但他同时批判了黑格尔这种"有关自身的否定具有的积极意义"仍停留在抽象性范围之内，所以黑格尔只是颠倒地"把人的自我异化、人的本质的外化、人的非对象化和非现实化理解为自我获得、本质的表现、对象化、现实化"③。由此，马克思展开了对黑格尔辩证法的全面性批判。

（一）对黑格尔"理性辩证法"的批判

劳动辩证法是黑格尔理性辩证法在"劳动"课题上的一种应用，马克思通过揭示理性辩证法的内在运动的机制，揭示这种机制的唯心主义与保守主义性质，从而完成了对"黑格尔方法"的真正颠倒。

第一，马克思揭示出黑格尔的思辨体系的内在机理与运动机制，即黑格尔的整个体系是从纯粹思辨的思想开始，以抽象的精神结束。否定性辩证法在黑格尔哲学中被表达为一个不断否定的哲学体系，《哲学全书》不过是哲学精神的展开本质，所以马克思批判说"逻辑学是精神的货币"④。马克思认为，黑格尔

---

① ［美］诺曼·莱文：《马克思与黑格尔的对话》，周阳等译，中国人民大学出版社 2015 年版，第 383 页。

② ［德］马克思：《1844 年经济学哲学手稿》，人民出版社 2014 年版，第 110—111 页。

③ ［德］马克思：《1844 年经济学哲学手稿》，人民出版社 2014 年版，第 110 页。

④ ［德］马克思：《1844 年经济学哲学手稿》，人民出版社 2014 年版，第 95 页。

首先将"人＝自我意识"，现实的人的运动就转变为自我意识的运动，而理性辩证法的否定运动就表现为"克服意识的对象的运动"，马克思归结为八个过程①：（1）对象对意识属于正在消逝的东西，即对象返回自身；（2）自我意识的外化表示设定物性，即非现实的物本身；（3）这种外化具有否定与肯定的双重意义；（4）它对我们或自身以及对象意识本身都具有真理性；（5）对象的否定即自我扬弃具有肯定意义是因为意识在外化中把自身设定为对象；（6）意识不仅扬弃这种外化和对象性，并且返回自身；意识和思维直接冒充为感性、现实和生命；（7）这种意识的运动就表现为意识的各个环节的总体；（8）意识由此而根据各个规定的总体和每一个规定来思维并考察对象。这八个过程可用简单图式表示：现实的人＝自我意识→意识返回自身＝将对象设定为物性→对象的扬弃＝自我意识的扬弃→现实的运动＝自我意识的运动。自我意识的这种运动是循环往复的。

　　第二，马克思认为这种"否定运动"仅仅为历史的运动找到了抽象的、逻辑的和思辨的表达。基于以上逻辑，马克思批判黑格尔扬弃"异化"（否定之否定）的非现实性和精神性。一方面，黑格尔讨论的对象不是现实的对象，而是意识的对象，也就是对象是被自我意识所设定和建构出来的。另一方面，克服对象就变成克服意识的对象。对异化的扬弃同样变成了对对象性的扬弃，人则沦为了非对象性，甚至是唯灵论的存在物。马克思在勾勒出黑格尔不断"扬弃"（否定之否定）自身的体系后，随即批判了这种不断否定自身的哲学体系的抽象和虚假性质。"在现实中，私法、道德、家庭、市民社会、国家等等依然存在着，它们只是变成环节，变成人的存在和存在方式，这些存在方式不能孤立地发挥作用，而是互相消融，互相产生等等。"② 马克思指出，对私有财产的扬弃变成了在观念中的扬弃，"所以这种思想上的扬弃，在现实中没有触动自己的对象，却以为实际上克服了自己的对象"③，即当作现实中的真实扬弃。因此，现实中的异化降格为了人的本质即自我意识异化的现象呈

---

① 参见［德］马克思《1844 年经济学哲学手稿》，人民出版社 2014 年版，第 100—101 页。

② ［德］马克思：《1844 年经济学哲学手稿》，人民出版社 2014 年版，第 108 页。

③ ［德］马克思：《1844 年经济学哲学手稿》，人民出版社 2014 年版，第 109 页。

现。因而,"对象向自我的复归就是对对象的重新占有"①,这种"否定之否定"(扬弃异化)的理论归宿只可能是非批判和非革命的。

第三,马克思揭露了黑格尔理性辩证法的唯心主义和保守主义性质,即理性辩证法最终走向的是非批判和非革命的抽象的"否定运动"。黑格尔犯了双重错误。第一个错误是颠倒现实的异化与思维的异化的关系,即颠倒了现实否定与思维否定的关系,因而,"全部外化历史和外化的全部消除,不过是抽象的、绝对的思维的生产史,即逻辑的思辨的思维的生产史"②。结果,"异化"就成为"主体—客体"在自我意识内部的对立,即:"抽象的思维同感性的现实或现实的感性在思想本身范围内的对立。"③现实的对立却只是思维对立的外观的公开形式以及被思维设定为应当扬弃的对象,对异己对象本质力量的占有颠倒为在意识和纯思维中发生的抽象(虚假)占有,即只是在思想运动中把握到的占有。这是黑格尔辩证法固有的保守性质,即一切异化和矛盾必然在下一个环节被扬弃的"过于积极"的态度。黑格尔的第二个错误是"将精神看作人的真正的本质"。对于黑格尔来说,能思维的、逻辑的、思辨的精神才是人的真正本质。因此,黑格尔哲学中的"主体"始终是自我意识,对象自然也就成为抽象意识所设定的一个环节,人的本质也必须在意识中确定。这样,从对象到意识,再到自我意识的运动就变成自身内部进行的抽象的思维运动,即"纯思想的辩证法"④,或理性辩证法。不过马克思认为黑格尔由于抓住了人的异化("否定阶段"),所以也就隐藏着批判的一切要素,只是这种"批判性"最终窒息在其封闭的哲学体系中。

第四,黑格尔对"肯定—否定—否定之否定"封闭体系的构筑窒息了辩证法的批判性和革命性。这里涉及两方面的批判,首先是黑格尔在主观意愿上表现出对"哲学体系"的孜孜追求。黑格尔早年"忙于学术的角逐,而不是对现代社会的研究"。如在1800年请求谢林给予生活援助的时候,黑格尔顺便表达了学术目的:"若是您能设法使我在学术上有几个朋友,得到点承认

---

① [德]马克思:《1844年经济学哲学手稿》,人民出版社2014年版,第100页。
② [德]马克思:《1844年经济学哲学手稿》,人民出版社2014年版,第96页。
③ [德]马克思:《1844年经济学哲学手稿》,人民出版社2014年版,第96页。
④ [德]马克思:《1844年经济学哲学手稿》,人民出版社2014年版,第98页。

的话，那我就更感之不尽了。"① 在 1807 年的信中，黑格尔向谢林坦诚自己"最大愿望就是，找一个确有保证的位置"②。另外在请求歌德的学术帮助（从编外讲师申请哲学副教授）时，黑格尔也表现出未曾见过的"毕恭毕敬"，甚至自称"贱仆"或"儿子"③。在黑格尔传记中，董特（Jacques D'Hondt）认为黑格尔的"耶拿哲学充满了好斗的精神"④，一方面是为了真理而战，但另一方面是为了在大学和学术领域争得一席之地。这里所举诸多细节只是为了证明在盛行体系哲学的德国当时，黑格尔的确存在着主观上建构封闭体系的理论目的。其次，这一点在黑格尔的哲学逻辑中得到了进一步"统一"。马克思指责黑格尔虽然"把劳动理解为人的自我产生的行动"，但这一行动只具有形式的性质，它只是将人的本质看作抽象的自我意识，外化的扬弃只能沦为自我意识外化的确证。

马克思进一步批判了黑格尔理性辩证法的空洞和抽象特征。一是因为黑格尔将人和自我意识等同起来，所以异化的对象颠倒为异化的意识，对象就沦落为形式的、抽象的和非现实的表现，即否定。二是外化的扬弃沦为对形式的、抽象的内容所作的形式的、抽象的扬弃，即否定之否定。⑤ 因为否定是抽象和空洞的（没有真正深入事物的矛盾之中），因此对否定的扬弃（否定之否定）也只能是抽象的和空洞的，进而没有找到真正积极的和革命的力量。马克思批判性地指出，"黑格尔把这一切僵化的精灵统统禁锢在他的逻辑学里，先是把它们每一个都看成否定，即人的思维的外化，然后又把它们看成否定的否定"⑥。但这种否定的否定由于仍然束缚在异化中，最后不是循环往复作抽象的否定运动就是诉诸费尔巴哈式"埋头于直观"。黑格尔在对劳动的分析方面也是如此，只是在形式上进行抽象的否定，所以无法聚焦劳动蕴藏的感性与现实的内在对抗，以及内在不可调和的矛盾。因此，黑格尔的哲学只能导致观念的形式的革命，即抽象和空洞的否定运动，而不是真正的现实的社会革命。

① 《黑格尔通信百封》，苗力田译编，中国人民大学出版社 2015 年版，第 60 页。
② 《黑格尔通信百封》，苗力田译编，中国人民大学出版社 2015 年版，第 82 页。
③ 《黑格尔通信百封》，苗力田译编，中国人民大学出版社 2015 年版，第 107、131 页。
④ ［法］雅克·董特：《黑格尔传》，李成季、邓刚译，上海人民出版社 2015 年版，第 189 页。
⑤ 参见［德］马克思《1844 年经济学哲学手稿》，人民出版社 2014 年版，第 112 页。
⑥ ［德］马克思：《1844 年经济学哲学手稿》，人民出版社 2014 年版，第 113 页。

（二）对黑格尔"抽象的精神劳动"的批判

马克思对黑格尔劳动辩证法的肯定与批判是置于一块的，所以如不厘清马克思对黑格尔理性辩证法的唯心主义本质的揭露，就很难理解马克思为什么说"黑格尔站在现代国民经济学的立场上"，为什么说黑格尔没有看到劳动的"消极的方面"①，为什么批判"黑格尔唯一知道并承认的劳动是抽象的精神的劳动"②。在回答问题前，我们需要探讨的是马克思究竟如何从黑格尔的《精神现象学》中读出了"抽象的精神的劳动"？这里涉及两个关键问题：一是《精神现象学》的劳动为什么是"抽象劳动"？二是这种抽象劳动为什么同时是"精神劳动"？

黑格尔在《精神现象学》中指出，奴隶要想获得自我意识和自由意识就不能缺少"恐惧"和"劳动"两个环节，反之将可能导致"任性"和"偏见"而不能使得劳动获得纯粹形式的本质。这个纯粹形式其实指的就是"抽象的精神劳动"，"纯粹形式之被认作弥漫于一切个体的普遍的陶冶事物的力量和绝对的概念"③。黑格尔指出"任性"的"自由"的危险之处在于，"这种自由还停留在奴隶的处境之内"④，也就是仍然无法使得奴隶从主奴关系之中解放出来。因此，黑格尔将这种偏见和主观的意识称之为"小聪明"，在德文"Geschicklichkeit"中有"机巧""工匠意识""小聪明"等含义。如果没有恐惧以及为他人的劳动，也就没有纯粹形式，即黑格尔认为奴隶的"本质"仍然存在于普遍劳动即抽象劳动之中。反之，着眼于具体的、狭隘的和个别的实用劳动（具体劳动）中的小聪明"只对于某一些事象有一定的应付能力，但对于那普遍的力量和那整个客观的现实却不能掌握"⑤。换句话说，奴隶的劳动并非为"一己之私"的自给自足式劳动，而是具有否定一切物而获得实

① 有人认为，"消极"和"积极"应当被译为"否定"和"肯定"，因为"否定"在两者哲学中都具有积极的意义。实际上，马克思批判的是黑格尔没有看到"在劳动中同时发生着对客观世界、现实的人和现存事物的革命的否定"（汝信：《论黑格尔哲学》，中国社会科学出版社2014年版，第75页）。这种理解是准确的。
② ［德］马克思：《1844年经济学哲学手稿》，人民出版社2014年版，第98—99页。
③ ［德］黑格尔：《精神现象学》上卷，贺麟、王玖兴译，上海人民出版社2013年版，第190页。
④ ［德］黑格尔：《精神现象学》上卷，贺麟、王玖兴译，上海人民出版社2013年版，第190页。
⑤ ［德］黑格尔：《精神现象学》上卷，贺麟、王玖兴译，上海人民出版社2013年版，第190页。

体运动的劳动，这种劳动就是抽象劳动，而抽象劳动所否定的正是一个个陶冶给定物的具体劳动。

概括地说，意识陶冶事物指的是个别的、为自己的劳动，即具体劳动，在封建社会表现为自给自足的农业劳动等；劳动陶冶事物指的是普遍的、为他人的劳动，即抽象劳动。一方面，这里显示出黑格尔辩证法的厉害之处，即如果没有"否定"的阶段，就不可能达到"否定之否定"，也就是无法完成奴隶自为存在的复归以及自我意识的获得。奴隶对主人的恐惧是必要的，因恐惧为主人而劳动（陶冶事物）也是必要的，只有经历这两个环节，才能完成辩证的否定。另一方面，这里同样显示出了黑格尔的形而上学本质，即劳动的抽象的形而上学本质在这部分有清楚明白的承认。所谓"形而上学本质"，实指抽象劳动（纯粹形式），也就是为满足他人需要而进行的普遍劳动或劳动一般。黑格尔的个体劳动和社会劳动的辩证法在这里虽然已经看到萌芽，但仍未发展出来，不过这一工作在《法哲学原理》中得到了完成。正如海德格尔指出：

> 劳动的新时代的形而上学的本质在黑格尔的《精神现象学》中已预先被思为无条件的制造之自己安排自己的过程，这就是通过作为主观性来体会的人来把现实的东西对象化的过程。①

海德格尔的这句话道出了黑格尔劳动的"精神本质"。目前国内外大多数学者都是从马克思的描述将黑格尔的劳动称之为"抽象的精神的劳动"，但未曾回答这种劳动是"如何从抽象过渡到精神的"。这里的"精神劳动"不能从分工学将之理解为与"物质劳动"相对应的"精神劳动"，在黑格尔哲学的语境中，"精神"是指"无对象性存在的主体"。在马克思哲学中，外化是指人的对象性本质力量的外化；但在黑格尔那里则是抽象的精神主体或自我意识外化，实际是具体劳动（感性的对象性劳动）成为抽象劳动（精神主

---

① 《海德格尔选集》上卷，孙周兴选编，生活·读书·新知上海三联书店1996年版，第383—384页。

体）之外化。因此，海德格尔称之为"无条件的制造之自己安排自己的过程"，即"主观性的人"（精神主体）将现实事物的对象化，进而言之就是抽象劳动对具体劳动的先验设置与预先决定。

所以马克思的批判表现在两个方面：一是"黑格尔站在国民经济学家的立场"是指他站在资本主义的立场上，即"抽象劳动"的立场；二是把抽象劳动看作人的本质说明黑格尔认同亚当·斯密的劳动价值论，并将抽象劳动认作人的本质，看作对人的积极确证。这两者无论是国民经济学家还是黑格尔都赞同"作为人的自我确证的"财富源于抽象劳动的积累，即资本。所以黑格尔的《精神现象学》就是关于这种"积极的自我实现"（财富和资本积累）的科学，因而是肯定"人的外化"（资本主义现实）的"科学"。虽然马克思从原则上抛弃了精神现象学的立场，但"马克思的批判却是一种承认、坚持并在实现的倾向中继续贯彻黑格尔的区分的积极批判"①，也就是将人理解为一个自我诞生的过程，把握了劳动的普遍本质。洛维特指出，与黑格尔不同，马克思认为："一种现实的重新占有只能通过对我们的对象性世界异化了的规定性的'根除'来实现。"②

因此，马克思对黑格尔的批判是双重的，即不仅批判了黑格尔哲学的唯心主义本质，还揭露了黑格尔劳动辩证法的国民经济学前提。

（三）对黑格尔《法哲学原理》中的国民经济学立场的批判

所谓"国民经济学立场"也就是"抽象劳动"的立场，即和国民经济学一样认为抽象劳动是私有财产的主体本质，积极地肯定"抽象劳动"是社会财富的来源。关于劳动二重性的明确区分是由马克思而非国民经济学家作出的，但在社会财富的指认这一问题上，黑格尔和国民经济学家是一致的："一国国民每年的劳动，本来就是供他们每年消费的一切生活必需品和便利品的源泉。"③

① ［德］卡尔·洛维特：《从黑格尔到尼采：19 世纪思维中心革命性决裂》，李秋零译，生活·读书·新知三联书店 2006 年版，第 378 页。

② ［德］卡尔·洛维特：《从黑格尔到尼采：19 世纪思维中心革命性决裂》，李秋零译，生活·读书·新知三联书店 2006 年版，第 379 页。

③ ［英］亚当·斯密：《国民财富的性质和原因的研究》上卷，郭大力、王亚南译，商务印书馆 1972 年版，第 1 页。

　　抽象劳动即一般劳动并不是非历史性进而贯穿一切社会历史，它是历史发展至资本主义社会所形成的特有产物。所谓抽象劳动，也就是劳动在社会意义上取得了普遍性质。这个普遍性质表现为可计算、可量化、可比较的可通约特征，其与直接劳动的时间的差异表现在抽象劳动是作为总体的社会的人类劳动，它是不以某个偶然性和个体性的变化而改变的，在一定的社会条件下是不变的。"只有当劳动在 18 世纪的欧洲被普遍化时，劳动的量的方面才可能出现……在此之前，活动的不同形式是不能比较的……劳动呈现为各种不同的性质。"[①] 劳动一般（抽象劳动）作为原则性概念的出场经历了一个漫长的过程。[②] 在重商主义那里，财富增长的源泉被归结为"流通领域"而不是生产领域。古典政治经济学之父威廉·配第第一个提出了劳动具有生产商品价值的特征，但仍然不清楚这个劳动究竟是什么？重农学派则更进一步，将问题的核心转向生产领域，但狭隘地将农业劳动与生产画等号。"大大地前进了一步"的是斯密，他认为商品价值源自一切物质生产部门的劳动，李嘉图将这个劳动从部门特点中解放出来，直接确认劳动作为价值的源泉。但遗憾的是，他们都没有在理论上对具体劳动和抽象劳动进行原则的区分。当然，黑格尔是最接近对二者作出划分的哲学家，但如马克思所说，他的"一般的活动"仍然是精神劳动，而不是经济学的范畴。

　　马克思曾指出，在《精神现象学》中"已有一个完全否定的和批判的外表，尽管实际上已包含着往往早在后来发展之前就先进行的批判"[③]，即《法哲学原理》那种非批判的唯心主义早在《精神现象学》中就潜在地存在着了。在《法哲学原理》中，黑格尔完全站到了国民经济学家的立场上研究市民社会中的劳动问题，即从特殊劳动与普遍劳动的辩证运动指认"普遍利益"实现的可能性。这个普遍利益既包括国民经济学家所说的"私有财产"，也包括建立在私有制基础上代表一切人的"社会财富"。至于在实现这一普遍关怀的路径方面，黑格尔无疑完全站到国民经济学的立场上了。社会中的每一个个

---

　　① 参见［法］鲍德里亚《生产之镜》，仰海峰译，中央编译出版社 2005 版，第 6 页。
　　② 参见［苏］阿·弗·谢尔盖耶维奇《卡尔·马克思的伟大发现：劳动二重性学说的方法论作用》，睢国余译，北京大学出版社 1984 年版，第 28—31 页。
　　③ ［德］马克思：《1844 年经济学哲学手稿》，人民出版社 2014 年版，第 97 页。

体都是从一己之私出发，从特殊利益出发，但正是每一个人的这种"个人出发点"在市场中进行所谓平等自由的交换，从而实现了社会的全体利益。尽管黑格尔看到了国民经济学家在市场之外看不到的"人"即异化的人，但黑格尔总是相信这只是作为暂时的阶段，终将被扬弃在"国家"的理念之中。黑格尔劳动辩证法的唯心主义性质在这里显露无遗。国民经济学忽略的是在劳动者的劳动（财富）之外是什么，即忽略了"劳动者"之为人的一面。国民经济学的"苦行主义的首要原理就是，放弃一切不能有助于资本增值的需要"①，而它的德性就只能是"苦行主义的劳动"。

第三节　感性辩证法：马克思与黑格尔的本质差异

为什么黑格尔与国民经济学不谋而合？为什么黑格尔的劳动辩证法归根结底只是国民经济学在哲学上的重复和确证？马克思何以超越了他们？我们认为，这源于马克思与黑格尔（劳动）辩证法的根本性差异。伊波利特（Jean Hyppolite）曾说过："不了解《精神现象学》的人就不可能理解《资本论》，因为《资本论》与《精神现象学》酷似酷肖。"② 黑格尔与马克思在（劳动）辩证法问题上的关系，学界的争论点有二：一是跟在列宁后面亦步亦趋，认为《资本论》继承了《精神现象学》的逻辑方法（辩证法）。《精神现象学》只是作为逻辑学在主观精神方面的应用。二是马克思受到了《精神现象学》中的劳动辩证法或否定性辩证法的影响。从《资本论》的逻辑看，前一种更合理；从《1844 年经济学哲学手稿》看，后者更有说服力，因为马克思白纸黑字对《精神现象学》"主人和奴隶"节做了摘抄和笔记。那么这到底怎么回事呢？我们认为，这两种观点本身并无矛盾，马克思实则是同时继承了黑格尔（劳动）辩证法的这两个方面，即在《资本论》的逻辑叙述方面吸收了黑格尔的"不断否定自身"的表述逻辑，但马克思同样复活和发挥了的正是前者哲学体系中所包含的"否定性辩证法"，置于劳动中就表现为对劳

---

① ［德］卡尔·洛维特：《从黑格尔到尼采：19 世纪思维中心革命性决裂》，李秋零译，生活·读书·新知三联书店 2006 年版，第 372 页。

② 张世英主编：《新黑格尔主义论著选辑》下卷，商务印书馆 2003 年版，第 457 页。

动的内在否定性和革命性的揭示。既然马克思哲学的这两个合理因素都来自黑格尔，那么如何理解他们的劳动辩证法思想之间的根本差异呢？

首先，马克思在《黑格尔现象学的结构》中再次分析了黑格尔辩证法的四个过程：（1）自我意识代替人，结果就表现为"主客二分"。（2）因为黑格尔将实体看作自我意识内部的差别，现实事物之间的差别就居其次。所以，黑格尔只能在思辨范围内帮助我们把握事物的实质差别。（3）扬弃了对象性就等于扬弃了异化。（4）"你扬弃想象中的对象、作为意识对象的对象，就等于真正的对象的扬弃，等于和思维有差别的感性的行动、实践以及现实的活动。"①

第二条实际上指出了马克思与黑格尔"改变世界"的实践方式的质的差异。黑格尔扬弃现实的"异化"是通过扬弃"对象性"完成的，也就是从对象又返回自身（自我意识）而获得扬弃过程的完成。这在第四条中更是再明显不过。马克思这里的"你"指的是按照黑格尔路子走下来的"你"，将扬弃了"想象中的对象"即"意识的对象"当作真正对象的扬弃。这里的"真正"就是与"意识"和"思维"相对的"感性的行动、实践"和"现实的活动"。马克思抓住了黑格尔《精神现象学》的最大弊病，即对劳动异化的扬弃是通过"意识""思维"或"精神"活动来完成的，而不是现实的运动。相反，马克思认为是现实中感性的对抗、冲突和矛盾最终导致"异化"的扬弃和"新"形态（劳动形态、社会形态等）的"复归"。这种复归与黑格尔理性辩证法是异质的，黑格尔更加强调消解革命性和批判性的"包含否定的肯定"，而马克思感性辩证法的本质是"包含肯定的否定"，这与黑格尔完全颠倒过来了。

其次，在《神圣家族》的"'观点'的被揭露了的秘密"这一节中可发现隐藏在其中的是马克思与黑格尔辩证方法相"颠倒"的秘密。黑格尔的历史观将历史活动着的群众与经验的活动和利益只是看作寓于其中的"观念"。因为黑格尔把现实的和客观的"链条"变为只是观念地和主观地存在着的"链条"，"因而也就把一切外部的感性的斗争都变成了纯粹观念的斗争"②。

---

① 《马克思恩格斯全集》第 42 卷，人民出版社 1979 年版，第 237 页。
② 《马克思恩格斯全集》第 2 卷，人民出版社 1957 年版，第 105 页。

但马克思指出："群众的这种自我异化的实际后果既然以外在的方式存在于现实世界中，所以群众也就不得不以外在的方式和这种后果进行斗争。"① 群众并不是将这些与自己相异化的产物看作观念的幻影，而是看作真实的、现实的和感性的斗争。

马克思认为，"在黑格尔的'现象学'中，人类自我意识的各种异化形式所具有的物质的、感觉的、实物的基础被置之不理，而全部破坏性工作的结果就是最保守的哲学"②。黑格尔在头脑里消除一切界限，将世界头足颠倒，而现实中的感性的矛盾、对抗和斗争却仍然继续存在着。自我意识在黑格尔这里成了"无所不包的实在"，而其他所有有限性的东西都必然是应当和必将被扬弃的界限，由此而匆匆看了"有限事物"和"感性世界"一眼，便很快在头脑里完成了对这种充满着对抗和矛盾的现实世界的扬弃。

概言之，马克思认为应当着眼于研究经验之中的感性矛盾和斗争，着眼于现实中的"自我否定"的运动过程，而不是像黑格尔一样以"自我意识"的人代替现实的人。黑格尔着眼于包含在否定劳动中的肯定（否定之否定），马克思强调包含肯定（否定之否定）的否定劳动，即劳动的内在矛盾。黑格尔在劳动否定性的革命性究竟是如何展开这件事上打了哑谜，马克思所要做的就是解谜。前者是理性辩证法，后者是感性辩证法。这既是马克思与黑格尔劳动辩证法的本质差异，也是马克思对黑格尔劳动辩证法的真正颠倒。

马克思正是通过"感性辩证法"才揭示了劳动辩证法。这一"感性"并不是一般而言的认识论范畴，即感性认识。这一感性在马克思哲学中包含本体论的性质，"说一个东西是感性的即现实的，是说它是感觉的对象，是感性的对象，也就是说在自身之外有感性的对象，有自己的感性的对象"③。当然这一感性本体论的发现要归功于费尔巴哈。在费尔巴哈那里，感性具有无可辩驳的实在性和优先性的地位，"感性存在乃是真正的、最终的、甚至是不可（也不必）追问的实在"④，即感性是前逻辑、前思维和前概念的。而黑格尔

① 《马克思恩格斯全集》第 2 卷，人民出版社 1957 年版，第 104 页。
② 《马克思恩格斯全集》第 2 卷，人民出版社 1957 年版，第 244 页。
③ ［德］马克思：《1844 年经济学哲学手稿》，人民出版社 2014 年版，第 104 页。
④ 吴晓明：《马克思早期思想的逻辑发展》，上海人民出版社 2016 年版，第 170 页。

的理性辩证法恰恰正是逻辑的、思维的和概念的辩证法，它是一个自洽的系统，马克思的感性辩证法所揭示的正是人类社会历史的内在的感性对抗和斗争，因而是不自洽的。

马克思通过对黑格尔理性辩证法学说的批判和颠倒，揭示了与其异质的感性辩证法，即"人的感性存在之自我异化及其扬弃"①，其核心是揭示人在感性活动中形成和发展起来的对抗、冲突和斗争。马克思的感性辩证法阐述的是"内在的否定"过程，即感性的对抗。给出这一方法的是《1844 年经济学哲学手稿》和《德意志意识形态》，而首次运用这一方法论的是《哲学的贫困》和《共产党宣言》，后者正揭示了一部人类社会史就是一部阶级斗争史。与马克思相反，黑格尔的"否定辩证法"正好被理性的自洽性所淹没，只有感性辩证法才能有效利用"否定"这一原则。一言以蔽之，感性辩证法为马克思的劳动辩证法学说提供了方法论基础。

综上所述，本章回答了这样一个问题，即黑格尔的劳动辩证法为什么从耶拿时期的激进走向晚年的保守，其作为"否定性的辩证法"之批判和革命的本质为何没有被真正发展出来？辩证法的"否定"性质在黑格尔的哲学体系中是作为"不断否定自身的哲学体系"，其承担着推动整个概念的逻辑不断发展的使命。在黑格尔哲学中，这种被马克思赞扬的否定性辩证法表现为"将人的自我产生看作一个过程"，将现实的人理解为自己劳动的结果，这就是"抓住了劳动的本质"。但它的"推动原则和创造原则"却在"逻辑哲学""自然哲学"以及"精神哲学"所构成的封闭体系中硬生生地窒息了。

因此，马克思对黑格尔的劳动辩证法学说给予了严厉的批评。一是揭示了黑格尔理性辩证法的内在运动机制，即否定性的辩证法表现为"克服意识的对象的八个运动过程"，它以"自我意识"为起点和终点。因此，对于历史运动的描述就成为抽象、逻辑和思辨的表达。二是批判了黑格尔的"抽象的精神劳动"，即作为"无对象性存在的纯粹主体"的劳动，也就是"精神主体"将现实事物对象化，在现代社会表现为抽象劳动对具体劳动的先验设置与预先决定。这体现了黑格尔的"国民经济学的立场"，并在《法哲学原理》

---

① 王德峰：《马克思的历史批判方法》，《哲学研究》2013 年第 9 期。

中完全表现出来了，即"抽象劳动"作为私有财产的主体本质的哲学确认。最后黑格尔的劳动辩证法只能走向唯心主义和保守主义，也必将窒息辩证法的批判性和革命性。

在批判中彰显了黑格尔与马克思劳动辩证法思想的方法论差异，即前者是追求"否定之否定"之自洽性的理性辩证法，后者是揭示"包含肯定的否定性和内在对抗性"的感性辩证法。马克思通过感性辩证法揭示出劳动的内在矛盾及其一般运动形式，从而完成了对黑格尔劳动辩证法的真正颠倒。这一工作启蒙于《1844年经济学哲学手稿》，完成于《资本论》。

第六章　马克思劳动辩证法的总体性阐释[*]

马克思在继承黑格尔劳动辩证法思想中积极因素的同时，也全面揭示出其唯心主义和保守主义性质。正是在继承和批判黑格尔劳动辩证法思想的基础之上，马克思才形成了自己的劳动辩证法理论。虽然马克思没有明确提出这一概念，但从其思想史看，这一理论体系不仅包括对劳动作为人的感性的对象性活动的存在论建构，而且体现在马克思对现代劳动的政治经济学批判维度的揭示。马克思在《1844年经济学哲学手稿》中所发起的存在论革命为劳动辩证法学说奠定了存在论基础即"感性的对象性活动"，这种活动既是千差万别和充满个性的感性活动，也是对人的本质力量的一种展现。感性劳动在现代社会的自我指涉是通过资本主义的雇佣劳动形式实现的，这也是马克思政治经济学批判的两个基本建构，即劳动二重性理论和劳动力商品理论。这两个建构为劳动辩证法学说奠定了理论基础。所谓劳动辩证法，就是探讨这种普遍生存状态的辩证本性，即现代劳动的本质特征和内在矛盾以及在现代社会所表现出的一般运动形式和运行机制。马克思要揭示的正是劳动的存在论维度在资本主义社会的异化及其自我否定运动，主要表现在劳动的异化、资本主义生产过程中"资本—劳动"的对抗关系及其扬弃过程。

第一节　马克思劳动概念的"出场"与"在场"

如要准确把握马克思劳动辩证法的理论内涵，必须探讨清楚劳动概念在马克

---

* 本章主要内容已发表。参见何云峰、王绍梁《马克思劳动概念的两重维度及其辩证关系——兼析〈资本论〉中劳动辩证法的革命意义》，《马克思主义与现实》2019年第2期；何云峰、王绍梁《马克思劳动辩证法的新解读——"资本—劳动"权力关系的起源与变革》，《武汉大学学报》（哲学社会科学版）2019年第6期。

思哲学中具有的多重意蕴。但当前理论界对这一问题存在一些共性的误解：一是仅从经济学层面理解马克思的劳动概念和劳动二重性理论，而没有看到劳动的存在论维度展现的是人之为人的本质性力量，从而无法融贯地解释具体劳动和抽象劳动的哲学内涵；二是从阿尔都塞的"总问题"出发，殊途同归地将马克思的"异化劳动"理论理解为青年不成熟时期的"人本学预设"，或是割裂地将劳动的异化现象作为理论工具对现实进行人道主义的批判。以上对马克思劳动概念的两种解读都是错误和狭隘的，其既不能科学解释马克思早年的异化劳动和晚年的劳动理论之间的内在统一性，更不能深入揭示这一内在统一性暗含的重大理论意义。马克思的劳动辩证法揭示了现代劳动的内在矛盾和对抗关系，即创造价值的抽象劳动在现代社会生活中异化为主体反过来支配和统治现代人的具体的感性劳动。因此，唯有从哲学存在论与政治经济学批判的双重维度对马克思劳动概念进行总体性审视，才能更有效地激活马克思劳动辩证法的批判价值。

（一）作为存在论维度出场的劳动是感性的对象性活动

马克思对劳动存在论维度的发现经历了一个艰苦漫长的思想转变过程。在探讨异化劳动问题之前，马克思的研究视域经历了从宗教领域向政治领域，再向经济领域的批判转向。他在《论犹太人问题》中直接指出，要解决犹太人和德国的解放问题，不是像鲍威尔等人简单地将宗教与人和国家分离就能完成，而应该将视野放至不同的政治条件中去考虑。比如政治解放已经完成了的北美，"宗教不仅仅存在，而且是生气勃勃的、富有生命力的存在"①。所以宗教问题实则是一个纯粹的世俗问题，而它的核心就是金钱②。尽管在市民社会与政治国家分离之后，等级制度的桎梏得以打破，但是马克思的慧眼看到了封建等级被取缔之后人与人之间所孕育的新的不平等——金钱（即资本的物化）。因此，大多数人又陷入双重的生活之中——尘世的生活和天国的生活。在这种不平等关系的支配下，社会形成了两大阶级，即资产阶级和无

---

① 《马克思恩格斯文集》第 1 卷，人民出版社 2009 年版，第 27 页。
② "金钱异化"思想是马克思的一个突破，它与劳动异化概念的提出有着直接的发生学关系。马克思对金钱的关注一是源自犹太人与钱的历史关系；二是与赫斯的《行动的哲学》和《金钱的本质》中的思想有关联。（参见侯才《青年黑格尔派与马克思早期思想的发展：对马克思哲学本质的一种历史透视》，中国社会科学出版社 1994 年版，第 147—177 页）

产阶级。在发现最伟大和最具革命性的力量即无产阶级后，政治经济学批判维度的劳动主体第一次进入马克思的哲学视野。青年马克思批判视域的这种转向有着耐人寻味的内在逻辑。可以说，从宗教、政治到经济（劳动）领域的深入，实质上是 1843 年马克思对政治国家决定市民社会的颠倒的理论完成，同时这也是政治经济学批判的开始。市民社会和家庭、世俗的宗教、政治解放，这些问题本质上都是马克思对人类存在方式的一种反思与批判，所要追问的是导致现实异化的根源是什么？1844 年，马克思在"劳动"之中找到了答案。

在第一章中，我们阐明了马克思关于劳动的存在论维度的发现有赖于其在《1844 年经济学哲学手稿》中对整个西方形而上学发起的存在论革命。这一存在论革命形成的成果就是"感性的对象性活动"。从《1844 年经济学哲学手稿》《关于费尔巴哈的提纲》以及《德意志意识形态》等文本可以窥见，马克思始终在"感性活动"或"对象性活动"之间相互交叉着使用，而从现有研究来看，有的学者使用前者，有的倾向后者，有的认为二者表达的是同一个意思。我们兼并两者的使用，命名为"感性的对象性活动"，而劳动就人的存在方式而言毋宁说其是"感性的对象性活动"的现代表达。我们之所以认为将两者耦合是必要的，是因为尽管两者都是马克思分别使用过的，但是：第一，对象性活动虽然区别了对马克思劳动、实践、生产等概念的主客二分理解的西方形而上学传统，但很容易忽视和遮蔽马克思学说的感性特征和本质；第二，同样感性活动尽管尤其突出了马克思学说的"感性"维度，但又在概念上很难将马克思的感性和费尔巴哈的感性区别开来。由此可见，"感性的对象性活动"最能完整表达马克思劳动辩证法学说的存在论内涵。

但从思想来源考据，"感性的对象性活动"原则的确立是马克思对黑格尔哲学与费尔巴哈哲学的扬弃成果之一。黑格尔的"主奴关系"[1] 蕴含了对象性的思想，而这一思想同样体现在劳动中，即"劳动陶冶事物"[2]。马克思在这里主要承袭了黑格尔的两个思想：其一，奴隶与主人关系的逆转使得奴隶

---

[1] 黑格尔在《精神现象学》的"自我意识阶段"中以主人和奴隶的关系隐喻独立的意识与依赖的意识。主人改造和获取物必须通过奴隶的中介，恰在这一过程中，主奴的依赖关系发生了逆转。

[2] ［德］黑格尔：《精神现象学》上卷，贺麟、王玖兴译，上海人民出版社 2013 年版，第 189 页。

有可能获得自我意识。这也是德国古典哲学"返回自身"的思想传统,所以《1844 年经济学哲学手稿》中出现了马克思自由劳动复归的思想。其二,奴隶在劳动中获得的自由意识源于人对对象性关系的自觉。马克思认为,动物与其生命活动是同一的,而"人则使自己的生命活动本身变成自己意志的和自己意识的对象"①。

　　费尔巴哈对黑格尔哲学的颠倒,发现了感性、对象性和现实性的原则。他认为:"只有感性的事物才是绝对明确的;只有在感性开始的地方,一切怀疑和争论才停止。"② 费尔巴哈从"对象性"独辟蹊径,批判了黑格尔的绝对主体思想,其第一个原则就是"没有了对象,人就成了无"③。马克思承用了费尔巴哈关于"类"的思想,即人所特有的对象性意识。"只有将自己的类、自己的本质性当作对象的那种生物,才具有最严格意义上的意识。"④ 类本质在费尔巴哈那里是友谊和爱,在马克思这里,是自由自觉的活动。费尔巴哈的贡献在于将感性世界与超感性世界的对立颠倒过来,并确证了感性的优先性,"他扬弃了无限的东西,设定了现实的、感性的、实在的、有限的、特殊的东西"⑤。

　　但马克思不是简单重复黑格尔和费尔巴哈的哲学思想,而是在对两者思想扬弃的基础上实现了自己的方法论以及哲学存在论的变革。"劳动"概念在《1844 年经济学哲学手稿》中,主要以三种方式呈现:异化劳动、外化劳动与感性的对象性活动。其中,外化劳动与异化劳动基本上是同义语。⑥ 异化是此时马克思批判生产领域的奠基性概念,因此停留于费尔巴哈人本主义"总问题"批判马克思的劳动概念是远远不够的。我们认为,应该回到哲学的存在论层面讨论劳动的本体问题。马克思哲学革命的意义在于发现了人的实践

---

① ［德］马克思:《1844 年经济学哲学手稿》,人民出版社 2014 年版,第 53 页。
② 《费尔巴哈哲学著作选集》上卷,荣震华、李金山等译,商务印书馆 1984 年版,第 170 页。
③ 《费尔巴哈哲学著作选集》下卷,荣震华、王太庆、刘磊译,商务印书馆 1984 年版,第 29 页。
④ 《费尔巴哈哲学著作选集》下卷,荣震华、王太庆、刘磊译,商务印书馆 1984 年版,第 26 页。
⑤ ［德］马克思:《1844 年经济学哲学手稿》,人民出版社 2014 年版,第 93 页。
⑥ 从词源上分析,Entäußerung(外化)和 Entfremdung(异化)的含义是有差别的。《1844 年经济学哲学手稿》对两者的用法并不是很明确。2014 年的单行本中有注释:"但他有时赋予'EntäußerunG'另一种意义,例如,用于表示交换活动,从一种状态向另一种状态转化,就是说,用于表示那些并不意味着敌对性和异己性的关系的经济现象和社会现象。"(［德］马克思:《1844 年经济学哲学手稿》,人民出版社 2014 年版,第 305 页)"外化"在费尔巴哈那里与对象化联系在一起,在黑格尔的哲学体系中表示"绝对精神"在现实世界中的实现过程。

活动即感性活动的对象性原则。黑格尔的对象性思想和劳动仍囿于绝对精神外化的自我意识的确证，他的对象性活动属于理性的活动。他不是从人的"感性的活动"之中理解人，而是把人淹没在了绝对精神的思辨体系中，最终走向了绝对主体。因为"黑格尔从异化出发（在逻辑上就是从无限的东西、抽象的普遍性的东西出发），从实体出发，从绝对的和不变的抽象出发"①。

所以，马克思大加赞赏费尔巴哈克服和超越了黑格尔——发现了感性的和现实性的原则。但遗憾的是费尔巴哈的颠倒实则让自己翻了一个跟头，"他重新扬弃了肯定的东西，重新恢复了抽象、无限的东西"②。肯定的东西指的就是感性和现实的东西。这里涉及如何理解"现实性"的问题。在黑格尔之前，现实性以及真实性只存在于超感性世界之中。而黑格尔认为，"现实是本质与存在的统一；无形态的本质和无休止的现象"③，也就是超感性与感性的统一。但在他那里，外部感性世界仍然是绝对精神的外化，因此费尔巴哈对黑格尔哲学作了一个再颠倒，回到理性的绝对对立面——感性。但是就像卢卡奇所评价的："费尔巴哈的黑格尔批判的片面性，主要在于这位重要思想家只就其哲学上的最后结论分析批判了黑格尔的外化，至于从实际中引申出这个概念来并在黑格尔哲学里矛盾百出地反映了自身的那个发展过程，至于在黑格尔的外化里经济学与哲学的密切关联，费尔巴哈一点也不知道。"④尽管费尔巴哈肯定了感性的优先性，也同样将对象性原则应用于宗教的批判，但他没有将人的感性与动物的感性从原则的高度区别开来，更没有将感性活动与对象性活动耦合起来⑤，所以无法将主客体有机地统一起来。这就意味着费尔巴哈看不到人类活动的历史维度，最后在历史观上重新陷入了唯心主义。

马克思的"感性的对象性活动"实现了对黑格尔的理性活动和费尔巴哈纯粹感性的双重扬弃，其存在论内涵是人作为对象性的存在物在感性的对象世界中肯定和确证自己的本质力量。仅就感性和对象性这一原则而言，既不

---

①　[德]马克思：《1844年经济学哲学手稿》，人民出版社2014年版，第93页。

②　[德]马克思：《1844年经济学哲学手稿》，人民出版社2014年版，第93页。

③　[德]黑格尔：《逻辑学》下卷，杨一之译，商务印书馆2017年版，第177页。

④　[匈]卢卡奇：《青年黑格尔（选译）》，王玖兴译，商务印书馆1963年版，第116页。

⑤　一是费尔巴哈停留在饮食、男女等的直观层面而没有深入人类实践活动中理解人的感性；二是只是从客体而没有从主体方面将对象理解为为感官而存在、外在直观的对象。

是马克思的原创，也不是黑格尔劳动辩证法中的主要原则，而是费尔巴哈所实现的半途而废的哲学革命之伟大成果。那么，在马克思那里还剩下什么东西能够根本区别二者的关系呢？这就是"活动"原则。感性的对象性"活动"是马克思哲学革命的秘密发生地，这尤其表现在《关于费尔巴哈的提纲》对旧唯物主义的批判，即费尔巴哈"对对象、现实、感性，只是从客体的或者直观的形式去理解，而不是把它们当做感性的人的活动，当做实践去理解，不是从主体方面去理解"①。毫无疑问，马克思接受了费尔巴哈的感性原则，他首先承认外在于人的感性事物对于主体的受动性，承认"人作为对象性的、感性的存在物，是一个受动的存在物"②。但马克思在承认感性受动性的先在性之外，更加突出作为感性的存在物的能动性。人作为有生命的自然存在物，"具有自然力、生命力，是能动的自然存在物；这些力量作为天赋和才能、作为欲望存在于人身上"③。这种原则性的区分在"十一条提纲"中就更不用多说了。那么，如何体现人这一"受动"和"能动"的双重性呢？这就是马克思"活动"原则的应用及其对费尔巴哈的超越。

马克思从生产、生活和劳动理解作为类存在物的人，他认为正是在人对对象世界的改造过程中，人才证明其为类存在物。在马克思这里，生产、生活和劳动都不只是感性的和对象性的，更是一种"活动"原则的体现。因此，生产、生活和劳动都充分体现了人的能动性。这表现在人的"活动"不仅是一种生命生活的创造，也是对象世界的改造即人化的自然。"正因为这种创造活动乃是感性对象性的，所以它还是真正现实的、实际地改变对象世界的活动。"④ 只有在这个意义上，马克思才以对象性与现实性真实地超越了费尔巴哈那种"感性直观""对象性静止"（非历史性），才有可能使得"感性的对象性活动"进入人类社会生活的实际生成过程之中，才会有"历史性"原则。有趣的是，对象性、活动原则在黑格尔那里也是存在的，因此历史原则也是有的，唯独缺少的又是现实生活中的人的感性原则。

---

① 《马克思恩格斯文集》第 1 卷，人民出版社 2009 年版，第 499 页。
② ［德］马克思：《1844 年经济学哲学手稿》，人民出版社 2014 年版，第 104 页。
③ ［德］马克思：《1844 年经济学哲学手稿》，人民出版社 2014 年版，第 103 页。
④ 吴晓明：《马克思早期思想的逻辑发展》，上海人民出版社 2016 年版，第 299 页。

　　只有感性、对象性和活动原则三者统一，才能告别黑格尔的"纯粹活动"，让历史性落归大地，更能让费尔巴哈的"人"从"动物世界"回到"属人的世界"。马克思明确说："人通过自己的外化把自己现实的、对象性的本质力量设定为异己的对象时，设定并不是主体；它是对象性的本质力量的主体性，因此这些本质力量的活动也必定是对象性的活动。"① 劳动是人的对象性活动的一部分，劳动者需要在劳动世界中确证和肯定自己，由此也才能理解"工业"如何作为打开人的本质力量的书，才能理解劳动何以能够作为马克思哲学的核心概念之一。因此，这里的"劳动"概念，既不是从费尔巴哈那里直接"拿来的"（也没有），也无法与黑格尔那里的劳动（抽象的精神劳动）相提并论，而是马克思在深入研究国民经济学之后，它才作为哲学概念进入其视野。按照马克思的批判性意见，黑格尔和国民经济学家的立场是一致的，国民经济学家看不到私有财产之外的人，"它没有给劳动提供任何东西，而是给私有财产提供了一切"②。这就说明，马克思仍然不是对国民经济学拿来主义式的简单接受，而是批判资本主义社会中劳动的被异化，而异化劳动实则是国民经济学家所辩护的私有财产的主体本质。

　　马尔库塞曾在《历史唯物主义的基础》中也认识到"感性"与"对象性"的"活动"的存在论意义，"这里所讲的'感性'是用以解释人的本质的一个本体论概念"③，并认为"在马克思那里，也明显地具有回复到感性去的同样的倾向。这种倾向把人理解成由需求所决定的，认为人凭借自身中存在的感性依赖于先定的对象性"④。第一章提到过，马尔库塞概括了马克思劳动本体论的三个公式："'劳动是人在外化范围内或者作为外化了的人的自为的生成'，劳动是人的'自我创造、自我对象化的运动'，劳动是'生命活动本身，生产活动本身'。"⑤ 但他的错误在于将马克思与黑格尔的劳动概念所

　　① ［德］马克思：《1844 年经济学哲学手稿》，人民出版社 2014 年版，第 102 页。
　　② ［德］马克思：《1844 年经济学哲学手稿》，人民出版社 2014 年版，第 57 页。
　　③ 复旦大学哲学系现代西方哲学研究室编译：《西方学者论〈一八四四年经济学—哲学手稿〉》，复旦大学出版社 1983 年版，第 111 页。
　　④ 复旦大学哲学系现代西方哲学研究室编译：《西方学者论〈一八四四年经济学—哲学手稿〉》，复旦大学出版社 1983 年版，第 112 页。
　　⑤ 复旦大学哲学系现代西方哲学研究室编译：《西方学者论〈一八四四年经济学—哲学手稿〉》，复旦大学出版社 1983 年版，第 103—104 页。

具有的存在论色彩等同起来。实际上，马克思已经在一定意义上超越了费尔巴哈和黑格尔，即劳动概念的存在论根基是"感性""对象性"与"活动"原则的耦合。需要指出的是，这三个概念的耦合性和范式性的哲学表达就是"实践"，所以人类的全部社会生活在本质上都是实践的。实践概念再往前进一步，就发展为历史唯物主义的"生产"概念。

基于此，有学者认为只有从马克思"劳动"的"三位一体"才能真正把握其本质，即：劳动的（感性）对象性活动原则；资本主义社会作为私有财产的主体本质的异化劳动；私有财产的积极扬弃和劳动异化形式的消除。① 在某种意义上，劳动的"三位一体"所表达的正是马克思劳动概念的两重维度及其辩证关系，亦即"劳动辩证法"。不难理解，与存在论维度复调而在场的另一个维度就是政治经济学批判视域下创造价值的"雇佣劳动"。

（二）作为创造价值维度在场的劳动是政治经济学批判的"雇佣劳动"

马克思从"哲学—政治经济学批判"的高度剖析了雇佣制度下资本与劳动的关系，从而科学地批判了资本主义制度及其生产方式下劳动对人的奴役、束缚和压迫以及资本对劳动的支配和统治。这一维度启蒙于《1844 年经济学哲学手稿》中对私有财产的批判，完成于《资本论》及其手稿对剩余价值规律的发现。

在《1844 年经济学哲学手稿》中，马克思主要是从哲学层面批判了资本主义社会的异化劳动对人的精神和身体的摧残。随着阶级的简单化，劳动的内在对抗以及对人的否定形式也变得简单粗暴了。这一点主要体现在"异化劳动"的四个规定中：（1）劳动产品的异化；（2）劳动本身的异化；（3）人的类本质的异化；（4）人与人关系的异化。② 他在"异化劳动和私有财产"部分的一开始就说明了批判的目的和意义："国民经济学从私有财产的事实出发。它没有给我们说明这个事实。"③ 劳动为什么不幸福？他把矛头指向了国民经济学未作澄清的前提——私有财产。马克思认为："尽管私有财产表现为外化劳动的根据和原因，但确切地说，它是外化劳动的后果，……后来，这

---

① 参见吴晓明《马克思早期思想的逻辑发展》，上海人民出版社 2016 年版，第 321 页。
② 参见［德］马克思《1844 年经济学哲学手稿》，人民出版社 2014 年版，第 47—54 页。
③ ［德］马克思：《1844 年经济学哲学手稿》，人民出版社 2014 年版，第 46 页。

种关系就变成相互作用的关系。"① 在人类社会早期，外化劳动作为人的对象化劳动生产着物的世界的同时也生产着自身，包括身体和精神，正是这种外化劳动的发展而萌生出了私有财产的"感性意识"②。感性意识与纯粹意识不同，它是属人的意识，是"在人们的'现实生活过程'中的'意识'，绝不是纯粹的，亦即，不是可以在存在论上被设置为主体的东西，它是与人们的现实生活过程交织在一起的，亦即，是在人的感性活动中的意识"③。这种"意识"是实践（外化劳动）的结果，而不是作为前提或者纯粹理性而存在的，因此它是前理性和前逻辑的。随着私有制的发展，这种本是创造性的活动逐渐沦为异化劳动。马克思之所以强调劳动与私有财产的先后关系，在于马克思对国民经济学前提的批判，即私有制的非批判性。私有财产是否具有永恒性？国民经济学的系列规律——工资、利润、竞争、分工、交换等——又是如何从私有制中产生出来的？这本是应该阐明的理论前提，国民经济学却将它作为无须阐明的事实加以应用。尽管这种从劳动对人的否定性质以及应然与现实的对立出发的批判范式，在某种意义上仍然带有非本质性的道德批判色彩，但是，这种"前提批判"一直延续到了马克思晚年的人类学研究。

劳动与私有财产（资本）的真实关系在《资本论》中得到了科学地、系统地、全面地揭示和批判。马克思在《资本论》第一卷"绝对剩余价值的生产"章的开篇对劳动下了一个简要定义："劳动力的使用就是劳动本身。劳动力的买者消费劳动力，就是叫劳动力的卖者劳动。"④ 这里的劳动指的是劳动的动态形式，即劳动过程。马克思这一不符合词义解释学规范的解释，恰恰构成了整个政治经济学批判的理论基础，即将"劳动"进一步聚焦为在资本主义雇佣劳动制度下对劳资的权力关系界定：劳动者与资本家即雇佣劳动主的相互依存，前者被后者支配、统治和剥削的关系。那么，这种显性维度的雇佣劳动是如何在场以及始终在场的呢？这就是《资本论》关于劳动的两个政治经济学批判建构，即劳动二重性和劳动力商品理论的完成，前者奠定了劳动辩证法（抽象劳动对

① ［德］马克思：《1844 年经济学哲学手稿》，人民出版社 2014 年版，第 57 页。
② ［德］马克思：《1844 年经济学哲学手稿》，人民出版社 2014 年版，第 97 页。
③ 王德峰：《论马克思的感性意识概念》，《云南大学学报》（社会科学版）2016 年第 5 期。
④ ［德］马克思：《资本论》第 1 卷，人民出版社 2004 年版，第 207 页。

具体劳动的支配和统治）的"否定"前提，即抽象劳动成为现代社会生活和生产的主体，并将具体的感性劳动降格为资本增殖的质料和环节；后者为马克思发现剩余价值规律奠定了"否定之否定"完成的科学基础，即抽象劳动支配具体劳动之现象学背后的"本质维度"：剩余价值的生产和剥削。

第一，劳动二重性理论不仅是马克思对资本主义生产机制批判学说的理论基石，而且是理解资本主义社会全部事实的枢纽。所谓劳动二重性即具体劳动和抽象劳动，具体劳动作为有用劳动创造商品的使用价值，抽象劳动作为人类的一般劳动创造商品的交换价值。前者是不可通约的质，后者是可通约的量。从商品的二重性中推论出劳动的二重性，这是马克思超越古典政治经济学的理论根基，正因如此，在他们那里"不能解释的现象"也就获得了可理解性。在古典政治经济学那里，诚然提出了诸如"土地是财富之母，劳动是财富之父"（配第语）的劳动价值理论，但在具体的分析上又表现出其理论的矛盾性：一方面将财富（价值）归结为某种具体劳动（如农业劳动或开采金银的劳动等），另一方面又以（直接）劳动的时间作为衡量价值的尺度。在这种含糊中，也包含着真理的认识，即劳动二重性的无意识区分。在《政治经济学批判。第一分册》中，马克思将此评价为："古典政治经济学一个半世纪以上的研究得出的批判性的最后成果。"① 对人类的一般劳动（社会的抽象劳动力在生理学意义上的耗费）和具体劳动（特殊的有一定目的的形式上的耗费）进行原则性区分的是马克思。劳动既是价值的源泉，又何以成为价值的标准？为什么马克思说亚里士多德"缺乏价值概念"②。价值概念实质上是抽象劳动在经济学中的形而上学表达，同时也是打开古典政治经济学黑箱和马克思哲学秘密的唯一钥匙。马克思的劳动概念始终存在着内在的对偶构型（抽象劳动与具体劳动），但将抽象劳动或劳动一般从劳动理论的混沌状态抽离出来并对其进行历史唯物主义的批判，才是整部《资本论》的枢纽。这

---

① 《马克思恩格斯全集》第 31 卷，人民出版社 1998 年版，第 445 页。

② 马克思在《资本论》第一卷的第一章提到亚里士多德是最早对价值分析的哲学家，但同时正因为他"缺乏价值概念"才阻碍其作进一步分析。马克思所指的"缺乏的主体"并不是亚里士多德个人，而是亚里士多德时代，即古希腊既然不存在劳动的普遍化，也就不存在劳动一般，也就没有劳动一般所抽象出来的价值实体。

也是古典政治经济学家没有达到的高度，他们尽管把使用价值和交换价值区别开来了（斯密），但是仍然对价值和交换价值混淆不清（李嘉图）。人类一般劳动或抽象劳动，指的是劳动在社会意义上取得了普遍性质，这一普遍性质表现为可计算与可比较的特征，在既定条件下具有相对稳定性。这种"一般劳动"的生成，不仅成为价值实体"如其所是"和资本主义雇佣劳动得以存在的理论前提，同时它自身也存在着历史的前提。

第二，这个前提的前提就是"劳动力成为商品"。劳动力成为商品究竟意味着什么？可以这么说，劳动力成为商品是"雇佣劳动"得以持续在场的历史前提，同时也是资本主义整个机制运行的基础。在马克思的文本中，将劳动与劳动力加以原则性区分经历了一个理论自觉的过程。在《1844 年经济学哲学手稿》中批判"国民经济学抽象地把劳动看做物；劳动是商品"①。后来在《政治经济学批判大纲》《雇佣劳动与资本》以及《政治经济学批判（1861—1863 年手稿）》中交互使用"劳动"或"劳动能力"，直至《资本论》第 1 卷，"劳动力"才被确定为政治经济学批判的核心术语（"劳动力"概念是由恩格斯修改确定的）。由《资本论》的篇章结构可知，马克思先是分析了货币如何转化为资本以及两种不同的逻辑。一是为买而卖的"W—G—W′"循环逻辑，以使用价值为起点和终点；二是为卖而买的"G—W—G′"循环逻辑（资本逻辑），以交换价值为起点和终点。马克思把这个超过原价值的余额"△G"（G′=G+△G）叫作剩余价值（surplus value），也就是通常意义上的利润（profit）。这两个逻辑本身是包含着社会历史前提的，也就是说，资本逻辑是现代社会即以商品生产为核心的资本主义社会特有的产物。揭示资本逻辑的剩余价值规律是马克思的两大发现之一，但他在逻辑的推理中发现一个矛盾，即这个"△G"增量是从哪里来，以及何以得来？在这个基础上，马克思才提出了"劳动力的买和卖"②。劳动本身无价值，因为它是创造

①　［德］马克思：《1844 年经济学哲学手稿》，人民出版社 2014 年版，第 17 页。

②　把"劳动力的买和卖"置于"货币转化为资本"篇章的最后一节很清晰地表现出了马克思的黑格尔因素。也就是说，这一节是马克思"总公式的矛盾"中发展出来的必然性，是逻辑的内在展开。与黑格尔不同的是，马克思不是观念和精神的逻辑展开，相反是现实的社会内部矛盾的展开，即实在主体。正如列宁在《哲学笔记》中所说，"虽说马克思没有遗留下'逻辑'（大写字母的），但他遗留下《资本论》的逻辑"（《列宁全集》第 55 卷，人民出版社 1990 年版，第 290 页）。

价值的源泉，具有商品价值性质的是劳动力。劳动力成为商品本身是一个历史现象，自然包含着历史的前提，即劳动主体的双重自由："一方面，工人是自由人，能够把自己的劳动力当作自己的商品来支配，另一方面，他没有别的商品可以出卖，自由得一无所有，没有任何实现自己的劳动力所必需的东西。"①

这就解释了现代社会的雇佣劳动与以往如徭役劳动、奴隶劳动等的本质区别。在亚里士多德所处的奴隶社会，且不说奴隶在法律上本身是主人的所有物即"会说话的工具"（亚里士多德语），奴隶既没有完全的人身支配自由权利，连同自身也依附于主人，不存在"自由得一无所有"的情况。同样，这也是国民经济学家如斯密所没有达到的理论高度。斯密等人并没有将劳动力与劳动明确区分开来，马克思由此说："资本不仅像亚当·斯密所说的那样，是对劳动的支配权。按其本质来说，它是对无酬劳动的支配权。"② 在劳动力获得双重自由的基础上，它才能成为商品在市场上进行普遍的交换，并为资本家生产剩余价值。所以，如果劳动力不能成为商品，那么作为资本主义要素的雇佣劳动根本就不能获得社会性，进而也就不存在剩余价值的剥削这一现代社会特有的本质。

第一个历史条件是由政治解放完成的，即将劳动者从封建社会的人对人的依附关系之中解放出来，获得在法律意义上的人身自由支配权；第二个历史条件则是通过原始积累和意识形态完成的，也就是私有财产的获取和对私有制的意识形态确立，在"生产—劳动"中表现为生产资料的私有化。这两个条件共同决定了劳动的普遍化，即抽象劳动的出场。但是这种抽象劳动与具体劳动是如何展开斗争和内部对抗，并最终实现抽象劳动的统治地位的呢？也即是说，在黑格尔看到劳动异化现象的地方，马克思是怎样揭示这种"对抗"形态和"否定"机制的呢？这就是马克思劳动辩证法的真实内核。因此，要真正全面地理解马克思的劳动辩证法学说，就必须重新从分析《1844年经济学哲学手稿》中的异化劳动理论着手，从理论上审视马克思如何对劳动辩证法进行现象学呈现的，然后进一步深入研究《资本论》中抽象劳动与具体劳动的相互关系与内

---

① ［德］马克思：《资本论》第1卷，人民出版社2004年版，第197页。
② ［德］马克思：《资本论》第1卷，人民出版社2004年版，第611页。

在演绎过程，从而进一步厘定劳动辩证法的内在逻辑和规律。只有将这两个方面的考察相互结合，才能全面把握马克思的劳动辩证法思想。

第二节　重新阐释马克思的异化劳动理论

自 1932 年《1844 年经济学哲学手稿》全文公开问世以来，关于"手稿"及其"异化劳动"理论的研究可谓浩如烟海。在劳动辩证法这一主题上，"异化劳动"不是被表达为"不成熟时期"的道德批判和控诉，就是将其悬置在"人本学"预设的框架中说明异化劳动及其向自由劳动的过渡，是为劳动的辩证法。这些理解并非全是毫无意义的呻吟，但是随着社会现实的逐步展开和马克思学说研究的逐步深入，仅仅停留在这样的讨论中是远远不够的。

我们认为，需要重新设置阐释异化劳动学说的理论架构，这就是从"感性的对象性活动"的原则出发认识"劳动"，并重新理解异化劳动的存在论内涵，即抽象劳动（在《1844 年经济学哲学手稿》中主要表述为"私有财产"）对人的感性劳动的支配和统治的结果。以此原则为核心，马克思首先批判了国民经济学家对"劳动"理解中的二律背反，将"人的感性劳动"排除在国民经济学视野之外；从而提出了自己的异化劳动理论，对劳动辩证法展开了最初的现象学呈现；最后，马克思深入异化劳动与私有财产的关系中寻求异化劳动的历史根源和扬弃路径。

马克思在开篇序言中就说："我用不着向熟悉国民经济学的读者保证，我的结论是通过完全经验的、以对国民经济学进行认真的批判研究为基础的分析得出的。"[1] 与"乌托邦"的那些评论家只是用抽象空洞的词句批判现实不同，马克思采用了务实的做法，即从经验和国民经济学的批判着手说明和批判社会现实，而不是直接阐述自己的异化劳动理论。马克思在序言中就提出要展开"前提的批判"。这些前提不仅指"私有财产"，因为从文本结构可知，"异化劳动与私有财产"是笔记本 I 的最后部分，马克思却是先讨论了"工资""资本的利润"和"地租"等常见而基础的国民经济学概念。

国民经济学也讨论劳动，但马克思批判地揭示出在国民经济学家的概念中，

---

① ［德］马克思：《1844 年经济学哲学手稿》，人民出版社 2014 年版，第 3 页。

看不到经济学之外的"人",看不到工人的真实生活状况。"国民经济学不考察不劳动时的工人,不把工人作为人来考察,却把这种考察交给刑事司法、医生、宗教、统计表、政治和乞丐管理人去做。"① 也就是说,现实中活生生的"人"在国民经济学家那里被"工资""利润"和"地租"概念遮蔽了,马克思对这一遮蔽的批判体现在对上述三个概念的重新阐释中。在马克思看来,无论是工资、利润还是地租,都是现实中的人通过感性的敌对的斗争确定的。国民经济学家将"现实的劳动者"描述为"工资",而实质上"工资决定于资本家和工人之间的敌对的斗争"②,利润同样取决于资本"对劳动及其产品的支配权力"③,地租则是"通过租地农场主和土地所有者之间的斗争确定的"④。

在马克思看来,社会历史中通过人与人之间的残酷斗争得出的观念表达,在国民经济学家那里都用"概念"(工资、利润和地租)一以略之。也就是说,现实的斗争被国民经济学家有意无意遮蔽在"自洽性"的范畴之中了。这样,"劳动"在国民经济学家那里必定会发生原理内部的二律背反,即劳动的内在对抗和斗争在现象中的"呈现"(被建构)和国民经济学家"解释"(理论反映)的无能为力。因此,在马克思看来,支离破碎的现实不仅没有被这些概念所"推翻",相反是证实了国民经济学家的这些概念显现出的"支离破碎的原则"⑤。"劳动"的这种"二律背反"具体表现在五个方面:(1)一方面,按照国民经济学家"劳动是财富的源泉"的原理,劳动的全部结果应当属于劳动者,另一方面,按照工资的本质,劳动者从劳动之中所能获得的实际只是满足自身再生产(生存和繁殖)的最低限度;(2)一方面,因为国民经济学家承认资本是积累起来的劳动,所以一切都可以通过劳动购买,另一方面,在现实中劳动不仅不能购买一切产品,而且还必须出卖自己的劳动力;(3)一方面,国民经济学家的劳动价值论说明了劳动创造价值的主体地位,所以劳动者是这一主体地位的人格表现,另一方面,不劳而获者(封建时期的土地所有者

---

① [德]马克思:《1844年经济学哲学手稿》,人民出版社2014年版,第13页。
② [德]马克思:《1844年经济学哲学手稿》,人民出版社2014年版,第6页。
③ [德]马克思:《1844年经济学哲学手稿》,人民出版社2014年版,第19页。
④ [德]马克思:《1844年经济学哲学手稿》,人民出版社2014年版,第34页。
⑤ [德]马克思:《1844年经济学哲学手稿》,人民出版社2014年版,第72页。

和资本主义社会的资产阶级）却可以支配和统治劳而不获的劳动者；（4）一方面，劳动使得劳动产品获得唯一而稳定不变的价格，另一方面，劳动本身（劳动力）的价格却要受到各种因素的影响而总是处在偶然性的波动之中；（5）一方面，按照国民经济学家的立场，他们认为个人"特殊利益"与社会"普遍利益"之间的良善统一可以在现代劳动之中获得实现，另一方面，现实社会中个人与他人、个人与社会之间的利益冲突却每时每刻在上演着。①

以上这些悖论，都只不过是"国民经济学的劳动价值规律和工资规律的对立"②，这些对立必然集中表现出以上悖论现象。一言以蔽之，"悖论"的实质是劳动的内在对抗与斗争，即私有财产（死劳动或资本）支配、统治和预先设置具体的感性劳动，而劳动者也就必然遭到彻底的异化。

马克思认为，国民经济学家眼中的劳动本质上是"异化劳动"。马克思在"工资篇"提出了一个问题："把人类的最大部分归结为抽象劳动，这在人类发展中具有什么意义？"③ 从后面的批判来看，这一意义首先消极地体现在劳动的异化，"异化劳动"就是基于这样的经验观察和理论反思才被提出来的。

从马克思劳动辩证法的基本观点出发，"异化劳动"不仅不能被确认为向费尔巴哈"人本主义"的返回，而且应该被理解为劳动辩证法的现象学呈现，即抽象劳动支配和统治具体劳动的一种现象学批判，或者说异化劳动学说是一种"现象学的人学"④。这样，"异化劳动"的四个规定都是抽象劳动支配和规定劳动者的感性活动的四种表现，正是在抽象劳动获得社会生产的统治和主体地位之后，无论是人的劳动对象（产品）、劳动本身还是人的类本质和人与人的社会关系，它们确证人的感性生命和本质力量的积极面皆为生产价值的"抽象劳动"所遮蔽。由此出发，我们可以重新阐释这"四个规定"所包含的劳动辩证法思想。

马克思从"经济事实"出发追问了劳动产品之于人的本质关系是"感性

---

① 参见［德］马克思《1844年经济学哲学手稿》，人民出版社2014年版，第11—12页。

② 吴晓明：《马克思早期思想的逻辑发展》，上海出版社2016年版，第239页。

③ ［德］马克思：《1844年经济学哲学手稿》，人民出版社2014年版，第13页。

④ 王德峰：《论异化劳动学说对于历史唯物主义的奠基意义》，《复旦学报》（社会科学版）1999年第5期。

力量的对象化"。这个经济事实就是:"工人创造的商品越多,他就越变成廉价的商品。物的世界的增值同人的世界的贬值成正比。"① 马克思并没有设想一个与现实的人相对立的抽象的形而上学的"应然本质",而是从国民经济学家同样也看到的充满悖论的"经验"背后指认了私有财产的"感性特征"。马克思的确深受费尔巴哈感性本体论的启发,看到了"私有财产"经济范畴背后的感性存在,它是人的感性力量的对象化结果。同时,马克思也领会了私有财产的私人性质同人的感性类本质的"矛盾",这一感性范围内的矛盾就表现为"劳动者与劳动产品相异化"。这就是第一个规定所体现的"抽象劳动对具体劳动的支配和统治",即在劳动产品的感性存在上先行夺取占有权和支配权。"在国民经济的实际状况中,劳动的这种现实化表现为工人的非现实化,对象化表现为对象的丧失和被对象奴役,占有表现为异化、外化。"② 从中可知,劳动的异化状态并不只是"经济事实",而是劳动的"现象实情"。这之间的差别在于,前者总是用一系列理性的经济范畴遮蔽人的感性存在,如以"工人"遮蔽"劳动者",以"产品"或"商品"遮蔽劳动的对象化,以社会财富(资本、私有财产)遮蔽人和自然之间的原初关联。在马克思看来,劳动产品表明了人与自然的感性联系,但在现实中,"工人越是通过自己的劳动占有外部世界、感性自然界,他就越是在两个方面失去生活资料"③。一方面,感性的外部世界愈来愈不属于劳动者自己的对象,另一方面,感性的外部世界也愈来愈不给劳动者提供维持生存的生活资料。"劳动产品"的这些感性本质皆在雇佣劳动(被抽象劳动支配的具体劳动)中异化了。

第一个规定虽然表现出了马克思与费尔巴哈的思想关联(感性、对象化),但前者仅仅借用了后者的视域。正如马克思在《关于费尔巴哈的提纲》中所提示的,他并不是就"感性客体"理解人的劳动,而是从感性"活动"原则理解人的劳动及其异化。

马克思从劳动异化的第一个规定推出了第二个规定:劳动者同自己的劳动(生产活动)相异化。活动的原则,我们已进行了两个区分:一是与费尔

① [德]马克思:《1844年经济学哲学手稿》,人民出版社2014年版,第47页。
② [德]马克思:《1844年经济学哲学手稿》,人民出版社2014年版,第47页。
③ [德]马克思:《1844年经济学哲学手稿》,人民出版社2014年版,第48—49页。

巴哈的"感性直观"相反，马克思从感性活动出发理解劳动；二是这种感性活动区别于黑格尔的绝对精神外化的自我意识的"纯粹活动"。这一活动的现实化就是"劳动"或"生产活动"。生产活动之所以是人的感性活动，是因为它不是精神的观念活动，而是与自然相关联的打开人的本质力量之书的感性生命活动。马克思依然没有任何理性的先验设定，而是从劳动的对象化之感性存在的异化推论出劳动本身（具体的生产活动）的异化，"异化不仅表现在结果上，而且表现在生产行为中，表现在生产活动本身中"①。所以，马克思认为生产本身是表现人的能动性的外化，而"在劳动对象的异化中不过总结了劳动活动本身的异化、外化"②。在这里，马克思的确指认了感性的生产活动的本体论地位，只不过不是通过理性先验设定这种本体，而是从劳动对象（产品）的感性存在推论。这与黑格尔《精神现象学》中劳动辩证法之先验设定"自我意识"的思想具有本质的差别。抽象劳动对感性劳动的支配和奴役非常鲜明地体现在其中，劳动者不是在自己的感性劳动中肯定自己，相反所得到的是否定、折磨和摧残。劳动辩证法的这种"否定"性质使得现代人对劳动的态度就是"只要肉体的强制或其他强制一停止，人们就会像逃避瘟疫那样逃避劳动"③。比国民经济学家深刻的地方在于，马克思道出了这种感性劳动被支配和被奴役的结果，是将本作为人的本质力量展现的"感性活动"蜕化为与动物机能别无两样的非人性质。这是劳动对现代人依然具有的否定力量，这样的属人的生命活动就沦为了反生命的活动。

马克思从前两个感性的具体规定推向了第三个规定：人同自己的类本质相异化。这同样是至今为止广受非议和诟病的地方，甚至被看作是向费尔巴哈人本学的唯心主义返回。首先我们必须承认马克思在表述上沿用了费尔巴哈的"类"概念，但这不意味着在表述这一概念的思想内涵上与他等同。简单地说，费尔巴哈的"类"是意识的对象，由此说明人的社会存在；马克思则从生产活动出发，所以类存在就是社会存在。但在认识人的社会存在时，费尔巴哈又只能诉诸感性直观，而非站在马克思的高度从人的生产生活即感

---

① ［德］马克思：《1844 年经济学哲学手稿》，人民出版社 2014 年版，第 50 页。
② ［德］马克思：《1844 年经济学哲学手稿》，人民出版社 2014 年版，第 50 页。
③ ［德］马克思：《1844 年经济学哲学手稿》，人民出版社 2014 年版，第 50 页。

性活动出发理解人的社会存在。马克思之所以有意区分人与动物的关系，原因就在于此。也就是说，人的类生活即生产生活或感性劳动将人与动物区分开来，如果退回费尔巴哈则只能将人看作与动物并无本质区别的单纯的肉体存在，只是像简单的吃喝和繁殖的单个的无声（不发生社会关系）的动物一样执行自然规律。"有意识的生命活动把人同动物的生命活动直接区别开来。正是由于这一点，人才是类存在物。"① 马克思的劳动辩证法所要揭示的正是这种确认人之为人的"类"本质（生产劳动、感性活动）在抽象劳动的支配下将人打回了与动物并无本质区别的原形。劳动的否定性（异化）就"把这种关系颠倒过来，以致人正因为是有意识的存在物，才把自己的生命活动，自己的本质变成仅仅维持自己生存的手段"②。这就是说，"抽象劳动"正是人的有意识（理性）的表现之一，动物不会产生"抽象劳动"，也正是这种"理性"使得属人的自由活动颠倒为压抑人的自由意识的"异化劳动"。

黑格尔正好相反，是从自我意识（自由意识）出发理解人的劳动，所以他无法从他自己的劳动辩证法中推论出"异化劳动"，相反只是看到劳动使得奴隶获得自我意识确证人的本质（自由）的积极面。所以，黑格尔除了能够直观到主人与奴隶的对立与斗争，无法从其中推论出马克思的第四个规定："人同人相异化"。

人同人的异化，在马克思的语境中至少包含了两层含义：一是工人同非工人即资本家关系的对立和异化；二是人同其他一切人之间的对立和异化。劳动辩证法同时也是由人的劳动而生产出的社会关系的辩证法，劳动的内在对抗和斗争同样表明了人的社会关系的内在对抗与斗争。马克思从"劳动"来说明这种对抗关系：一是资本家利用资本（积累的劳动）形成的对劳动者的支配权力；二是资本同样支配着资本家本身，即资本对剩余价值生产（即利润）的追求所不可避免的竞争关系。马克思在"异化劳动"篇章已经做了很多类似的分析。诚如马克思指出："资本家拥有这种权力并不是由于他的个人的特性或人的特性，而只是由于他是资本的所有者。他的权力就是他的资本的那种不可抗拒的购买的权力。"③ 因此，说到底人与人相异化就是人与人

---

① ［德］马克思：《1844 年经济学哲学手稿》，人民出版社 2014 年版，第 53 页。
② ［德］马克思：《1844 年经济学哲学手稿》，人民出版社 2014 年版，第 53 页。
③ ［德］马克思：《1844 年经济学哲学手稿》，人民出版社 2014 年版，第 19 页。

之间的对抗与斗争，也就是一部分人支配和统治另一部分人的关系。这一关系在现代资本主义社会表现为"抽象劳动支配和统治具体劳动"，包括资本家自己的活动也同样受这一规律的支配。这是马克思劳动辩证法思想极为深刻的地方，因为他不仅看到了资本家和工人之间的阶级对立，同样也看到了抽象劳动的这种否定性在现代社会已经变成了形而上学的怪诞，并在地球上支配和规定着人类的一切活动。

那么，马克思的劳动辩证法如何能够从前三个规定推论出社会关系层面的异化呢？关于马克思的逻辑推论，有些学者承认前三个规定之间的逻辑递进关系，但质疑马克思从第三个规定推论出第四个规定的逻辑合法性。事实真的如此吗？这就需要理解两点：一是马克思从第一个规定到第二个规定是从"经验事实"向"现象实情"的过渡，可以说是从现象到本质的推进；第三个规定到第四个规定又恰好构成了相反的运动，即从人的类本质的规定推论出国民经济学家也能看到的经验事实，即"社会关系"的普遍对立。这一点首先说明了马克思完全遵照的是科学的认识方法即从感性的经验事实出发，返回感性的社会现实。二是从"手稿"内容的设置可知，马克思所说的人与人的异化关系，指的不是抽象的对立，而是"私有财产的关系"。人与人的异化主要表现为以私有财产为基础的社会关系的异化。这是马克思劳动辩证法的"客体本质"维度展现，而"主体本质"则是作为人的类本质的"感性的自由劳动"，"这一返回解决了一个至关重要的问题，即私有财产的起源问题"[1]。私有财产虽然不是劳动辩证法这一课题讨论的主题，但二者关系的厘清之所以重要，是因为这关乎马克思劳动辩证法的"否定之否定"或异化劳动的自我扬弃的准确理解。

毋庸赘述的是私有财产与异化劳动的关系问题，即马克思虽然承认二者的相互作用关系，但尤其强调"尽管私有财产表现为外化劳动的根据和原因，但确切地说，它是外化劳动的后果"[2]。其一，马克思要说明的是异化劳动作为私有财产的主体本质才是后者的根据和原因，因此，私有财产不能被形而上学地视为永恒不变的东西，它是人类历史活动的结果；其二，由于人的劳动

---

① 王德峰：《论异化劳动学说对于历史唯物主义的奠基意义》，《复旦学报》（社会科学版）1999 年第 5 期。

② ［德］马克思：《1844 年经济学哲学手稿》，人民出版社 2014 年版，第 57 页。

在生产过程中仍然受制于私有财产的规定和支配，所以异化劳动的扬弃也必须通过扬弃私有财产的运动才能完成。因此，私有财产的异化劳动的扬弃运动就是共产主义运动本身。"共产主义是对私有财产即人的自我异化的积极的扬弃，……它是人和自然界之间、人和人之间的矛盾的真正解决，是存在和本质、对象化和自我确证、自由和必然、个体和类之间的斗争的真正解决。"①

因此，这些矛盾和斗争的真正解决实质上就是异化劳动的扬弃，即劳动辩证法的运动过程。到此为止，我们就能理解马克思的异化劳动学说实质上就是劳动辩证法学说的一种现象学呈现，它将私有财产的运动②和共产主义运动——异化劳动的扬弃与自由劳动的实现——的一般运动模式完整地揭示了出来。第一个规定表达的是积累起来的抽象劳动对具体劳动的外化或对象化的否定；第二个规定则是抽象劳动支配和异化感性劳动本身；第三个规定实则说出了劳动辩证法所走向的精神异化，在《资本论》中被揭露为"商品拜物教"；第四个规定则阐述了资本主义"一切人反对一切人"的社会关系。异化作为现象实情或结果，劳动辩证法才是本质，即对这种结果的来历的揭示。同样，这种现象学呈现虽然表明了马克思与黑格尔的劳动辩证法的不同，即已经有意识地、模糊地指认了劳动的内在矛盾，但仍然没有深入这一现实矛盾运动之中。"如果说劳动和资本之间的对立特别地深入于并且表现在'私有财产'的本质中，……那么，从根本上去理解和分析私有财产便成为政治经济学批判的首要任务。"③ 这一工作显然是由《资本论》完成的，即劳动辩证法的本质揭示："资本—劳动"权力关系的交互运动。

第三节　"资本—劳动"权力关系的交互运动

尽管在《1844年经济学哲学手稿》中，马克思的劳动辩证法主要表现为

---

① ［德］马克思：《1844年经济学哲学手稿》，人民出版社2014年版，第77—78页。
② 在《1844年经济学哲学手稿》中，马克思明确将私有财产的运动表述为"生产和消费"。（参见［德］马克思《1844年经济学哲学手稿》，人民出版社2014年版，第78页）这就昭示了《资本论》研究的内容必然是私有财产的运动，也就是资本作为积累起来的"劳动"在生产和消费中的运动。
③ 吴晓明：《马克思早期思想的逻辑发展》，上海人民出版社2016年版，第257页。

现象学的描述，但从"原则"上已经和黑格尔的劳动辩证法思想区别开来了。黑格尔劳动辩证法在整个思想体系的完成形态中表现为"抽象的一般形态的唯心主义描述"，并且黑格尔并不相信劳动本身能够获得自由，而是把劳动看作实现个人自由的一个环节。马克思在《1844 年经济学哲学手稿》中明确表示："整个革命运动必然在私有财产的运动中，即在经济的运动中，为自己既找到经验的基础，也找到理论的基础。"① 对这一革命运动的理论揭示就是《资本论》的整个主题和任务，而这一揭示只有且只能通过劳动辩证法的形式才能得到完整和科学的说明。按照《1844 年经济学哲学手稿》中劳动辩证法的逻辑，这种革命运动必然会被表达为《共产党宣言》所提出的招致各种误解的口号："消灭私有制"②。是否消灭了私有制而实行公有制就能实现自由劳动或共产主义革命？答案或许是"摇摆不定"的。为科学解答这一问题，最深入的莫过于马克思在《资本论》中对劳动辩证法内在矛盾和一般运动模式的揭示，即"资本和劳动"的"权力斗争"面纱的揭开。

马克思劳动辩证法的本质揭示得益于他对政治经济学的研究和政治经济学批判建构的完成，也就是已论证的劳动二重性和劳动力商品理论，这两个建构使得马克思超越了在《1844 年经济学哲学手稿》中对劳动辩证法的现象学描述，而进入劳动辩证法的本质一维（发生学）中探寻现代社会权力关系的奥秘——抽象劳动如何完成对具体劳动的支配和统治。

（一）"资本—劳动"权力关系的生成前提和持续基础

马克思在资本的总公式（G—W—G′）中发现了一个矛盾：△G 从何而来？马克思在"资本的总公式"部分比较了两种形式的交换，即"等价交换"和"不等价交换"。③ 他发现无论是哪一种情况都不能解释△G 的来源问题，因为两种交换方式只要是"社会的普遍交换"即流通领域都不会产生出剩余价值，"无论怎样颠来倒去，结果都是一样"④。"罗陀斯跳跃"的秘密就是"劳动力的买和卖"。在历史运动中，每一个劳动者在获得双重自由（自由

① ［德］马克思：《1844 年经济学哲学手稿》，人民出版社 2014 年版，第 78 页。
② ［德］马克思、恩格斯：《共产党宣言》，人民出版社 2014 年版，第 62 页。
③ 参见［德］马克思《资本论》第 1 卷，人民出版社 2004 年版，第 186—190 页。
④ ［德］马克思：《资本论》第 1 卷，人民出版社 2004 年版，第 190 页。

买卖和自由得一无所有）之后，资本和劳动之间的权力关系就被建构起来。

马克思描述了权力关系的两种表现：第一，信贷关系的颠倒和实质。马克思指出其实不是资本家给工人预付工资，相反是资本家向工人信贷劳动，预支劳动。第二，权力关系的现象学描述：一边是货币占有者即资本家"昂首前行、笑容满面、雄心勃勃"；另一边是劳动占有者"尾随其后，战战兢兢，畏缩不前"，"像在市场上出卖了自己的皮一样，只有一个前途——让人家来鞣"①。"△G"源自劳动（劳动力的使用），要说明剩余价值的来源就必须进入"非公莫入"的生产领域。

马克思开始一步步揭示出这种"权力表现"的来历和基础。这一基础同样是劳动辩证法（"资本—劳动"权力关系）的物质基础：生产资料与劳动者从未分化到分化的阶段。

首先，马克思区分了劳动过程中的三种要素，即劳动和生产资料，生产资料又包括劳动对象和劳动资料。在马克思看来，虽然劳动是一种有目的的并优越于动物的活动，但这个支配着劳动的目的并不是劳动者自行设定的，而是外在预先给定的。这就是劳动的异化。劳动对象也分为原料和天然存在的劳动对象，如原始森林、未开采的矿山等；原料的本质却是"已被劳动过滤或加工过的劳动对象"，其实就是积累起来的劳动或死劳动。劳动资料同样也分为加工过的劳动资料和天然的劳动资料如土地，前者本质上也仍然是积累起来的劳动或死劳动。

其次，马克思深刻的地方在于指出了死劳动与活劳动在历史上的变化关系，也就是资本主义社会的成熟程度和死劳动的积累成正比，或者用极限思想来表达就是死劳动或积累起来的劳动随着资本主义的发展会无限趋近于最大值，也就是活劳动趋近于0。换句话说，一切生产资料可看作为人类全部劳动的积累。一般除采掘工业外，其他产业部门的生产对象都是原料，即被劳动加工过的对象，也就是积累起来的死劳动。马克思说："尤其是说到劳动资料，那么就是最肤浅的眼光也会发现，它们的绝大多数都有过去劳动的痕

① ［德］马克思：《资本论》第1卷，人民出版社2004年版，第205页。

迹。"① 将生产资料的极限解释为全部死劳动的积累的意义在于有力地批判了"私有财产所有权"的意识形态，即资本家一般认为自己所获得的产品就是自己"应得"的，而否认这是对他人劳动成果的占有和剥夺。

马克思指出，生产资料作为积累起来的劳动这件事，只有当它有"缺点"时才会显示出来。"不能切东西的刀，经常断头的纱等等，使人强烈地想起制刀匠 A 和纺纱人 E。如果产品很好，它的使用属性由过去劳动创造这一点就看不出来了。"② 这一点深刻的地方在于，只有当生产资料不能实现其规定时，生产资料的劳动者才会出场，才会被承认"在场"，也才会被承认为积累起来的死劳动。

最后，生产资料作为死劳动和活劳动的支配关系就很清楚了。从劳动过程的表面看，是活劳动支配死劳动，即一般劳动辩证法理解的劳动改造对象或主客体的相互作用关系，"活劳动必须抓住这些东西，使它们由死复生"③。但实质上是死劳动支配和统治我们的活劳动，也就是物的因素反过来支配人的因素。马克思揭示出生产资料的劳动性质（积累起来的死劳动）具有两层意义：其一，一切或绝大部分的生产资料都是劳动产品，资本家用货币购买了生产资料，实际上是购买了积累起来的劳动，它并不是资本家的劳动成果；其二，这一被货币购买的生产资料作为死劳动又进一步支配着工人的活劳动。劳动辩证法的这种权力关系始终会被人格化，即作为资本人格化的资本家监督工人劳动，他的劳动及其对象化成果属于资本家。不仅如此，工人从他进入资本家的工场时起，他的劳动成果就属于资本家了。"这个过程的产品归他所有，正像他的酒窖内处于发酵过程的产品归他所有一样。"④ 死劳动支配和统治活劳动的结果就是将人物化，并使之从属于资本及其所有者。

（二）权力关系的"变戏法"过程：支配或统治转向占有或剥削

积累起来的劳动作为活劳动的支配主体只是劳动辩证法的前提和基础，但这种支配关系如何在劳动过程和生产过程中完成却是一个不被科学对待的

① ［德］马克思：《资本论》第1卷，人民出版社2004年版，第212页。
② ［德］马克思：《资本论》第1卷，人民出版社2004年版，第214页。
③ ［德］马克思：《资本论》第1卷，人民出版社2004年版，第214页。
④ ［德］马克思：《资本论》第1卷，人民出版社2004年版，第217页。

问题。马克思在《资本论》中对此给出了回答，这就是"资本—劳动"权力关系的"变戏法"过程。这一过程的"里程碑"式的意义在于，在劳动过程中所表现出的"支配或统治"关系转变为"价值增殖与实现"后的"占有或剥削"关系。马克思用两种算法来揭示这种"变戏法"的过程。

马克思首先采用了生产棉纱的例子，棉纱中所包含的全部劳动都是过去积累起来的劳动。劳动对象是面纱，作为积累起来的劳动即死劳动；纱锭作为劳动资料，也是积累起来的劳动即死劳动。死劳动与活劳动的结合就是"劳动—生产"过程，那么"$\triangle G$"到底是如何在这个过程中产生的呢？

第一种算法：价值无增殖。假设：（1）劳动力是 3 先令/日，包含的是 6 个小时的劳动。3 先令表示劳动力的价值，即生产出工人每天平均的生活资料所需要的劳动量或价值量。（2）10 磅重的劳动对象（棉花）：10 先令。（3）劳动资料（纱锭等）：2 先令。资本家就是用 15 先令在市场上购买了 3 先令的劳动力，用 6 个小时完成了 10 磅的棉花生产，消耗了 2 先令的劳动资料。生产的面纱在市场上的价格也是 15 先令。资本家愣住了："产品的价值等于预付资本的价值。预付的价值没有增殖，没有产生剩余价值，因此，货币没有转化为资本。"① 资本家开始犯各种嘀咕，认为资本家自己也有劳动，如果没有他提供的生产资料，工人就不可能凭空创造产品。马克思嘲笑说："他的监工和经理耸肩膀了。"② 而这一嘀咕的观点只不过交给政治经济学教授去讲了，即"利润来自资本"。

第二种算法：价值有增殖。劳动力和生产资料的价格还是不变，但这次要生产的是 2 倍的面纱所以需要 20 磅的棉花和 2 倍的劳动资料，因此需要花两倍的成本来购买两倍的生产资料，共计 24 先令。问题是资本家在市场上仍然购买了 3 先令的劳动力，却让他转化 2 倍的生产资料，因此他花了 2 倍的时间即 12 个小时。戏法终于变成功了！资本家的成本是 27 先令，2 倍的面纱在市场上却能换成 30 先令的货币。30 先令减去 27 先令等于 3 先令。资本家最终获得了 3 先令的"利润"。

---

① ［德］马克思：《资本论》第 1 卷，人民出版社 2004 年版，第 222 页。
② ［德］马克思：《资本论》第 1 卷，人民出版社 2004 年版，第 225 页。

　　两种算法的不同意味着权力关系的转变，即由资本对劳动的支配和统治关系变成了资本家对剩余劳动的占有和剥削关系。

　　　　当资本家把货币转化为商品，使商品充当新产品的物质形成要素或劳动过程的因素时，当他把活的劳动力同这些商品的死的对象性合并在一起时，他就把价值，把过去的、对象化的、死的劳动转化为资本，转化为自行增殖的价值，转化为一个有灵性的怪物，它用"好像害了相思病"的劲头开始去"劳动"。①

　　这既是价值形成过程与劳动过程的统一，也是前一过程对后一过程的支配和规定，即创造价值的抽象劳动支配和统治生产使用价值的具体劳动。这一转变具有极其重大的意义。在劳动过程中，资本家通过货币购买劳动力和生产资料，此时资本家与劳动者的关系仍然只是支配与统治的关系。但是，这种支配与被支配的权力关系是否转变，还是说一直停留于此，这就构成两个社会形态或两种生产方式的区别。劳动者与劳动对象之间，即人与物的关系之下所掩盖的是人与人的权力关系，而不同的权力关系背后实质是不同的社会形态或生产方式。前一种，最典型的是封建或奴隶社会。主人与奴隶的关系，在某种意义上只有支配与统治的关系，而没有占有或剥削的关系。一者，奴隶实际上并不是以自由人的身份出现在关系之中，而是作为"会说话的工具"，在这个意义上，主人没有占有奴隶的劳动成果；二者，作为奴隶受支配的只是活动或劳动，其生产的普遍原则不是"剩余价值"的最大化。后一种，则是资本主义社会所特有的生产方式，即"资本—劳动"的权力关系不仅包含着抽象劳动对具体劳动过程的直接控制，而且这种直接控制实质上要受"剥削和占有剩余价值"这一"以太"规定和支配。

　　鲍德里亚在《生产之镜》中看到了这一关系转变的重大意义。他认为："把支配只看作是权力的古代的和未开化的形式是错误的。权力的范畴，当它适用于抽象和异化的社会关系，适用于剥削——被剥削的关系时，严格地说，

----

　　① ［德］马克思：《资本论》第1卷，人民出版社2004年版，第227页。

只有当它适用于我们的社会组织时，才有价值。"① 他反对将这一范畴不加区别地投放至任何社会类型，反之将奴隶制重新解释为对剥削和异化的最大限制（不受资本增殖逻辑的强制）。只不过，他总喜欢把这个帽子戴在马克思的头上，从这可看出，鲍德里亚的确误解了马克思。因为，现代的剥削权力是建立在对劳动过程的支配的基础之上，而不可能抽象地独立存在。也就是说，现代社会资本对劳动过程的支配关系本质上只是化了妆的主奴关系，但这一权力关系在"剥削—被剥削"这一层面上又更强制和隐秘地生产出来了。

（三）"资本—劳动"权力关系的图式直观与数学直观

马克思劳动辩证法中"资本—劳动"的权力关系可以采用两种方式来得到再现：一是通过图式直观再现积累起来的劳动支配和统治劳动过程的内在机制；二是通过马克思在《资本论》中所运用的数学直观更科学地揭示出"资本—劳动"权力关系的剥削本质，尤其能够帮助我们领会资本主义何以走向自身的反面而实现自我扬弃。通过此前论述可知，整个资本主义生产过程包含以下几个要素：劳动力（商品）、生产资料，用于购买这两个要素的货币和三者所统一于的"劳动过程"，具体关系可用以下图式呈现：

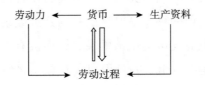

图4-1 "资本—劳动"权力关系的基本结构②

从图4-1可直观到，资本家通过货币在市场上购买了劳动力和生产资料这两个要素，并统一于劳动过程之中。劳动的过程同时是价值实现的过程，即在市场上通过第二次交换获得货币的再次积累（向上细箭头）。同时，整个过程可以表现为货币作为资本或积累起来的劳动直接对劳动过程的支配和统治（向下粗剪头）。这就是整个资本主义生产的图式过程。

---

① ［法］鲍德里亚：《生产之镜》，仰海峰译，中央编译出版社 2005 年版，第 80 页。

② 本图由作者自制。

从这一图式直观我们可以发现，劳动辩证法的这一过程具有以下特征：

第一，普遍性特征。这个图式的起始点其实不是货币也不是生产资料，两者早在以前的社会历史形态如封建社会就已存在。因此，它们不能构成劳动辩证法的起点，起点仍然是"劳动力成为商品"，劳动力成为商品其实就是劳动的普遍化或抽象化获得"社会"的意义，即这个图式所直观的对象只能是现代资本主义社会。劳动力成为商品的普遍性决定了活劳动受死劳动或资本支配和统治的普遍性，也就是资本作为积累起来的抽象劳动对具体劳动过程支配和统治的普遍性。

第二，循环性特征。虽然历史的起点是劳动力成为商品，但是现实的起点却是货币或资本，这是从图式中可获得的信息。整个图式中包含一个大循环和两个小循环。首先从图式左侧观察，货币购买劳动力投入劳动过程，劳动的对象化产品又在市场中交换，因交换而积累起来的货币进一步返回市场购买新的劳动力商品。这一循环性特征表明劳动力同时作为"人"不断地生产出支配和统治自己的力量。其次，从图式右侧观察，货币的另一部分在市场上所购买得来的"物"作为生产资料反过来支配劳动力的使用过程即死劳动支配活劳动。同样，劳动过程中的价值增殖实现之后，又进一步用来购买生产资料继续奴役劳动者。这一循环性特征的意义在于"物"作为劳动者自己生产出来的死劳动不断地被再生产出来支配和统治人自身。最后，从整个大循环观察，无论哪一种循环都可以归结为"资本与劳动"无限积累、无限循环的交互作用，即资本不断地压榨和剥削劳动，通过劳动不断积累的资本反过来继续奴役和支配人的劳动过程。

在整个图式直观中，我们是见不到"人"的。这是为了继承马克思的本意，历史不要求个人负责。资本家和工人虽然始终存在着权力的支配关系，但无论是其中哪一种人格化实质上都是受整个资本主义生产方式支配，即由人类共同活动所形成的剩余价值生产过程反过来支配和统治每一个人的活动。

仅仅通过图式只能直观到"资本—劳动"权力关系的一般运行模式，但是不能更精确或更科学地说明其内在机制。马克思对数学有着非常深入的研究，同时将这种研究运用于资本批判理论的建构，并加以数学化、直观化，用以表达劳动辩证法的内部运动过程。劳动辩证法现实展开的数学表达其实就是对剩余价值极限的追求。马克思对资本也作了二分，即可变资本 v 与不变资本 c。马克思清楚地说明了资本主义生产方式的变戏法过程，即对剩余价值的剥削。剩余价值与必要劳动的关系可以通过数学直观来理解，即《资本论》中数个"貌离神合"的数学公式，概括来说是两个：剩余劳动（时间）/必要劳动（时间）；剩余价值 m/可变资本 v。

首先，我们来看第一种计算方式：

$$\frac{剩余劳动时间\ a}{必要劳动时间\ b}=抽象劳动支配具体劳动的程度\ y$$

在数学的极限中：a（剩余劳动时间）一定，b（必要劳动时间）接近于 0 的时候，y 的值接近于无穷大，即资本支配劳动的程度是无穷大，并且随着必要劳动时间的减少而增大。或者必要劳动时间一定，剩余劳动时间越大，资本支配劳动的程度也越大。

其次，我们来看第二种计算方式：

$$\frac{剩余价值\ m}{可变资本\ v}=资本家对工人的剥削程度\ p$$

资本家对剩余价值的剥削程度呈现出几何性特征。我们假设剥削率是 100%，不变资本和可变资本的比例是 1∶1，假设原始生产资本额＝20。

循环 1 次：当 G＝20 时，G′＝10×2+10＝30，△G＝10；

循环 2 次：当 G＝30 时，G′＝15×2+15＝45；△G＝15；

循环 3 次：当 G＝45 时，G′＝22.5×2+22.5＝67.5，△G＝22.5；

以此类推，当循环 n 次时，总资本 $G'=20\times\left(\frac{3}{2}\right)^{n}$，剥削额 $\triangle G=10\times\left(\frac{3}{2}\right)^{n-1}$。这说明了，在这一数学直观中，当 m（剩余价值）一定，v（可变资本）接近于 0 的时候，p 的值接近于无穷大，资本家剥削工人的程度就是无穷大，即剥削程度的这种变化趋势表现为随着可变资本的减少而增大。或者可变资本一定，剩余价值越大，剥削程度也越大。

无论是哪一种计算方式，马克思说："它们表示同一个东西。"① 马克思在

① ［德］马克思：《资本论》第 1 卷，人民出版社 2004 年版，第 607 页。

《政治经济学批判（1857—1858 年手稿）》中提出了资本主义生产的四个界限，其中两个是：（1）必要劳动是劳动力交换价值的界限；（2）剩余价值是剩余劳动和生产力发展的界限。① 这两个界限以及这种数学直观的理论意义在哪？必要劳动和剩余劳动的界限是什么？用数学的话语表达，它们的极限就是 0。

就第一个数学公式而言，由于现代社会劳动的组织方式发生了深刻的变化（如 SOHO 办公、自由工作者等），通过简单的劳动时间计算是不够的。同样剩余劳动时间的自然界限是 24 小时/日，因此这种计算方式虽然适合马克思的时代，但对于今天这个时代却难以具有科学的说服力了。因此，第二个数学公式弥补了这一点，它为理解和解释现代社会"资本—劳动"的权力关系（支配和剥削）再次奠定了科学的基础。

第一，必要劳动与剩余劳动的极限代表了资本对劳动的支配和剥削程度的极限，即通过数学化的比值增大表明劳动受支配和剥削程度的增大。这一点无须赘述。按照资本追求剩余价值最大化的本性，相对必然会缩小必要劳动时间（通过延长劳动时间或改进生产工具以提高生产效率），乃至必要劳动时间接近于 0 的时候，其实"资本—劳动"的权力关系也就到了极限（+∞）。在这个时候，劳动对资本的反抗如现象层面的罢工、工人运动以及暴力革命等就极为可能发生。无论是必要劳动或可变资本趋近于 0，还是剩余劳动或剩余价值趋近于无穷大，"资本—劳动"的权力关系都可能会走向反面。

第二，这个数学直观建立在生产资料作为死劳动或不变资本的理论基础上，同时洞见了利润率（利润/成本）与剩余价值率（剥削率）的本质区别。由于利润率代表了资本的利润，它也就无法真实地说明资本作为积累起来的劳动只能来源于活劳动。这一点是国民经济学家们无法说清楚的，"利润来源于资本"也就沦为资产阶级的意识形态表达。剩余价值率不仅说明了利润的真实来源，而且说出了资本与劳动赤裸裸的权力关系。因此，剥削并不是一个道德概念，不能用来简单地批判资本家或资本主义，而是一种生产方式（剩余价值）的现象实情。没有剥削就没有剩余劳动，没有剩余劳动就不可能存在资本的积累，现代社会也就不能完成再生产。因此，"剩余劳动"是一切

_____

① 参见《马克思恩格斯全集》第 30 卷，人民出版社 1995 年版，第 396 页。

社会获得再生产的必要前提。

第三，这些数学公式的生存论内涵就是让我们直观到异化劳动对人的本质力量的全面遮蔽。在资本主义的生产机制下，资本逻辑表现为对剩余价值追求的无限性，一切逻辑都表现为价值增殖的逻辑，一切关系都表现为剩余价值生产和剥削的关系，这种关系在数学公式里有着极致的表达：剩余劳动（剥削）越来越大，必要劳动（生活资料的满足）越来越小，最后死劳动对活劳动、抽象劳动对具体劳动、有酬劳动对无酬劳动的支配与统治程度就越来越大，在理论上这种支配和统治的力量可以达到无穷大（$+\infty$）。

这也就是劳动辩证法的正—反阶段，即异化劳动对人的本质力量的全面遮蔽。但是劳动辩证法的"否定之否定"如何完成呢？在抽象劳动实现统治地位之后，感性的对象性活动（具体劳动）是否有可能重新回归本质力量展现的地位？

（四）劳动辩证法的辩证顶点：剩余劳动与必要劳动的极限运动

马克思在《1844年经济学哲学手稿》中说："劳动和资本的这种对立一达到极端，就必然是整个关系的顶点、最高阶段和灭亡。"① 以上两个数学公式说出了这样一个事实：随着资本主义社会的发展，如科学技术在生产中的应用（大机器、自动化、人工智能），必要劳动或可变资本越来越小（趋近于0），同时剩余劳动或剩余价值也会越来越少（趋近于0）。必要劳动的变化描述的是工人同资本家在生活资料（工资）部分的抗争，当必要劳动极限状态发生时，也就是趋近于无穷小时，同时工人的生活需要（工资或必要劳动）无法获得满足，这必然会导致工人运动如罢工等，极端的情况就是暴力革命。剩余劳动有两种变化，一是趋近于无穷大，也就是对劳动者的剥削值趋近于无穷大；二是趋近于0，即马克思所说的社会生产的平均利润率下降为0。这件事的意义极其重大。由马克思的劳动价值论可知，当生产的社会化程度越来越高、科学技术在生产中的运用越广泛，资本的有机构成越来越大，劳动者会逐步被排除在生产之外，那么根据"价值的唯一源泉只能是抽象劳动"这一基本原理，社会生产的平均利润率在理论上

① ［德］马克思：《1844年经济学哲学手稿》，人民出版社2014年版，第63页。

就会趋近于 0。当两者为 0 时，$\dfrac{0}{0}$ 这个在数学上怪诞的公式，它意味着什么？

它意味着人们只要进行很少的劳动就能够创造足以满足自身生产与社会再生产的社会财富，"财富的尺度决不再是劳动时间，而是可以自由支配的时间"①。这就是必然王国与自由王国的彼此互动，也是自由劳动的真正实现。到了那时，"并不是为了获得剩余劳动而缩减必要劳动时间，而是直接把社会必要劳动缩减到最低限度，那时，与此相适应，由于给所有的人腾出了时间和创造了手段，个人会在艺术、科学等等方面得到发展"②。

它还意味着在那个时候，资本主义的生产方式所能容纳的最大生产力也将达到时间和空间的双重极限③（在经济规律上表现为平均利润率趋近于 0）。在那个时候，合法的暴力革命④极有可能发生，同时资本遇到自己发展的界限，正如马克思明确指出的，资本"在生产力的更高发展程度上等等一再重新开始它［突破本身限制］的尝试，而它作为资本却遭到一次比一次更大的崩溃"⑤。资本主义到此为止走到了历史的尽头，而 $\dfrac{0}{0}$ 正说明了辩证法的革命意义，社会完成了生产方式的范式革命，即资本主义走向自身的反面——新社会形态的诞生。

因此，在劳动辩证法这一视角中，资本主义的历史运动就表现为劳动内在矛盾的展开过程，即资本作为积累起来的劳动对活劳动的约束和规定——资本逻辑实现抽象劳动对具体的感性劳动的全面支配与统治；最后剩余价值与必要劳动双重极限运动一旦发生，即意味着资本主义的终结和新社会形态的真正诞生。这就是劳动辩证法所达到的辩证顶点，同时也是"否定之否定"

①　《马克思恩格斯全集》第 31 卷，人民出版社 1998 年版，第 104 页。

②　《马克思恩格斯全集》第 31 卷，人民出版社 1998 年版，第 101 页。

③　关于资本主义的"时间与空间"极限的准确理解是，时间界限即是剩余价值与必要劳动的极限（0），表征的是资本主义生产方式的极限；而空间的极限实际上是资本突破发展限制的一种地理空间延伸，仍然要回到剩余价值与必要劳动的极限运动之中。当地理空间达到极限后，资本主义的生产就会而且已经向虚拟空间（如电子游戏、虚拟商品）甚至精神空间（如文化、艺术等）拓展。

④　所谓合法的暴力革命指的是，只有当资本主义达到自己的极限，完成自我运动的最后阶段，其所产生的暴力革命一方面对于新社会形态诞生才是有效的；另一方面，正是因为这种有效性，它同时才会被历史承认为合法的。因此，暴力革命并不作为孕育新社会的母体，而只能被看作新社会的助产婆。

⑤　《马克思恩格斯全集》第 30 卷，人民出版社 1995 年版，第 397 页。

的历史性完成。这就是马克思劳动辩证法的革命意义。

　　总而言之，马克思的劳动辩证法不只是揭示了主体和客体之间的物质变换过程，它也不同于黑格尔只是肯定了劳动创造人的本体意义，而是通过感性辩证法揭示出现代劳动的内在对抗与斗争，即抽象劳动对具体劳动的支配和统治及其扬弃的运动过程。在马克思的思想史上主要体现在三个方面：一是劳动辩证法的现象学批判，异化劳动理论实质上是马克思对劳动辩证法这一内在否定性的现象学呈现，它描述了抽象劳动对人的支配和统治的四个方面，即我们熟知的"四个规定"。二是劳动辩证法的本质揭示，马克思从资本主义的生产过程揭示出"资本—劳动"的权力对抗关系及其交互运动，主要体现在微观生产价值的劳动过程和剥削剩余价值的"变戏法"过程，通过图式直观和数学直观可以再现劳动辩证法的这一内在矛盾运动过程。三是通过这一本质揭示，马克思给出了劳动辩证法否定之否定完成的可能性，即剩余价值与必要劳动的双重极限运动（趋近于0）的发生，这不仅是资本主义生产方式的极限所提供的物质极大丰富，而且意义更为重大的是它为人类的全面发展提供了自由时间和必要条件。

　　与黑格尔相比，马克思的劳动辩证法不仅包含批判和革命的性质，而且具有科学性。黑格尔虽然看到了劳动的异化和否定性质，但并没有深入其中研究这一异化的现代形式，尤其没有揭示出劳动辩证法的内在运动机制。在这一点上，黑格尔的劳动辩证法走向了唯心主义和保守主义。正因为此，马克思才完成了对黑格尔的真正颠倒和实质超越。如果说黑格尔展示的是一部《精神现象学》，那么马克思给出的就是"劳动现象学"，马克思将黑格尔的"精神现象学"改造成"劳动现象学"。黑格尔的《精神现象学》描述的是精神走向外部，从他物返回自身，因而是精神自由的实现；马克思的"劳动现象学"则说的是人如何通过自己的劳动创造自身和历史，并走向劳动的自由。

第三篇

劳动与幸福观

第七章　劳动幸福论的时代价值与理论界限[*]

　　马克思曾经说过："理论在一个国家实现的程度，总是取决于理论满足这个国家的需要的程度。"① 当今中国和世界正在发生着剧烈的变动。一是经济全球化的势不可挡将更进一步重塑世界格局，重建"地球村"中人与人之间的交往关系。经济全球化的核心驱动力就是资本全球化，资本全球化就是"劳动全球化"，即无产阶级的"联合行动"取得具有世界历史意义的进步。二是经济基础的步步变革使得中国社会的文化价值系统将更进一步遭到现代性的冲击和形塑，何云峰教授将这种重塑的消极结果概括为"社会达尔文主义"②。三是信息革命尤以人工智能为代表的现代数字技术的发展也将重新塑造人们的生产与生活方式。智能机器人将劳动者逐步排斥在生产之外，技术性失业更是给人们未来生活带来了巨大的挑战。这些新的现实变化必然带来新的理论需要，劳动人权马克思主义理论体系正是对这种现实变化"某一视角"的反思和回应。何云峰教授所著的《劳动幸福论——以劳动幸福为基础构筑社会主义精神》（后文简称《劳动幸福论》）可看作这一理论体系的结晶和公开问世。就本体论层面而言，"这一视角"指的是"一种用劳动来说明社会合理性/不合理性的理论体系和方法论"③，其核心是"劳动幸福"，以此为基础所建构起来的理论就称之为"劳动人权（幸福权）马克思主义"。劳

---

* 本章主要内容已发表。参见王绍梁《新时代社会主义文化价值理论体系的反思与重构——兼评何云峰教授的〈劳动幸福论〉》，《社会科学家》2020 年第 9 期。

① 《马克思恩格斯文集》第 1 卷，人民出版社 2009 年版，第 12 页。

② 何云峰：《劳动幸福论：以劳动幸福为基础构筑社会主义精神》，上海教育出版社 2018 年版，第 225—247 页。

③ 何云峰：《劳动幸福论：以劳动幸福为基础构筑社会主义精神》，上海教育出版社 2018 年版，第 16 页。

动人权马克思主义是对马克思主义的创造性继承和发挥，其理论旨趣和出发点是以劳动幸福为基础构建新型社会文化价值体系。

第一节　劳动幸福论与社会文化价值系统的重构

劳动人权马克思主义的提出并不是一蹴而就的，《劳动幸福论》亦是何云峰教授近二十年的理论概括和思想沉淀。从书名来看，其研究对象和主题是"劳动幸福"，但从理论旨趣看，其写作目的显然不能仅驻足"劳动幸福"本身，毋宁说它是对现代社会文化价值的一次全新和系统的反思与重构。从内在逻辑分析，劳动人权理论可以结构化为劳动哲学（本体论）、价值哲学、历史哲学和政治哲学等范式的体系重建。这些不同范式的理论阐发并不是相互割裂的，而是相互交叉、互相补充的。

第一，劳动人权马克思主义从马克思主义创始人的劳动理论出发，阐释了劳动幸福的哲学内涵、逻辑假设，确立了劳动幸福权的优先地位，论证了社会主义对资本主义文化价值系统所实现的范式革命。

马克思恩格斯的劳动理论深刻而丰富，归结为一句话无非是"劳动创造了人本身"。但在哲学史上主张"劳动创造人"的并非马克思主义一家，黑格尔在《精神现象学》中同样表达了劳动创造人的这种辩证本性。问题在于"自由劳动"是否可能？黑格尔和马克思在劳动这一层面的思想差异就在这里，前者把劳动归置为人类获得自由的一个环节；后者则主张劳动不但不是工具性活动，而且劳动本身也能够获得自由的形态。"劳动创造了人本身"[①]和"'劳动的绝对自由'是劳动居民幸福的最好条件"[②]是劳动人权马克思主义整个理论体系的两个原初假设。[③]所谓劳动幸福，就是指"人通过劳动使自

---

① 《马克思恩格斯文集》第9卷，人民出版社2009年版，第550页。

② 《马克思恩格斯全集》第16卷，人民出版社1964年版，第491页。

③ 尽管从马克思的文本语境看，这里所说的"劳动的绝对自由"是"不劳动"，即日内瓦建筑业主对建筑工人的同盟歇业威胁，但"自由劳动"作为幸福基础的理论假设基本符合马克思主义创始人的哲学思想。

己的类本质得到确证所得到的深层愉悦体验"①。在这里，劳动人权马克思主义把幸福理解为一种"过程"，理解为"一种社会整体发展状态"。因此，这种理论反对一般地将劳动幸福狭隘化为人的"主观体验"，而是从社会治理、社会文化价值系统的角度诠释劳动幸福。从"这一视角"理解社会的合理性与不合理性，"劳动幸福"就从一个价值与伦理命题转变为最高的人权问题，所以不同于一般的抽象人权，劳动人权又可以具体理解为"劳动幸福权"②。

劳动人权马克思主义所试图建立的是一个完全不同于资本主义的社会文化价值体系，从理论范式来看，前者正是社会主义对资本主义文化价值系统的范式转换或范式革命。所谓"范式"（Paradigm Shift）是由美国科学哲学家库恩（Thomas S. Kuhn）最早在《科学革命的结构》一书中所提出的科学概念。从这个意义上说，资本主义对封建主义，社会主义相对于资本主义就是一场"生产范式"的革命。劳动人权马克思主义实质上认为不仅是生产范式，社会主义相对于资本主义同样是一场社会文化价值系统的范式转换，是新的文化价值系统取代旧的文化价值系统的社会革命。对应于社会主义，资本主义社会同样包含两个逻辑假设：一是主张人是上帝而不是劳动创造的；二是将人权抽象地归结为上帝赋予的最高的自然权利，而不是人自身的"劳动幸福权"。社会主义社会的文化价值系统对资本主义的范式革命可以用图式直观的方式获得结构主义的理解：

这两种不同的文化价值系统的最高法则被劳动人权马克思主义规定为"劳动人权"与"天赋人权"。按照劳动人权理论，社会主义对资本主义社会的文化价值系统的范式革命表现在两个方面：其一，劳动人权主张人的价值观念、权利和社会的合理性/不合理性不是从上帝或造物主那里而是从"劳动"中去寻找解释的根源。在资本主义社会的文化价值系统里，我们现代人的自由、平等、博爱等价值观念往往倾向于从上帝或造物主那里寻找根源，而劳动人权理论主张社会主义应当从人类自身的劳动中获得可理解性和终极解释。"显然，资产阶级用人权取代了神权，但是却把神权'分有'给每

① 何云峰：《劳动幸福论：以劳动幸福为基础构筑社会主义精神》，上海教育出版社 2018 年版，第 43 页。

② 何云峰：《论劳动幸福权》，《社会科学家》2018 年第 12 期。

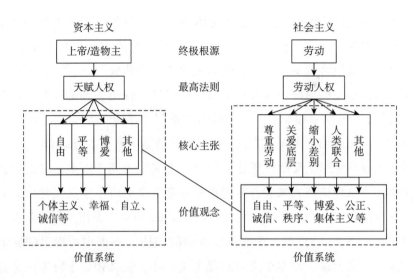

图7-1 社会主义对资本主义文化价值系统的范式革命①

个人，将人权归结到终极神权那里去解释，实现了特权化（专为君主和帝王将相所属）的神权转化为普遍化（每个人皆分有）的神权。"② 其二，解释的根源从上帝转变为劳动，只能说明"劳动人权"（劳动幸福权）的"视角"不同于天赋人权，真正证明了劳动人权对天赋人权理论的范式革命在于前者在一定意义上"似乎"将后者下降为自己的"特例"（Special Case），从而证明资产阶级的人权理论带有虚假的性质。因此，究其本质，两种文化价值体系之间的差异是不可调和的。这同样是库恩分析"科学革命的本质"所得出的结论。③ 劳动人权理论并非另起炉灶、闭门造车，而是对西方社会普遍流行的天赋人权的批判和超越，是在将天赋人权的合理内核扬弃于自身的解释系统中的基础之上，再用不同的理论资源、概念和逻辑建构成的新型社会文化价值系统。从图7-1可以直观到，资本主义社会的核心主张如自由、平等和博爱在劳动人权理论所建构的文化价值系统中就降格为个别的和特殊的价值

① 参见何云峰、刘严宁《劳动是社会主义自由、平等和人的价值与尊严之根源》，《青年学报》2015年第3期。

② 何云峰：《劳动幸福论：以劳动幸福为基础构筑社会主义精神》，上海教育出版社2018年版，第18页。

③ 参见［美］托马斯·库恩《科学革命的结构》（第四版），金吾伦、胡新和译，北京大学出版社2012年版，第84—88页。

观念，并且从社会中分溢出了特属自身系统的价值观念，这些价值观念异质于资本主义社会，如集体主义观念。从这个意义上说，劳动人权理论所发起的社会文化价值革命"是一种意识革命，也是一种价值革命，更是一种人性的革命，是社会最深刻的革命和整体价值体系的转换"①。

第二，基于以上的本体论论证，何云峰教授对劳动人权马克思主义进行了价值哲学、历史哲学、政治哲学等多重维度的重构。首先是对劳动人权理论的价值哲学重构，其目的是从劳动视角建构一个属于新时代社会主义的文化价值体系，而所谓社会文化价值则被定义为："社会大多数人共同坚持的价值观念和价值评判标准。"② 不同的社会文化价值适应于不同的社会阶段，资本主义的文化价值系统正是利用"自由"和"平等"来反对封建社会，但在其来源上却抽象地归结为"上帝创造人"，因此人人生而平等。劳动人权所试图建立的新文化价值体系并非将资本主义社会文化价值系统简单地归结为"坏"或者"糟糕"，而是从人类历史发展的必然性指出新型社会文化价值体系建构的必要性与必然性。这一点，尤其反映在"劳动"在现代社会具有独特的地位。在现代社会，大多数人都是雇佣劳动者，每一个人都需要通过自己的劳动在社会普遍交换中获得生活资料以维持生存。因此，对现代社会文化价值体系的建构与现代人价值观念的说明就绕不开"劳动"。劳动人权理论认为："社会主义文化价值建构就是要建立一种整体共识，形成思想上的一致，并解决信仰上的缺失问题。"③ 如果不能解决这个问题，那么就不能说明社会主义对资本主义在更高形态上的超越，因为这一超越的判断标准和总旗帜就是"劳动幸福"。因此，劳动人权理论不仅主张劳动是人的自由、平等及一切价值的根源，而且在价值引领方面提出应当形成全社会尊重劳动、以劳动为荣耀的社会文化价值氛围。党的十七大报告曾指出，社会主义核心价值体系是社会主义意识形态的本质体现。但长期以来，大多数理论研究聚焦于"核心价值

① 何云峰：《劳动幸福论：以劳动幸福为基础构筑社会主义精神》，上海教育出版社 2018 年版，第 37 页。

② 何云峰：《劳动幸福论：以劳动幸福为基础构筑社会主义精神》，上海教育出版社 2018 年版，第 36 页。

③ 何云峰：《劳动幸福论：以劳动幸福为基础构筑社会主义精神》，上海教育出版社 2018 年版，第 214 页。

体系",往往疏忽了对体现社会主义意识形态本质的来源进行揭示和阐发。

劳动人权马克思主义则是从劳动幸福的视角试图给出这一说明,认为尊重劳动是社会主义最本质的特征,"没有对劳动的普遍尊重,社会主义就不成其为社会主义,就是虚假的社会主义"①。现实中的劳动异化现象时常出现。不尊重劳动的行为在很大程度上直接影响了劳动阶级的生活幸福感。反过来看,"社会主义实现对资本主义社会文化价值系统的超越,逐渐确立了自己的价值系统,才会展现其全面的制度优越性"②。因此,劳动人权理论从"强迫劳动"和"摧残劳动"的反面提出了劳动幸福的价值维度的内在逻辑,即"自愿劳动—劳动尊严—劳动幸福""快乐劳动—劳动尊严—劳动幸福"。以"尊重劳动"为社会主义第一核心主张,劳动人权认为社会主义文化价值系统还包括"缩小差别""关爱底层"和"人类联合"三大核心主张。"社会主义大力提倡这四大基本价值观念,从而在劳动幸福理论的基础上形成了社会主义自身独有的核心主张,这些主张也是社会主义不同于资本主义及其他一切制度的精神大旗。"③

劳动人权马克思主义的范式革命还体现在对社会文化价值系统的历史哲学和政治哲学的重构。如何反思、理解和诠释历史,如何评判社会发展的文明程度以及如何判断社会主义中国当前处于哪个发展阶段,这些都属于"历史哲学"的范畴。按照劳动人权理论的观点,人与劳动关系的发展程度实际上就是人的解放程度,是人摆脱各种盲目力量支配的程度。劳动解放过程分为四个阶段,从奴役劳动到谋生劳动,再到体面劳动,最后走向自由劳动。④伴随着劳动解放过程的还有人类劳动观念的变化过程,即"劳动=劳累"转向"劳动=生存和发展权利的保护",进一步提升至"劳动=体面",最后通达"自由劳动是一种幸福和快乐的活动"。劳动人权理论并非把"劳动幸福"作为"万金油"或万能模板去套历史,对历史进行强制解释,相反是将"劳

---

① 何云峰:《劳动幸福论:以劳动幸福为基础构筑社会主义精神》,上海教育出版社 2018 年版,第 146 页。

② 何云峰:《社会主义对资本主义社会文化价值系统的超越》,《湖北大学学报》(哲学社会科学版)2018 年第 6 期。

③ 何云峰:《劳动幸福论:以劳动幸福为基础构筑社会主义精神》,上海教育出版社 2018 年版,第 279 页。

④ 参见何云峰《人类解放暨人与劳动关系发展的四个阶段》,《江淮论坛》2017 年第 1 期。

动人权"作为方法论从"某一角度"指导我们认识当下社会所处的历史阶段。劳动人权理论为中国社会下了一个有理有据的判断，即"目前的社会主义中国总体上尚处于谋生劳动阶段"。"中国目前尚处于社会主义初级阶段，现在还没有实现体面劳动的条件，这主要是因为我们的社会保障还不完善，社会保障没有做到全民保障，还有很多问题。只有随着社会发展，社会保障慢慢完善以后，才能达到主要追求体面劳动的程度，这是一个必然趋势。"① 这表现出劳动人权理论的现实主义精神以及与中国实际相结合的理论自觉。

与一般的就理论谈理论的学术研究进路不同，劳动人权马克思主义并不满足于理论上的阐发和学理上的论证，而是把建构社会文化价值体系的理论触角延伸至"实践"，极力在制度设计、道义设置、伦理保护等实践操作方面给出通俗易懂、细致入微的具体建议和范例。在尊重劳动的三个基本法则（因劳称义、劳动权利和生命价值）基础上，劳动人权理论提出了现实生活中"尊重劳动"所应遵循的 15 个基本的劳动道义，所需要的四个层面的法律制度设计以及全社会所应该共同践行的 10 种劳动美德。在讨论劳动价值保护部分，该理论甚至给出了雇佣单位和个人如何遵守劳动价值保护规范和劳动价值创造的伦理承诺的具体样本；以"劳动幸福"为核心提出"一个总口号""三个核心主张""二十个基本信条"。除此之外，该理论还从"劳动幸福权作为不可转让的初始权利"的角度分析了"人类联合"与"人类命运共同体"的密切关联，认为应当从全世界和整个人类历史的高度看待劳动幸福问题，毋宁说人类的联合就是全世界人民的劳动联合，等等。此为劳动人权马克思主义对社会文化价值体系的政治哲学建构。

概括来说，无论是从劳动哲学、价值哲学、历史哲学还是政治哲学的角度建构社会文化价值体系，劳动人权马克思主义的落脚点都是人民的美好生活。"从社会治理的角度看，保障劳动幸福程度与社会发展的程度达到最大限度的匹配，乃是最高良善治理法则。"② 因此，劳动人权理论所主张的是"改

---

① 何云峰：《劳动幸福论：以劳动幸福为基础构筑社会主义精神》，上海教育出版社 2018 年版，第 123 页。

② 何云峰：《劳动幸福论：以劳动幸福为基础构筑社会主义精神》，上海教育出版社 2018 年版，第 255 页。

变世界"（建构新的社会文化价值体系），而不是仅仅停留在"解释世界"（从劳动幸福的视角说明社会的合理性/不合理性）。

第二节　劳动幸福论面临的两大诘难及其回应

虽然劳动人权马克思主义理论的学术影响在持续扩大，并获得了学术界前所未有的情感共鸣（对劳动的关注），但在具体的观点、立场和方法上却遭遇到理论与现实的双重诘难。

第一，理论诘难：以劳动人权取代天赋人权，是否会陷入新的劳动拜物教？

这种诘难认为，虽然劳动人权马克思主义论证了社会主义对资本主义文化价值系统的超越，但如果把人的权利来源从资本主义的"上帝"（即天赋人权）追溯到"劳动"（劳赋人权），在某种意义上，这只不过是用"劳动"取代了"上帝"而已。对劳动人权的唯"名"论诘难并不是在玩弄概念游戏，这在《劳动幸福论》中可以找到文本依据：

> 一旦将劳动放在与"上帝"齐名的角度来加以理解，就可以非常容易地理解"劳动人权"（即劳动幸福权）。所谓"劳动人权"，是指用劳动来解释人的权利和社会合理性的理论或者学说。①

这一文本的章节标题正是"劳动因创造人而具有与'上帝'相同的地位"。劳动是否可以与上帝"称兄道弟"？有人持保留的意见，认为即使要将劳动提高到至高无上的上帝地位，那也应该是"劳动者"与"上帝"相对应，"劳动者才是上帝"，而将"劳动"比作"上帝"是一种逻辑的错位。有人持反对意见，认为一旦将劳动作为最高指向，这在一定意义上为"新上帝"留下了地盘。

进一步说，对"劳动"与"上帝"关系的辨析真正关涉的是劳动人权马

---

① 何云峰：《劳动幸福论：以劳动幸福为基础构筑社会主义精神》，上海教育出版社 2018 年版，第 70 页。

克思主义更深层次的理论问题。我们知道，以"劳动赋权"取代"上帝赋权"是劳动人权理论试图建构新型文化价值体系所进行的本体论革命。革命的实质并非只是一个词语的转换，而是理解和建构新体系的范式转换。马克思恩格斯在"劳动创造人本身"这一本体意义上有着"哲学"与"生理学"论证的差异，但在确证人的本质、创造人类与历史的层面都不约而同地坚持了劳动的本体论地位。正是因为劳动的的确确在马克思的思想中占据着不可撼动的本体地位，像以阿伦特为代表的思想家才会将马克思指责为"劳动拜物教"。如果我们将劳动作为人的全部生命活动，将劳动幸福作为唯一的追求目标，那么无疑在现代性的范围内，我们不得不沦为阿伦特意义上的"劳动动物"（animal laborans）①，由此而建构起来的又无非是"劳动者社会"。对于劳动实体化的实践指向，后面我们再做进一步的讨论。

在一定意义上，将劳动者即"人"与上帝进行概念上或逻辑上的对应实际上是把上帝人格化理解的一种习惯思维。劳动之于上帝是在本体论意义上从作为社会文化价值和人本身的一种对照和视角的切换。劳动作为理论图景的出发点的确有着将劳动"上帝化"的逻辑倾向，会造成"换汤不换药"的错觉。但是如果从劳动的视角建构新的社会文化价值体系看，这就显然用劳动的现实性和可感知性，即新的社会人与人之间的共通性取代了上帝的神秘性和不可解释性。"劳动"作为这样一种既保留上帝的价值崇高地位，又扬弃其神秘性的理论来源，概括地说就是："一种用劳动来说明社会合理性/不合理性的理论体系和方法论"。

但与马克思本人对劳动的重视不同②，劳动人权马克思主义又是一个完全从劳动出发所建构的理论体系，这一体系直接将劳动确立为社会文化价值体系的唯一出发点。这种将"劳动"上帝化（地位）的倾向或许在理论上会重蹈劳动拜物教的理论覆辙。如何越过这一理论的黑洞，一方面这是劳动人权理论的方法论宿命（资本运动的全球化），另一方面也是劳动人权理论对"劳

---

① 参见［美］汉娜·阿伦特《人的境况》，王寅丽译，上海人民出版社2009年版，第14页。
② 在马克思的文本和思想中，劳动都不是唯一的"视角"，与之同等重要的概念还有"实践""生产""感性活动"等。因此，劳动在马克思哲学中的地位虽是毋庸置疑的，但并非唯一不变的绝对本体地位。

动至下、资本至上"现实的一种积极性反思，即以"劳动幸福"为基础构建新的文化价值体系。

第二，现实诘难：在资本逻辑主导下，劳动幸福是否是乌托邦的伪命题？

"劳动幸福"在劳动人权马克思主义的理论体系中是一个十分严肃的概念，但在普通大众甚至一般学者的直观感受中，它往往会打上一个大大的问号。劳动幸福是否可能？这一"问号"源自现实生活中劳动的种种不幸福，马克思150余年前所揭示的"异化劳动"仍然适用于今天的每一位辛勤劳动者，我们总是像逃避瘟疫一样逃避着不幸福也不快乐的劳动。因此，在这些学者和读者的眼里，劳动者要想从劳动之中获得深层的愉悦感，并实现真正的幸福，似乎是一件不可能的事情。

这是劳动人权马克思主义遭遇的最为普遍的现实诘难。① 何云峰教授同样感受到了这种质疑和批判，"劳动幸福在许多人看来似乎是一个十分简单的常识问题，或者觉得是可笑的'幼稚问题'"，"是书呆子们的自说自话，是根本不可能实现的事情。"② 他从"人的类本质""现代社会的良善治理""人的不可转让权利"以及"人之为人的尊严"四个角度③回应了对"劳动幸福"课题研究的轻视态度。

实际上，对"劳动幸福"的否定以及对这一时代课题研究的反对情绪折射出的社会心理是现代劳动阶级的生存状态。在更深层的意义上，这表明了中国社会的资本运动获得了更进一步的发展。哲学的确是时代精神的精华，劳动人权马克思主义提出的重大社会背景就是"社会主义市场经济在中国逐步占据主导地位"这一基本经济事实。"资本"与"劳动"是一对孪生兄弟，资本有多强大、劳动阶级的队伍就有多庞大，资本的"爪牙"伸向哪里，劳动阶级就会在哪里应运而生，资本的运动有多剧烈、劳动阶级的命运就会有

---

① 坦诚地说，在《劳动幸福论》中的确存在一些看上去带有乌托邦与空想性质的文本依据。例如作者在给出遵守"劳动价值保护规范"和"劳动价值创造"的伦理承诺时，显然不具有实际操作的可能，因为仅仅作为"承诺"是恰与资本逻辑相违背的，无异于"空头支票"。

② 何云峰：《劳动幸福论：以劳动幸福为基础构筑社会主义精神》，上海教育出版社2018年版，第45页。

③ 参见何云峰《劳动幸福论：以劳动幸福为基础构筑社会主义精神》，上海教育出版社2018年版，第46—49页。

多悲惨。在马克思哲学的理论里，这就是资本主义社会相对于以往阶段社会的最大区别之一，即劳动的普遍化和抽象化在历史中的完成。所谓劳动的普遍化和抽象化可以理解为雇佣劳动阶级的普遍化和为资本增殖服务的抽象劳动获得绝对支配和统治的主体地位。这一历史变化的外化表现就是侵犯劳动人权、损害劳动幸福现象的司空见惯。

在遭遇现实而又无法反抗的时候，人们往往潜意识和下意识地默认劳动幸福的不可能性。这正是资本运动在现代社会的意识形态表现之一。这种价值立场背后隐含的理论立场实际上是将"劳动幸福"看作一个乌托邦的伪命题，劳动幸福理论变成了马克思曾经批判过的空想社会主义的幽灵再现。首先，劳动幸福并不能简单地理解为一个宣传口号，而是一种"人权—伦理"的价值诉求。20 世纪，关于劳动家喻户晓的口号是"劳动光荣"，但作为社会文化价值引领而言，劳动光荣已成为旧时代的社会主流意识形态。随着"社会从小农生产转向资本全球化时代，以集体主义为价值底蕴的计划经济转向以个人主义为原则的市场经济以及脑力劳动成为社会劳动的主导形式"①，劳动阶级开始屈服于资本权力，劳动光荣逐渐沦为一个外在的口号。在这样的社会历史条件下，社会劳动阶级的价值诉求就开始从"劳动光荣"转向"劳动幸福"②。这是社会劳动价值观转变的内在逻辑和社会根源。劳动人权马克思主义并不认为现代社会已经进入了劳动幸福的阶段，在历史哲学建构部分，劳动人权马克思主义明确地指出中国社会当下所处的还只是"谋生劳动"阶段，离体面劳动还有很长一段路要走。因此，劳动幸福在劳动人权理论中是作为新时代的社会价值引领的概念而被提出来的。这是准确定位劳动幸福理论必须澄清的社会前提。

其次，笔者认为很有必要重申劳动人权马克思主义的理论旨趣。在该理论体系中，"劳动幸福"并不是一个仅仅描述劳动阶级主观感受的概念，更是一个社会发展及其治理能力的评价视角。因此，必须扬弃对劳动幸福理论的

----

① 王绍梁：《从"劳动光荣"到"劳动幸福"：当代青少年劳动价值观的转变》，《青年学报》2019 年第 1 期。

② 何云峰教授并没有将"劳动光荣"和"劳动幸福"两种不同时代的价值观念明确区别开来，没有指出后者实际上是对前者的一种扬弃。

主观主义的狭隘理解，而要将劳动幸福问题作为一个"社会问题"来对待。[①]
"劳动幸福并不是单个人的幸福，而是一个崇尚劳动的社会文化氛围"，"是一
种更加综合性的社会状态。"[②] 显然，"劳动幸福"是作为建构新的社会文化
价值体系的理论基点而被提出来的。而作为社会文化价值的"劳动幸福"并
不完全是对应一个社会的实在状态，在此意义上，"劳动幸福"只是作为人类
文化价值追求与评价的理想尺度而已。劳动幸福作为新的文化价值系统的核
心概念，它本就属于"应然"而不是"实然"的领域，并且往往是正当相
反。换言之，正是"劳动的不幸福"，才更需要强调、提倡和保障"劳动的幸
福"。"劳动幸福"理论的要义就在于此。因此，离开"社会文化价值理论体
系"，就不能全面而深刻地理解"劳动幸福"的重要性，离开价值观的"应
然"维度，也就无法指导和真正变革社会的"实然"领域。在更高的意义上，
"一种社会形态超越另外一种社会形态，不是简单的生产力发展，也不是简单
的制度先进，而是一定要有文化价值的贡献"[③]。

第三节　新工人阶级的圣经与空想
社会主义的幽灵

在《资本论》第一卷英文译本序言中，恩格斯把《资本论》誉为工人阶级
的"圣经"。《资本论》之所以被称作工人阶级的"圣经"，是因为马克思不仅
是站在无产阶级的立场上揭露了资本主义的剥削秘密，而且这部著作本身就是
写给工人阶级看的。如果就阶级立场来看，劳动人权马克思主义的问世之作

---

① 因此，《劳动幸福论》明确区别了文化价值系统的核心主张与美德、道德规范等的关系。"美
德主要依靠自律，核心主张主要依靠他律。"（何云峰：《劳动幸福论：以劳动幸福为基础构筑社会主
义精神》，上海教育出版社 2018 年版，第 217 页）这一区分的重大意义在于：有人将"劳动幸福"看
作一种道德要求或道德呼吁，劳动的幸福与否及其程度取决于社会个体的自律自觉，这必然会将劳动
幸福理论归结为"乌托邦再现"。但恰恰相反，对于社会文化价值体系的建构来说，劳动幸福理论的
核心主张在于他律，在于社会制度的设置和实践本身，而并不是情感呼吁或"喊口号"。

② 何云峰：《社会主义对资本主义社会文化价值系统的超越》，《湖北大学学报》（哲学社会科
学版）2018 年第 6 期。

③ 何云峰：《劳动幸福论：以劳动幸福为基础构筑社会主义精神》，上海教育出版社 2018 年版，
第 224 页。

《劳动幸福论》毫无疑问站在最广大的劳动阶级的立场上；如果就后者而言，其也已在语言通俗易懂、论证阐述以及具体的制度建议上做得足够接地气了。那么，是否可以将《劳动幸福论》视为新时代工人阶级或劳动阶级的"圣经"？还是如一部分学者所言，其只不过是游荡在 21 世纪空想社会主义的"幽灵"？

　　问题的答案或许并非一定得"非黑即白"。对一部原创学术著作的评价可以是多重维度的，但无论哪种维度都不能掩盖其提出的时代问题。在某种意义上，"提出问题"的重要性和难度远远超过"解决问题"。马克思曾说，一个时代"主要的困难不是答案，而是问题。因此，真正的批判要分析的不是答案，而是问题"[①]。显而易见，劳动人权马克思主义实则是在面对资本全球化以及中国社会的剧烈变动的状况下而提出了这样一个问题，即以劳动幸福为基础建构新时代社会文化价值体系是否可能？作者以其对象化成果——一部原创《劳动幸福论》——和完全积极的姿态肯定地回答了这个问题。那么问题在于，这部原创之作对这个时代难题的解答又如何呢？笔者以自己的批判性思考作为对该理论的最后评论。

　　首先，《劳动幸福论》是一部集原创性与系统性、思想性与通俗性、前瞻性与现实性的哲学著作。何云峰教授不仅在学术界首创性提出了劳动人权马克思主义这一新概念，并且从学理上进行了比较完整和系统性的论证。这一理论体系并不仅仅满足于对社会的"劳动视角"的哲学解读，更注重理论对实践的指导意义，这就是试图以劳动幸福为核心为现代社会和人类建构一个全新的文化价值体系。这既表现出作者的理论前瞻性，也表现出切合实际的现实关怀精神。所谓工人阶级的圣经，首先必须像"圣经"一样为最广大的劳动阶级读得懂、看得明白。《资本论》在世界共产主义的运动之中经历了颠沛流离的命运，并曾经成为激起无数工人革命意志的"圣经"。但自苏联解体以及东欧剧变之后，由于社会主义遭到实践的挫败，《资本论》最后沦为了少数人的研究对象（哲学或经济学），其原因之一就在于其很多的叙述仍然晦涩难懂。那么，《劳动幸福论》的通俗性或许会使其大众化和普及劳动阶级成为可能。虽然该书的总体论述还是偏向学术性和专业性，但相对来说，作者在

---

① 《马克思恩格斯全集》第 1 卷，人民出版社 1995 年版，第 203 页。

叙述和论证上已经尽可能做到通俗易懂了。这也是何云峰教授将"劳动人权"进一步细化为"劳动幸福权"以及将"劳动幸福"作为建构新的社会文化价值体系之核心的"传播"优势之一。

尽管，这部原创之作光芒闪烁，但并非完美无缺。第一，作为社会文化价值系统的建构，该理论显然缺乏了"中国本土文化与价值"的视角。对这一问题，何云峰教授也有自己的回应，他强调应当"将社会主义文化价值的概念同社会主义中国或中国人的核心价值或者文化价值区别开来。"① 因为他认为劳动人权马克思主义所建构的是作为与资本主义相对的"一般性""普适性"的文化价值体系，因此它又是属于未来人类的新型文化价值系统。但笔者想特别指出的是，如果要真正建构起社会主义文化价值系统，就必须深入具体的特殊的文化实体中研究这一课题及其建构的可能性。以"劳动"为例，在中国传统的文化价值体系中，往往能见到"以和为贵"的传统价值观对现代劳资冲突和矛盾的解决的影响。一方面，"以和为贵"的价值观念在个人层面制约着每一个劳动者的行为，另一方面，中国人"和谐高于冲突"② 的价值倾向直接影响了中国社会治理阶层解决劳资冲突或矛盾的具体方式。除此之外，在劳动阶级的劳动人权被侵犯时，我们经常可以观察到这种侵犯行为与某些中国传统文化的具体结合。不过，"新的社会文化价值体系"与这种中国传统文化价值观念有着内在性的区别，劳动幸福理论首先不是假设了劳动本是幸福的，而是首先直面现实并承认现实劳动与资本不平等的权力关系。这并非将罪恶推给传统文化，而是只有深入研究以儒家思想为核心的传统文化和现代资本运动的实际结合，我们至少才有可能知道以"劳动幸福"为核心建构新型文化价值系统是否可能以及这种建构在社会历史中的具体展开。这也是西方一些学者给出的重要启示。如齐泽克（Slavoj Žižek）认为："佛教恰恰构成了资本主义在意识形态上最完美的补充。"③ 在此意义上，"佛教"

---

① 何云峰：《劳动幸福论：以劳动幸福为基础构筑社会主义精神》，上海教育出版社 2018 年版，第 214 页。

② 陈来：《中华文明的核心价值：国学流变与传统价值观》，生活·读书·新知三联书店 2015 年版，第 56 页。

③ ［斯洛文尼亚］斯拉沃热·齐泽克：《事件》，王师译，上海文艺出版社 2016 年版，第 74 页。

的某些思想在某种意义上与资本形成了共谋的性质。①

　　其次，就劳动人权马克思主义对社会文化价值体系的具体建构而言，我认为何云峰教授的一些观点还值得商榷。如在以劳动幸福理论诠释生态文明时，他将现代生态灾难的终极根源不是归结为现代社会独特的生产方式，而是诉诸"人的贪欲"。

　　　　资本逻辑的确是生态灾难的直接罪魁祸首，但是，资本逻辑背后却是人在控制。正是人的贪欲和过度追求利润的自私欲望，导致资本肆无忌惮地在整个世界上肆虐横行，从而直接将短视的利益追求压倒性地放在一切之上，对未来的劳动幸福、对幸福的可持续性、对他人的幸福感完全不顾及。由人的贪欲而引起的资本逻辑负面效应，再进一步导致生态危机，这成为一个似乎是不可避免的逻辑循环，其最终恶果是幸福没有未来，劳动活动只顾眼前，以及极端的利己主义。所以，人的贪欲是这种逻辑循环的终极根源。②

　　从"人性"视角对生态危机的批判仍然堕入历史唯心主义的分析窠臼。如果将资本逻辑的根源进一步归咎为"人性本贪"，那么一个显而易见的问题就是，在"人性贪欲"依然普遍存在的人类古代社会，为什么没有出现普遍的生态问题呢？在那样的时代，作为人与自然"共生一体"的生态并没有遭到"危机"，那时的危机主要表现为不可抗拒的自然灾害，表现为人对自然的屈服而不是人对自然的支配。这种危机与现代的生态危机有着质的差异，但人性中的贪欲却一如既往地存在。不过，何云峰教授真正想说的或许是"人们之所以会有如此贪欲，是因为对劳动幸福没有正确的认知"③。

---

　　① 儒家和佛教同样如此，因为两者的实践指向都是"内在性"，如儒家的修身、推己及人等思想，一方面为"劳资共和"提供了文化和思想上的依据，另一方面也为"维护劳动人权，保障劳动幸福"降低了冲突性，反之在保障劳动阶级的权利与提高社会治理的能力方面亦缩小了进步的空间。

　　② 何云峰：《劳动幸福论：以劳动幸福为基础构筑社会主义精神》，上海教育出版社2018年版，第31页。

　　③ 何云峰：《劳动幸福论：以劳动幸福为基础构筑社会主义精神》，上海教育出版社2018年版，第31页。

最后，劳动人权马克思主义理论体系中包含着黑格尔哲学的因素和原则。在哲学史上，黑格尔是第一个对劳动进行哲学讨论的思想家，而马克思则是第一个以劳动为讨论核心的哲学家。这两位大思想家在对劳动主题的具体探讨上有着一定的差异。马克思主要是批判性的，他所做的工作主要是揭示了异化劳动的本质来历，并认为异化劳动与异化劳动的扬弃所走的是同一条路。黑格尔不同，他对现代劳动主要是持赞扬态度的，因此，在对劳动的辩证本性方面，他认为劳动是实现特殊利益与普遍利益、个人与社会的有效中介。这一点正是《劳动幸福论》持有的基本观点。在研究劳动幸福与个体生存社会化时，何云峰教授指出劳动幸福权"并不是指存在意义上的劳动幸福权，而是发展性人权，是生成性人权"①。因为，这不仅解决了"未劳动""不劳动"阶级之"幸福何以可能"的难题，而且强调了劳动阶级进行社会联合的必要性，"幸福如果只是个人奋斗的事情，那就会导致弱肉强食的丛林世界"②。笔者以为，何云峰教授提出的发展性人权的内核仍然是黑格尔主义的理论原则，即黑格尔对劳动辩证法的揭示，"个别的人在他的个别的劳动里本就不自觉地或无意识地在完成着一种普遍的劳动"③，"他们为我，我为他们"④。在对社会文化价值体系的政治哲学建构中，劳动人权理论同样表现出黑格尔的哲学因素，即"劳动幸福最大化与劳动成果私人占有和公共占有的二分法"。这部分解决的理论问题实际上是"劳动幸福"的量化问题，即如果劳动幸福是可能的，那么劳动成果怎样分配才能保证劳动幸福的最大化？"劳动幸福一定是私人性和公共性达到最佳的比例划分时才能实现最大化。良善治理往往要求人们动态地调整这个比例。"⑤ 虽然从劳动幸福出发，可以使得税收（公共占有）获得可理解性以及使得消除劳动幸福的个人主义（纯属私人的事情）误解，但不得不指出，这种主张折射的黑格尔原则，说明其本身

---

① 何云峰：《劳动幸福论：以劳动幸福为基础构筑社会主义精神》，上海教育出版社 2018 年版，第 78 页。

② 何云峰：《马克思劳动幸福理论的当代诠释和时代价值——再论劳动人权马克思主义》，《上海师范大学学报》（哲学社会科学版）2018 年第 5 期。

③ ［德］黑格尔：《精神现象学》上卷，贺麟、王玖兴译，上海人民出版社 2013 年版，第 297 页。

④ ［德］黑格尔：《精神现象学》上卷，贺麟、王玖兴译，上海人民出版社 2013 年版，第 298 页。

⑤ 何云峰：《劳动幸福论：以劳动幸福为基础构筑社会主义精神》，上海教育出版社 2018 年版，第 35 页。

仍然没有脱离现代社会的历史视野。

这也正是笔者陷入的思维矛盾。就像黑格尔的哲学无法脱离黑格尔时代而存在一样，劳动人权马克思主义以"劳动幸福"为基础建构的文化价值体系，也仍然没有超出我们这个时代，即以资本逻辑为主导的现代社会。因此，无论是黑格尔指出的劳动的积极的辩证性（特殊利益与普遍利益、个人与社会），还是何云峰教授给出的"二分法"，仍然是在默认现代社会所处阶段（及其主要原则）前提下之"无可奈何"的积极建构。按其本性来说，这种建构并不是社会主义的，毋宁说仍然停留在资本主义的现代性范围之内。这也正是将劳动实体化（即以劳动作为建构的本体）之后，所导向的劳动拜物教或"上帝化"的理论最终指向。因为以劳动为本体所建构的体系，仍然是为现代劳动体系而服务的。这并非在对劳动人权理论进行道德批判，因为相对于资本主义的野蛮阶段，努力消除资本逻辑对劳动阶级的暴力治理无疑是对社会的巨大贡献。但如果将"劳动"奉为整个文化价值体系的"以太"时，即当社会的治理逻辑严格执行为保障劳动幸福而制定的法律法规，而劳动人民同样严格遵守为保障劳动幸福而制定的"美德"[①] 和"承诺"时，这样的社会不正是按照理性主义的自洽性预设（劳资和谐共处）并为资本主义系统而服务（生产商品、创造价值）的理想模型吗？

这不仅不是理论责难，恰恰相反，笔者认为建构这样一个"以尊重劳动、崇尚劳动为文化价值氛围，进而努力保障劳动幸福"的社会文化价值体系正是当代中国哲学社会科学理论工作者的新时代使命，更是中国社会所万万不能跨越的"卡夫丁峡谷"。

[①]　如何云峰教授所提出的"尊重劳动需要全社会共同践行最基本的 10 种劳动美德"，如坚韧果断、天职观念、严循规范、遵信守时、个体独立、勤俭节约等，这正是一个良善的现代社会运行机制所需要的主观条件和价值前提。马克斯·韦伯在《新教伦理与资本主义精神》一书中所揭示的"资本主义精神"（如敬业、务实、节俭等）正与这些"美德"在本质上相契合。

第八章　"劳动幸福"的马克思主义阐释*

任何一种新的理论形态都有其"基础"。就自然科学而言，这种基础可称之为原理或公理，而就人文社会科学来说，或体现在其论证逻辑的出发点，或隐藏在理论大厦的根基，作为未经证明或不证自明的前提或假设。劳动人权（劳动幸福权）马克思主义理论同样如此。"劳动幸福"作为其奠基性的"概念"何以可能，以及如何可能？这说明需要对其成立所隐含的前提条件进行澄清，而由于我们过去未对这一"前提"进行充分论证和系统阐述，从而使得劳动幸福理论的立论基础始终处于蔽而不明的状态。正因如此，这一新的理论范式自问世起就遭遇学术界的各色诘难甚至批判。这些诘难大抵分为两种类型：一是质疑"思想文本"的合法性，即：把马克思的劳动思想解读为一种劳动幸福理论是否恰当？其是对马克思哲学思想的"原生态还原"还是"非法改造"，是否有充足的文本依据？二是质疑"概念逻辑"的合法性。这种观点认为，"劳动幸福"是对"劳动"与"幸福"两个概念的简单拼接，其包含内在的逻辑悖论，而所谓"劳动幸福权"也沦为一个不能成立的"伪概念"。在某种意义上，这些诘难反映出当代人对"劳动"的误解至深。所以，我们认为有必要从马克思劳动思想的存在论视域澄清劳动幸福理论的逻辑前提，对其立论基础和概念内涵进行界定、辨析，以回应这些争议，并求教于学界。

第一节　劳动创造人："劳动幸福"的前提条件

"劳动幸福"概念的来源和依据正是马克思恩格斯的"劳动创造人"的

＊　本章主要内容已发表。参见何云峰、王绍梁《论"劳动幸福"何以可能——兼对劳动幸福理论若干争议的回应》，《社会科学辑刊》2021 年第 6 期。

基本思想。"劳动幸福是以'劳动创造人'为逻辑大前提而推论出来的必然结论。"① 正是基于"劳动创造人"这个大前提，劳动人权马克思主义以及由此所建构起的社会文化价值体系，方才成立。但在一般人看来，劳动是创造财富的源泉之一，或只是为人类的生存和发展提供了满足需要的生活资料。但这种唯物主义的解释，远远不足以彰显"劳动"在人类生活中的地位和重要性，这就需要从一般的唯物主义推向更为深刻的人本主义阐释范式，即反过来从"人"本身去认识劳动活动。在此意义上，"劳动创造人"意味着劳动是"人"的来源，是使人成其为人的本质性活动。所以劳动成为解释"人"的起源的一把钥匙。一般来说，生物进化论和哲学存在论是马克思主义论证"劳动创造人"的两种基本路向。这两种论证方式使得"劳动创造人"具有了双重含义：一是从普遍进化意义上促进类人猿进化为人类，使人成为自然生物意义上的人。二是从个体发展意义上确证人的类本质，使人成为具有属人属性的人，即社会意义上的人。

恩格斯是生物进化论解释范式的首倡者，"劳动创造了人本身"② 这一重要命题也是其在《劳动在从猿到人转变过程中的作用》中首先明确提出来的。作为《自然辩证法》的一部分，恩格斯试图把唯物主义辩证法的基本原理应用到作为自然界的一部分的人身上，以此来解释劳动与人的关系。在生物进化意义上，劳动给予人之为人的特殊生命的存在及其方式，是对人作为高等生物的本质的证明和确认。恩格斯因此从人的客观维度把劳动解释为作为自然存在者的人的原因，这体现在人的身体的演化、语言的发生、脑的发育等各个方面。恩格斯指出，"直立行走"是"猿类"过渡到"人"的具有决定意义的一步。尽管直立行走也会偶尔发生在类人猿身上，但类人猿一般只会在迫不得已的情况之下才会如此，例如应急反应是为了应对某种极端的自然现象。而人不同，人从成为人那一刻起就自觉地以直立行走的形式活动着。但人获得直立行走的步态并非自然现象，而是人为了获取生活资料进行的劳动把手和脚区分开来了。手和脚的分工让人的手、脚分别向着完全不同的方

---

① 何云峰：《劳动幸福论：以劳动幸福为核心构建社会主义精神》，上海教育出版社2018年版，第17页。

② 《马克思恩格斯文集》第9卷，人民出版社2009年版，第550页。

向进化，其中最为关键的是手变得"自由"了。手的自由意味着人能够不断掌握新的劳动技能，并且可以把劳动中获得的自由灵活性以遗传的方式代代相传，并在适应新的动作的过程中不断进化。在这个意义上，"手不仅是劳动的器官，它还是劳动的产物"①。

不仅是"手""脚"，就连人的语言也是劳动创造的。恩格斯认为，语言一开始是人类在劳动分工和协作过程中为了满足需要而产生的。

> "劳动的发展必然促使社会成员更紧密地互相结合起来，因为劳动的发展使互相支持和共同协作的场合增多了，并且使每个人都清楚地意识到这种共同协作的好处。一句话，这些正在生成中的人，已经达到彼此间不得不说些什么的地步了。"②

可见，语言是人的独特的存在方式，语言证明了人类不同于其他低等动物、植物等一般自然存在物。从信息交流的意义上讲，动物似乎也有"语言"。但动物的"语言"也仅仅限定在满足其本能的生存需要的范围，其抽象性、复杂性和独立性远远不能与人类的语言相比较。不仅如此，人的语言和劳动的发展又推动了猿脑向人脑的过渡，语言的形成和脑的发育使得人的听觉器官和感觉器官也进一步发育。"脑和为它服务的感官、越来越清楚的意识以及抽象能力和推理能力的发展，又反作用于劳动和语言，为这二者的进一步发展不断提供新的推动力。"③ 生产工具的制造和使用毫无疑问也离不开人脑的成熟以及手脚等器官的发育。可以说，这一切都是在劳动过程中发展起来的，这也是造成人和动物的差别越来越大的根本原因。

把人与动物本质性地区别开来的，不仅仅是这些看得见的、摸得着的身体器官，而且是人的劳动的"目的性"。动物所采取的本能行动，所进行的自然活动，其都是直接性的，而不是一种自觉行为的结果。动物在进行某项活动如消灭植物时，它们并不能真正领会自己的行为，但是人却不一样。"人离

---

① 《马克思恩格斯文集》第 9 卷，人民出版社 2009 年版，第 552 页。
② 《马克思恩格斯文集》第 9 卷，人民出版社 2009 年版，第 553 页。
③ 《马克思恩格斯文集》第 9 卷，人民出版社 2009 年版，第 554 页。

开动物越远，他们对自然界的影响就越带有经过事先思考的、有计划的、以事先知道的一定目标为取向的行为的特征。"① 这个目的性、计划性尤其体现在，人不是仅仅利用自然界并使其发生简单的变化就罢了，而是通过改变自然界来为人类自己服务，甚至通过劳动来控制自然界。在自然界面前，动物显然还是处于受动的状态，几乎没有什么主动性、能动性，因此，动物是随遇而安的。而人不同，人对自然的支配能力也不是天然就有的，但在几十万年的进化中，人拥有了动物所没有的认识和运用自然规律的独特能力。"这便是人同其他动物的最终的本质的差别，而造成这一差别的又是劳动。"② 这表明，恩格斯已经不满足于从达尔文生物进化论来论证劳动创造人的重大价值和意义，而是同时综合了拉马克（Jean-Baptiste Lamarck）的"目的论"进化思想，即是说，一切的生物的进化并不是达尔文式的完全随机、不定向的自然选择的结果③，而是与某种明确的需求或目的相关，正是这种需求促进了某些功能进化的完成。拉马克认为："某个部分实属必要的新需求的形成确实促成了该部分的存在，这种存在正是为了满足新需求而努力的结果。"④ 这种从纯粹的客观性、自然性即非目的论转向主体性、社会性的目的论论证范式，得到了马克思的认同。马克思在《资本论》第一卷中就是从人的活动的"目的性"来论证建筑师的劳动相对于蜜蜂建筑蜂房活动的优越性、独特性。"最蹩脚的建筑师从一开始就比最灵巧的蜜蜂高明的地方，是他在用蜂蜡建筑蜂房以前，已经在自己的头脑中把它建成了。"⑤ 也就是说，人之所以优越于动物，是因为人能够独立于自己的活动，让"劳动过程"在其现实展开之前就以表象、观念的形式存在着。

与恩格斯不同，马克思主要不是从人与自然的关系，而是从人的主体性维度追问人的本质。但要指出的是，这两种解释人的起源和本质的路向是互相补充、缺一不可的。因为人类本身是以双重形式存在着，既是作为自然界

① 《马克思恩格斯文集》第 9 卷，人民出版社 2009 年版，第 558 页。

② 《马克思恩格斯文集》第 9 卷，人民出版社 2009 年版，第 559 页。

③ 参见 ［英］达尔文《物种起源》，周建人等译，商务印书馆 2009 年版，第 96 页。

④ 参见 ［美］E·迈尔《生物学思想发展的历史》，涂长晟等译，四川教育出版社 1990 年版，第 401 页。

⑤ ［德］马克思：《资本论》第 1 卷，人民出版社 2004 年版，第 208 页。

的一部分，也有着精神、思维向度的独特性质。作为自然存在者，人如何从一个动物性的存在获得属人的属性，这必然需要一种自然科学式的解释。恩格斯对自然科学的进化论思想的吸收和发展充分说明了这一点。但人同时是作为精神存在者，而不单单是受动的自然存在物，更不是机械唯物主义者理解的"人是机器"。按照亚里士多德的经典定义，人之所以是人，在于人是理性的存在者。这充分说明，生物进化论的阐释范式远远不够，毋宁说，更为关键的是从"人"本身论证人类的独特的本质。

马克思对"劳动创造人"的主体性阐释主要集中于《1844年经济学哲学手稿》。在这里，他把劳动理解为人的自由自觉的活动，因而是彰显和确证人的本质力量的活动。过去很多学者把这种思想贬低为一种人本学的预设，即认为马克思在这里首先预设了劳动是非异化的自由性质，然后再去批判劳动的异化。这表明他们没有正确认识到这里所谈的劳动的存在论意义和价值，由此而忽略了"劳动创造人"的生存论内核。马克思首先是从人的"类"的意义上来认识劳动的创造性。"一个种的整体特性、种的类特性就在于生命活动的性质，而自由的有意识的活动恰恰就是人的类特性。"① 显而易见，"劳动"就是"人"这一物种的整体的"类"特性，是人满足生活需要和自身生产的最为基本的生命活动之一。在此意义上，劳动不仅创造了人自身，而且赋予了"人之为人"的属性。虽然马克思恩格斯都是通过把人和动物的活动进行比较来证明劳动活动的特殊性，但马克思不是从人的自然性而是从人的主体性即生命活动的有意识性来解释人的独特存在。动物之所以是动物而不是"人"，正是因为其活动与人的劳动具有本真之差异。动物并不能将自己和自己的生命活动区别开来，反过来说，与动物不同，人能够与自己的生命活动区别开来，将其当作自己意识和意志的对象。马克思认为："有意识的生命活动把人同动物的生命活动直接区别开来。"② 动物的觅食、繁衍、筑巢等行为成为动物不断重复的全部生命活动，而人却能够通过自己的意志和意识对活动本身进行审视、分析、比较、判别，从而把自己与动物区别开来。因此，

---

① ［德］马克思：《1844年经济学哲学手稿》，人民出版社2014年版，第53页。
② ［德］马克思：《1844年经济学哲学手稿》，人民出版社2014年版，第53页。

人通过"劳动"证明了人作为主体性的存在。

为满足需要而进行劳动的确是对人的类本质的一种确证,然而这种确证仍然是"动物性"的,因为动物也有与人的劳动相类似的生产活动。但人的劳动活动与动物的生产活动有着本质的不同。人之所以能够超越动物并确证人的类本质,是因为"人甚至不受肉体需要的影响也进行生产,并且只有不受这种需要的影响才进行真正的生产"①。在马克思看来,动物的生产仅仅为了满足肉体的需要和物种的繁衍,是片面的和直接的,而人却能够超脱自身肉体层面甚至自然界的限制而进行生产,因此人的劳动、生产是全面的和自由的。"正是在改造对象世界的过程中,人才真正地证明自己是类存在物。"②而人作为类存在物,相对于动物而言,就是一种自由存在物。可见,马克思把自由劳动规定为人的本质之一。

此外,劳动给予人"主体性"不但体现在人与动物的差别上,还体现在,劳动创造了人的全部历史,换言之,劳动开启了新世界。"整个所谓世界历史不外是人通过人的劳动而诞生的过程,是自然界对人来说的生成过程,所以关于他通过自身而诞生、关于他的形成过程,他有直观的、无可辩驳的证明。"③这便是"劳动创造人"之历史性维度的证明。人通过劳动,不但创造了丰富的物质财富世界,使得人获得了动物常常不能获得的免于饥饿的自由,还创造了人的精神世界,即文字世界、艺术世界、宗教世界。从主体间的关系看,人还创造了社会关系的交往世界。正是在这个维度上,劳动不仅创造了个体意义上的人,而且创造了整体即"类"意义上的人。卡西尔虽然把人的本质定义为意义指称的"符号",但他同样认为,人的与众不同的标志、特征并不是其形而上学本性和自然物理性,而是在于人的劳作(work)即劳动。"正是这种劳作,正是这种人类活动的体系,规定和划定了'人性'的圆周。语言、神话、宗教、艺术、科学、历史,都是这个圆的组成部分和各个扇面。"④

从马克思恩格斯对"劳动创造人"的两种证明,我们至少可以得出一个

① 〔德〕马克思:《1844 年经济学哲学手稿》,人民出版社 2014 年版,第 53 页。
② 〔德〕马克思:《1844 年经济学哲学手稿》,人民出版社 2014 年版,第 54 页。
③ 〔德〕马克思:《1844 年经济学哲学手稿》,人民出版社 2014 年版,第 89 页。
④ 〔德〕恩斯特·卡西尔:《人论》,甘阳译,上海译文出版社 1985 年版,第 87 页。

结论：劳动赋予人属人的属性。"只有劳动才能使人远离动物性，获得人性。"① 换言之，劳动是人之为人的本体论说明，是使人成其为人而不是动物的活动。人们之所以把劳动当作一种外在强加的活动，正是由于没有从"人"的高度来认识劳动的创造性，以及劳动的这种内在性。人离不开劳动，劳动离开人也不能称其为劳动。人离开劳动就等于抛弃了自身的属人性质。可以说，劳动与人是共生一体、互相生成的。在此意义上，劳动才确证了人的类本质，劳动人权马克思主义正是基于此而得以构建的。因此，"劳动创造人"是"劳动幸福"概念取得合法性的逻辑前提。

第二节　感性的对象性活动：劳动幸福 概念的存在论澄明

我们曾经对劳动幸福下过明确的定义："所谓劳动幸福，简单来说就是指人通过劳动使自己的类本质得到确证进而得到深层愉悦体验的过程。"② 但有人把"劳动幸福"（labor felicity）概念理解为一种纯粹主观的感受、感觉。这是我们要旗帜鲜明地加以反对的，不能因为"幸福"具有主观性，就把幸福完全等同于主观的东西。这本身就是一种十分主观的想法，因为按照这种逻辑，"美好生活"也无法成为整个社会追求的目标，因为每个人对"美好"的理解都是主观和个别的，那么整个社会如何寻求最大公约数而构建美好生活呢？也就是说，不能混淆了劳动幸福和劳动幸福感。"幸福感就是对自身幸福状态的满意感受和快乐认知。幸福感具有很强的主观性。每个人的主观期待不同，对当前状态和未来趋势的认知不同，会产生不同的幸福感。"③ 可见，劳动幸福感只是人在劳动过程或是劳动结果中所获得一种表层次的、短暂的，具有十分偶然和主观性质的心理反应。正如我们把劳动幸福翻译为"labor felicity"而不

---

① 何云峰：《劳动幸福权：通过劳动创造兑现的人之初始权利》，《湖北大学学报》（哲学社会科学版）2020 年第 3 期。

② 何云峰：《劳动幸福论：以劳动幸福为核心构建社会主义精神》，上海教育出版社 2018 年版，第 19 页。

③ 何云峰：《论劳动幸福权》，《社会科学家》2018 年第 12 期。

是"labor happiness"一样，幸福和快乐是两个层次的概念。"幸福是更深层次、更持久、更加发自内心的愉悦，而快乐是表层、短时、感官性的喜悦。"①需要强调的是，仅仅从心理学意义上来区分幸福与快乐、兴奋、激动等快感是不够的，因为动物也会出现类似的生理刺激反应。劳动与幸福的因果关系更为根本地体现在劳动对人的本质的确证这件事上，所以人的劳动幸福具有纯洁性、神圣性和超越性。纯洁性在于，劳动不仅仅是满足需要的工具、手段，而同时是人的目的本身。神圣性在于，劳动不仅创造了外部世界，而且创造了人本身，是人的根据和说明，对于人来说具有某种崇高性。不仅如此，劳动幸福是人类追求的永恒目标，是人类世世代代不断创造的永恒动力。因此，相对于个体而言，劳动包含把"个体"提升至"类"的超越性功能。

往深层次说，"劳动幸福"概念的哲学内涵能够得到马克思的存在论革命的支撑和澄清。"感性的对象性活动"就是马克思对西方传统形而上学发起的哲学革命所形成的成果。而劳动的存在论基础正是感性的对象性活动，这一点，我们在本书第一章中有过论证，不再赘述。关键在于，这一存在论革命有力地解释了为什么马克思把劳动推崇为人的类本质。一方面，马克思扬弃了以黑格尔为代表的德国古典哲学的理性活动观。在西方传统中，"活动"概念意味着人的主体性、创造性和能动性，但黑格尔只承认人的自我意识和绝对精神的活动，而把人的"感性—对象性"活动仅仅理解为这种理念活动的外化产物。在这种意义上，劳动作为感性的对象性活动不可能具有确证人的主体性的功能，而只能沦为理念运动的中介和工具。也就是说，劳动活动本身不能确证和肯定人的本质。另一方面，以费尔巴哈为代表的旧唯物主义，"对对象、现实、感性，只是从客体的或者直观的形式去理解，而不是把它们当做感性的人的活动，当做实践去理解，不是从主体方面去理解"②。所以费尔巴哈的"感性对象性"抛弃了黑格尔的"活动"原则，这就等于抛弃了人的主体性之证明，这样做的消极结果就是不能把人与动物区别开来。因此，劳动作为人的活动无法进入费尔巴哈的人学视野之中。换言之，在费尔巴哈

---

① 何云峰：《劳动幸福权：通过劳动创造兑现的人之初始权利》，《湖北大学学报》（哲学社会科学版）2020 年第 3 期。

② 《马克思恩格斯文集》第 1 卷，人民出版社 2009 年版，第 499 页。

那里，劳动也不能成为人的本质性活动。

把"感性—对象性"与"活动"统一起来的正是马克思。劳动（还包括哲学意义上的实践、生产等概念）作为感性的对象性活动的一种，必然也是彰显人的主体性和肯定人的本质力量的活动。这便是劳动幸福的存在论内涵。这在《1844 年经济学哲学手稿》中有大量的证明。一方面，人通过现实的、感性的对象来表现自己的生命活动，从而确证人的本质力量。这就好比太阳和植物的关系一样。"太阳是植物的对象，是植物所不可缺少的、确证它的生命的对象，正像植物是太阳的对象，是太阳的唤醒生命的力量的表现，是太阳的对象性的本质力量的表现一样。"[1] 另一方面，感性的对象性活动彰显人的主体性。"人通过自己的外化把自己现实的、对象性的本质力量设定为异己的对象时，设定并不是主体；它是对象性的本质力量的主体性，因此这些本质力量的活动也必定是对象性的活动。"[2] 黑格尔哲学由于将使得对象性本质力量成为观照对象的"设定"当做"主体"本身，才最后把"人"淹没在绝对精神的活动之中。这样，作为主体的人就成了绝对理念自主运动的工具。马克思反对这种做法，反而认为，这种"设定"不但不是规定人及其行动的"主体"（绝对精神），相反是人的主体性即人的创造性、能动性的一种证明。其次，劳动幸福所彰显的人的主体性还体现在，马克思把劳动看作个体价值与意义的自我实现的最根本的形式。这是劳动幸福理论成立的价值前提，但同时是蕴含在马克思劳动思想深处的逻辑预设，即假设了人的本质、价值、意义、目的与劳动的"同一性"。马克思这种自我"从潜能到实现"的幸福思想来源于亚里士多德，但马克思将"自我现实"与"劳动"相统一，认为劳动促进了每个人独特的能力和潜力的发挥和发展。"我的劳动是自由的生命表现，因此是生活的乐趣"，"我在劳动中肯定了自己的个人生命，从而也就肯定了我的个性的特点"。[3] 这正是马克思原汁原味的劳动幸福思想，也是劳动人权马克思主义的立论之基。

从存在论的高度把握劳动概念，还有助于我们回应从自然必然性的维度来否认"劳动幸福"的流行观点。这种观点认为，劳动固然可以为人类带来

---

① ［德］马克思：《1844 年经济学哲学手稿》，人民出版社 2014 年版，第 103 页。
② ［德］马克思：《1844 年经济学哲学手稿》，人民出版社 2014 年版，第 102 页。
③ 《马克思恩格斯全集》第 42 卷，人民出版社 1979 年版，第 38 页。

幸福，创造美好生活，但劳动本身不可能成为幸福的事情。阿伦特是这种观点的代表人物，她在《人的境况》中否认了劳动本身具有幸福属性的可能。阿伦特与康德的观点一致，认为劳动始终要受到自然的制约，服从物质世界的规律，因此只能存在于永恒的自然必然性链条之中。"劳动总是在同一个循环上轮回，这个循环是生命有机体的生物过程规定好了的，它的'辛苦操劳'一直要到这个有机体死亡时才结束。"① 在这个意义上，劳动只能是辛苦、劳累的代言词。至于"幸福"仅仅被阿伦特理解为劳动过程的伴随物即衍生品，"正如愉快是肌体健康运转的伴随物一样"②，而并非劳动固有的属性。阿伦特的方法论错误恰恰就在于其是从现代资本主义的雇佣劳动出发来对"劳动"进行价值判断，而不是从存在论来把握马克思的劳动概念。在现代资本主义社会，劳动逐渐从生产过程的主体地位消退，变得越来越抽象、机械，甚至成为辅助生产机器运行的看管者。传统手工业劳动的"感性—对象性"的属性几乎被大机器生产所取代、消灭。在自动化世界里，人成了机器，沦为实现机器程序预设目标的劳动动物。在此意义上，阿伦特才否认了"劳动有幸福"。但阿伦特并没有把握到劳动概念的存在论维度，这就是人的本质规定即"感性的对象性活动"。简单的机械劳动，只是现代雇佣劳动形式的一种，而人只要进行活动，只要劳动，就必须与自然界（包括人化自然）打交道，进行物质变换。这样，作为感性的对象性活动的劳动就不可能被完全消解掉。相反，随着生产方式、社会分工的发展，劳动的具体形态会不断地发生改变。以体力劳动和脑力劳动为对比，现在的劳动多以计算机技术为基础，那么，我们不能说，由计算机所建构出来的脑力劳动就是非感性的对象性活动，相反，它本质上仍然是感性的，因为其仍要以电脑、机器、零件等物质材料为基础。不仅如此，它还是对象性的，因为它需要将通过数字和电信号所建构的网络世界"设定"为劳动对象，进行编写、改进和创造。只不过，感性的和对象性的载体和形式发生了变化。再以物质劳动和非物质劳动为例，物质生产劳动虽然有明确的改造、加工的对象，但这不意味着非物质劳动的非对

① ［美］汉娜·阿伦特：《人的境况》，王寅丽译，上海人民出版社 2009 年版，第 72 页。
② ［美］汉娜·阿伦特：《人的境况》，王寅丽译，上海人民出版社 2009 年版，第 78 页。

象化。例如进行信息交换、提供某种服务的非物质劳动，就仍然离不开其服务、交往的对象，离不开为达到劳动目的的生产手段。感性的对象性活动不等于对象化活动，但对象化活动只是对象性活动的一种，是肉眼可见的、可以通过客体来得到直观的活动。感性的对象性活动，意味着必须以"感性—对象性"为活动的前提和基础。正如马克思所说："对象性的存在物进行对象性活动，如果它的本质规定中不包含对象性的东西，它就不进行对象性活动。"① 而"人"的发展时至今日，仍然是作为"感性—对象性"的存在物，所以人必须进行生产劳动。这是人的本质规定所决定的，而不可能随着现代生产范式的进化和人工智能技术的诞生而得到根本性的颠覆。

唯有从马克思哲学的存在论高度，才能真正把握"劳动幸福"的哲学内涵，同时也才能彻底地破除那种以"现实的劳动不幸福"来否定"劳动的幸福"的资本意识形态。只要有劳动活动发生着，作为确证人的本质意义上的"劳动幸福"就存在，无论作为劳动主体的人是否感受到劳动幸福，即无论在生理层面是否会产生劳动幸福感。从这个意义上讲，所有的劳动都包含劳动幸福，但不一定会在主体身上产生劳动幸福感。因此，我们把劳动幸福定义为劳动确认人的本质而产生的"深层愉悦"而不是"快感"。这是由劳动幸福概念的本体论属性所决定的，它并不会随着人的主观感受和认识的变化而得到改变。只要劳动是属人的活动，劳动幸福就成为劳动活动的本质属性，而把"劳动幸福"割裂开来的错误做法正是异化劳动带来的必然结果。异化劳动对人的否定性远远超过甚至淹没了劳动对人的肯定性，"劳动不可能幸福"的观念自然而然就成为人们的普遍看法。即是说，劳动幸福虽是劳动活动所固有的，但劳动者之所以没有产生劳动幸福感，正是因为劳动的消极性遮蔽了劳动的积极性。马克思因此才说，工人"在自己的劳动中不是肯定自己，而是否定自己，不是感到幸福，而是感到不幸"②。在此意义上，"劳动幸福"绝不是"劳动"与"幸福"两个概念的简单叠加，而必须把它作为一个整体的哲学概念来理解。"劳动本身有幸福"与"劳动可以创造幸福"是两个完全不同的意思。这就像马克思的

---

① ［德］马克思：《1844 年经济学哲学手稿》，人民出版社 2014 年版，第 102 页。
② ［德］马克思：《1844 年经济学哲学手稿》，人民出版社 2014 年版，第 50 页。

"感性活动""对象性活动"等概念一样，因为"劳动幸福"已经形成自身的独特内涵，因而也获得概念的完整性、独立性和自洽性。

第三节　劳动二重性与保障劳动幸福权

"劳动创造人"是整个劳动幸福理论的逻辑出发点，劳动创造的不但是身体上的人，而且是人性上的人，即让人获得了属人之属性。而劳动从作为感性的对象性活动来说，就包含了确证和肯定人的本质力量即人的主体性之性质，这就是劳动幸福概念的哲学内涵。这样，我们就从"劳动创造人"的理论假设过渡到"感性的对象性的活动"。我们可以对这种活动所建构的客观世界进行研究、分析。从经济学上分析，正如马克思政治经济学批判所揭示的，劳动具有抽象和具体两重性。具体劳动创造产品的使用价值，抽象劳动创造产品的交换价值。但这种二重性还只是从客体、对象，即"物"的角度分析所得到的结果，不涉及任何价值评价，只是对商品经济的一种事实性描述。但马克思劳动理论的真正旨趣恰恰是"人"的主体性的价值维度。所谓价值，简单来说就是"好坏"或"善恶"的评判，也就是劳动对人的有利性或有害性。我们把这种称之为哲学意义上的劳动二重性理论，即劳动的积极性与劳动的消极性。所谓劳动的积极性（positive）或劳动的肯定性，即是指劳动作为感性的对象性活动，它能够展现人的属人的属性，使人获得人的类本质、确证人的存在。劳动的积极性能够不断地促进人的属人性的丰富和发展，使人的类本质的创造力量不断地释放出来。这也是"劳动幸福"概念的基本思想。但这里的劳动积极性与劳动意愿性（will）层面的积极性是两个不同的概念。人从劳动中获得的肯定越多，那么，其劳动的意愿程度也就会很高。劳动意愿性是劳动积极性的必然结果。从来源看，劳动的积极性分为物质与精神两种形式。人通过劳动获得了丰裕的物质财富，告别了茹毛饮血的动物式生活方式，促进了人类的身体发育和健康卫生体系的建立，延长了人的寿命，这固然会让人产生一种幸福感。但更重要的是，人通过劳动实现了自己的潜能、证明了自己的能力，获得了他人和社会的认同。这便是劳动积极性的精神维度，它给人类带来一种物质所不能取代的愉悦体验。从表现形式看，劳动积极性分为劳动过程和劳动结果的积极性。如果人是在没有外在压迫的轻松愉悦条件下进行劳动，并且带来了预期的效果，为劳动主体创造了物质和精神上的满足，那么，劳动过程和劳动结果就是积极的。

然而，劳动又有另外一面，即"非属人"或否定。我们叫作"劳动的消极性"（negative）或劳动的否定性。马克思的异化劳动理论就是在这种前提下提出来的，并不带有什么价值预设，即不是把人类的劳动活动先验设定为自由自觉的活动即积极的活动，再把现实劳动的异化即消极性与之对比。实际上，劳动的消极性内在于感性的对象性活动本身，只要进行生产劳动，劳动的二重性就存在。只不过，不同的社会生产条件和历史阶段，劳动二重性的性质、特征和表现不同罢了。劳动的消极性是指劳动对人产生的消极或有害的结果。但哲学意义上的劳动消极性不单单是劳动在个体的感受、经验层面所造成的伤害，而尤其是指就"人"作为"类存在"而言，劳动对人的存在价值和意义的否定，对人的尊严的践踏、剥夺。作为人与自然、人与人的互动性活动，劳动意味着必须遵从自然规律，或者在服从社会秩序的前提下展开活动，这就必然会产生一定的体力智力的消耗，或者带来精神上的困扰或烦恼。从产生来源和表现形式看，劳动具有自然和社会两种形式的消极性。自然维度的劳动消极性以生理性质的伤害为主。人是自然的一部分，人只要劳动，就必然带来生理上的能量消耗，辛苦性和折磨性不可避免。只是随着生产工具的改进，这种消极性会有所减少罢了，或多或少消除人的非人性。这是由人的自然性所决定的。正如恩格斯在《反杜林论》中所指出的："人来源于动物界这一事实已经决定人永远不能完全摆脱兽性，所以问题永远只能在于摆脱得多些或少些，在于兽性或人性的程度上的差异。"[1] 一方面，在原始社会，人面对的是强大的自然界，在自然灾害面前只有"袪灾避难"的被动性，毫无主动性、能动性可言；另一方面，由于生产力、生产工具的落后，人主要依赖于体力劳动生产物质生活资料。更重要的并不是自然消极性，而是由于社会形式所带来的伤害和压迫。这也是马克思真正要批判的焦点。劳动消极性直接关系对人的本质的否定，在此意义上，马克思批评说，黑格尔

---

[1] 《马克思恩格斯文集》第9卷，人民出版社2009年版，第106页。

"只看到劳动的积极的方面，没有看到它的消极的方面"①，即没有看到资本主义生产关系带来的劳动消极性。生产关系无非就是生产过程中人与人的社会关系，这种社会关系在本质上包含着"非人"的属性。与自然维度的消极性不同，这是一种"人为"性质的消极性，是指在特定的人的社会组织、社会制度、生产关系的条件下进行劳动所产生的侵害。最常见的是，资本家为了获取超额剩余价值迫使工人过度劳动，劳动者往往因为超过人的身体机能的极限而对造成大大小小的危害。异化劳动的四个规定无非就是指资本主义雇佣劳动造成的消极性的四个维度，即在活动、物质、类本质、社会关系四个层面对人的否定。

这样，劳动的二重性就构成一种矛盾的运动，人就是通过生产力的发展和自己的创造性活动不断地消解这种消极性，发挥它的积极性，提升它的肯定性、享受性和属人性，使人的劳动更加符合人的本质的需求。这同时是劳动幸福程度提高的过程，毋宁说，这种积极性战胜消极性的矛盾运动过程本身就彰显了人的独特的本质力量，亦即一种特殊的"劳动幸福"。生产力的发展、生产关系的变革以及人类社会的发展就是这么一个不断进步的过程，人类文明进步史就是劳动幸福发展史。所以"劳动幸福"概念符合马克思历史唯物主义基本原理，具有一定的客观性，其表现形式、评判标准都与一定的历史阶段、特定的生产力、生产关系高度相关。原始社会、奴隶社会的劳动幸福追求和现代社会自然是不同的。所谓"劳动幸福的最大化"也是同样的道理。不能把劳动幸福的最大化理解为一个静态的或实证的量化问题，而要从历史唯物主义的高度，即从社会经济、生产力的发展水平、生产关系的历史阶段来认识这个"最大化"。尽管劳动幸福不是实证化概念，但劳动是一个客观现象，它必然会产生客观的结果，因而人类可以通过不同维度对这些劳动效应进行"观测"，综合判断劳动幸福的实现程度问题。

在这个意义上，为了保障劳动幸福，引入实证量化的工具是一个必然和必要的做法。"保障劳动幸福应该被看作是社会良善治理或者社会发展的最高标准。社会治理和社会发展的基本任务就是保障每个人达到最大限度的劳动

---

① ［德］马克思：《1844年经济学哲学手稿》，人民出版社2014年版，第98页。

幸福。"① 社会生产力水平达到什么程度，"劳动幸福"也就应该达到与之相吻合的程度。人类不断地用属人的属性来消解非属人的一面或否定人性的一面，人的劳动幸福程度就不断地提高，人类文明也就越来越进步了。因此，劳动幸福概念还蕴含了劳动解放的深刻意义，即劳动幸福程度的不断提高同时是自由劳动的实现过程。因此，人在劳动中得到全面发展，获得劳动尊严和劳动解放，实现自由劳动，这些基本因素（即劳动发展维度、劳动解放维度、劳动尊严维度、劳动基础条件维度）合在一起，就是劳动幸福的综合体现。"从最理想的状态来说，四个维度所能确证的程度同时提高，才能最大化地提升劳动幸福的程度。"②

"劳动幸福权"概念正是在劳动二重性与劳动幸福的历史性关联的意义上提出来的。这个概念受到一些学者的质疑。他们从固有的认知体系和概念体系出发，否认"劳动幸福权"概念的合法性，认为只存在"劳动权"，而不存在"劳动幸福权"。这说到底，涉及的是对"劳动幸福"与"权"之概念的理解。"劳动幸福"是指人通过劳动获得属人的属性而得到的深层愉悦体验。在这个意义上，我们认为，不能狭隘地从法学的"权利"（right）概念去理解劳动幸福权，而是把它理解为一切具体权利的根据，即劳动幸福权相当于"rights justification by labor felicity"。"如果承认劳动是人的类本质，那么劳动幸福就是一种不可转让的人之为人的权利。"③ 因此，劳动幸福权是人之最基本的权利，即人具有不被物化、不被动物化、不被非人化的基本权利。这种"劳赋人权"的含义可类比"天赋人权"即人之根据在上帝，我们认为"人"之根据在劳动。所以，尽管劳动幸福"权"可以具体化为"right"，但不等同于"right"，从人的本质的高度，"权"意味着"属人的属性"（Hominine Attribute），即人之为人的资格、证明。"property"也有"属性"的意思，本意即"所有权"。但"property"作为物之属性首先是从"Hominine Attrib-

---

① 何云峰：《马克思劳动幸福理论的当代诠释和时代价值——再论劳动人权马克思主义》，《上海师范大学学报》（哲学社会科学版）2018年第5期。

② 何云峰：《论劳动幸福的四个观测维度及其辩证关系》，《贵阳学院学报》（社会科学版）2020年第2期。

③ 何云峰：《劳动幸福论：以劳动幸福为核心构建社会主义精神》，上海教育出版社2018年版，第63页。

ute"推论出来的，属人的属性作为人的属性在具体的生产、生活或社会交往中，必然会以具体的"所有权"（property）的形式存在，因为"权利决不能超出社会的经济结构以及由经济结构制约的社会的文化发展"①。而劳动幸福权所指的"属人的属性"之所以具有超越历史性，正在于它是从"劳动创造人"这个大前提中推论出来的。同样，为了保障属人的属性，劳动幸福权还可以演化为公共权力以及为了保障劳动幸福进行的权力斗争，即"power"。

从元哲学看，劳动幸福之"权"是比权力和权利都更高一级的概念，但劳动幸福之"权"都能现实化为权利和权力。保障劳动幸福权就是维护劳动确证人的类本质的这一属性。在这个意义上，劳动幸福是一切社会现实合理的根据，也是一切不合理的判断标准。现实劳动过程会形成各种压抑、消解人的属人性的力量，这是劳动的消极性的一面，当消极性遮蔽了积极性成为矛盾的主要方面时，劳动幸福权就被侵害了。消极性程度越高，劳动幸福权被损害的程度也随之增加。所以保障劳动幸福权就是使劳动与生产力的水平相一致地去确认人的本质，而不能受到人为的损害，反之，就会产生劳动不正义的问题。在人工智能时代，社会应当通过生产制度和生产关系的设计、改造，把过去那种具有高强度、危险性、枯燥性等属性的劳动替代掉，让人去从事更加自由和有利于个性发挥、能力全面发展的工作。这就是保障劳动幸福权的现实意义。所以，仅仅讲法律层面的"劳动权"不行，一定要有"劳动幸福权"。如果只是让人去劳动，而不去考察劳动是否符合人的本质，那么，这样就必然会把"人"变成阿伦特所批判的"劳动动物"。劳动异化的深层含义指的正是人的劳动幸福没有达到与现代资本主义生产力水平相匹配的应有的程度。可以说，一切否定人的类本质的劳动活动，均是违背劳动幸福权的异化劳动。

从历史唯物主义认识劳动的二重性及其矛盾运动，有力地回应了把劳动幸福理论理解成"乌托邦"的错误观点。实际上，劳动幸福、劳动幸福权等概念超越了纯粹"应然"的理想世界，因为劳动幸福的发展始终是与社会形态的发展相互动的。封建社会所建立的社会关系是半人身依附关系，就劳动

---

① 《马克思恩格斯文集》第3卷，人民出版社2009年版，第435页。

幸福而言，封建社会的劳动将奴隶社会的人身依附关系下的奴役劳动给解除了。即是说，人们在奴隶社会所追求的非奴役性质的"应然"的劳动幸福在封建社会变成了"实然"。同样，资本主义社会相对于封建社会，曾经被绑定在"伦理依附"的关系中的劳动，也被在市场上自由买卖劳动力商品的"自由劳动"所取代，这种取代从历史角度看，具有积极的进步的性质，所以也是一种从"应当"向"是"的现实化过程。"人类社会的理想状态就是要消灭各种奴役力量，使劳动回归到其应然的、确证人的类本质的状态。"① 在马克思的存在论思想中，劳动、生产都是"实践"或"感性的对象性活动"概念的具体化或下级概念，是对主观与客观的统一，换言之，是对"是"与"应当"主客二分的理性形而上学传统的扬弃和超越。因为劳动二重性内涵于劳动活动本身，"劳动幸福"就是内含"事实"与"价值"于一体的概念，自然就不存在所谓"是"与"应当"的逻辑断裂了。

因此，"劳动幸福"概念绝不是知识分子的自说自话，不是闭门造车之产物，其立论基础、逻辑前提和思想内涵完全符合原生态马克思主义的基本观点和立场，是对马克思恩格斯劳动思想的继承和创造性发挥。马克思曾经说过："一个时代的迫切问题……主要的困难不是答案，而是问题。因此，真正的批判要分析的不是答案，而是问题"，而"问题是时代的格言，是表现时代自己内心状态的最实际的呼声"。② "劳动幸福"已然成为当代人的时代问题和精神状态，那么"保障劳动幸福权"就是新时代的口号，是我们这个时代最实际、最迫切的呼声。人之所以为人，是因为人能够用其特有的主体创造性去消解和降低劳动的各种消极性，使劳动本身变成越来越具有属人性的活动，成为远离动物本能活动的、确证人的本质活动。这样，人在劳动中才会更像"人类"，脱离"兽类"。正是这样的属人性不断得到丰富，人类社会才会实现劳动幸福。

---

① 何云峰：《劳动幸福权：通过劳动创造兑现的人之初始权利》，《湖北大学学报》（哲学社会科学版）2020 年第 3 期。

② 《马克思恩格斯全集》第 1 卷，人民出版社 1995 年版，第 203 页。

第九章　"让劳动本身成为享受"何以可能[*]

"劳动幸福"问题是现代社会发展与治理的首要和基本的问题。以劳动幸福为基础构筑社会主义精神，由此重构的现代社会文化价值系统则是这一基本问题的理论旨趣。① 这种社会主义精神及文化价值系统有着区别于其他社会形态和制度的基本主张：一是强调信奉"幸福是奋斗出来的"因果逻辑；二是强调收获与付出成正当比例的分配逻辑（劳有所获）；三是要"让劳动本身成为一种享受"。② "让劳动本身成为享受"③ 既是社会主义精神的核心主张，同时也是社会主义发展的最终目的。因此，"让劳动本身成为享受"何以可能，就成为亟待研究的时代课题。

第一节　劳动成为享受的价值意蕴

"让劳动本身成为享受"是劳动人权（也即劳动幸福权④）马克思主义的重要内容。"劳动幸福"的哲学内涵是人通过劳动使人的本质力量得到确证和肯定，这种确证和肯定在主体层面会带来一种深层的愉悦与体验。因此，从

　＊　本章主要内容已发表。参见何云峰、王绍梁《"让劳动本身成为享受"何以可能》，《探索与争鸣》2019 年第 7 期。

　①　参见何云峰《社会主义对资本主义社会文化价值系统的超越》，《湖北大学学报》（哲学社会科学版）2018 年第 6 期。

　②　何云峰：《劳动幸福论：以劳动幸福为基础构筑社会主义精神》，上海教育出版社 2018 年版，第 1—2 页。

　③　这里需要澄清"劳动幸福"与"劳动本身成为享受"的辩证关系。首先，"劳动本身成为享受"是"劳动幸福"的必要不充分条件，一定程度的劳动幸福必然包含一定程度的享受性。其次，"劳动幸福"是指导、判断一个社会整体文明发展程度的总体性理论，而"劳动本身成为享受"是一种主体层面对劳动幸福感的内在体验。

　④　参见何云峰《论劳动幸福权》，《社会科学家》2018 年第 12 期。

具体的现实内容来看，"劳动幸福"概念主要有两层含义：其一，劳动是幸福的源泉，"幸福是奋斗出来的"，只有通过创造性诚实劳动获得的幸福才是真正的幸福；其二，让劳动本身成为享受、成为幸福的事情，简单来说就是让劳动本身快乐起来。

无论是马克思主义经典作家还是国民经济学家，在"劳动是社会财富创造的源泉之一"这一基本观点上是一致的。但并不能仅从社会财富层面理解这种来源的唯一性（价值）和至上性（使用价值），因为劳动幸福问题在更高的意义上是主体的深层愉悦与体验的问题。在这层意义上，我们坚持认为"劳动幸福是每一个人不可转让的初始权利"①。从劳动幸福的物质性看，劳动幸福权的基础条件似乎是可以通过共同体的法律和习俗转让的；但从劳动本身作为一种精神性的体验过程看，劳动幸福具有主体性和内在性的特性，因而不能在不同的主体间通过法的形式转让。但并非所有的活动都能归为幸福劳动。在现代社会，只有创造性的诚实劳动才能够产生快乐和愉悦。在中国的"计划经济"时期，"劳动光荣"是劳动幸福的一种获得和表现形式。但那个时期大多还是以体力劳动为主，所以伴随的是辛苦、劳累甚至痛苦。由此，劳动幸福成为一种以牺牲身体幸福为代价的"精神奢侈"。在某种意义上，那还只是一种依赖于外在肯定和认同的"光荣"。② 幸福的劳动固然离不开体力消耗，但更根本上是指创造性诚实劳动。一方面，这种劳动具有创造性的特征，扬弃了以往的简单繁复和机械性的旧劳动形式；另一方面，在追求劳动幸福的过程中，劳动者不仅不损害而且有益于他人，从而扬弃了那种以损害他人利益为前提的非正义劳动。因此，幸福劳动必须是持久性的有益劳动。

首先，从个体劳动的主体层面看，"让劳动本身成为享受"包含五大规定性。第一，这种劳动须具备合意愿性，即我们所从事的劳动活动不是来自外部强加的被迫劳动甚至奴役劳动，而是合乎劳动者意愿的劳动。这也是马克

---

① 何云峰：《劳动幸福论：以劳动幸福为基础构筑社会主义精神》，上海教育出版社 2018 年版，第 61 页。

② 参见王绍梁《从"劳动光荣"到"劳动幸福"：当代青少年劳动价值观的转变》，《青年学报》2019 年第 1 期。

思"自由自觉的活动"的基本思想。从历史哲学看，人类与劳动的关系大体经历了从奴役劳动到谋生劳动，再到体面劳动和自由劳动的过程。① 虽然现代社会大体处于谋生劳动到体面劳动的阶段，但这并非意味着现实生活中不存在"强迫性"劳动。这种违背主体意愿的强迫劳动现象在今天仍然是存在的。违背劳动的合意愿性并不仅仅在生理上会对人造成伤害和摧残，心理上的负面影响在一定层面上更严重也更持久。所以，劳动成为享受首先要符合个人意愿。

第二，劳动类别是主体喜欢的活动。现代社会的高度分工化使人越来越难以从事自己喜欢的工作，因为分工程度高，生理寿命和学习能力有限的人类不可能"任意"选择所有喜欢的劳动形式。我们要走出"劳动任性"的认识误区，不能把喜欢从事的活动具体化为某个特定的职位，而要将其看作劳动的类别或职业的类型，如高校教师、艺术创作者、行政管理行业等。我们需要将职位的分工和劳动类别的分工区别开来。因此，"喜欢的活动"不是盲目和抽象的，也要求劳动者结合自己的兴趣爱好，尤其是能力和技能，在社会上寻找和匹配适合自己的劳动形式和工作岗位。这样的"喜欢"才能保持可持续性，才能使得劳动成为持久性的享受。

第三，劳动必须是自主性的活动。自主性与合意愿性、职业匹配性不同，不是单纯以人参与某项劳动的动机为条件。自主性要求劳动者能够自主地选择、支配和展开自己的劳动过程，而非机械地、无聊地执行管理者或机器设定的固定程序。这种非自主性实则是现代劳动者的机器化，人与机器的关系倒真成了拉美特利所主张的"人是机器"。在流水线上人被机器牵着鼻子走，人的动作和注意力总是服从于机器的运转，如计件工资就包含这种非自主性。"劳动是积极的、创造性的活动。"② 因此，自主性的劳动一定属于创造性的诚实劳动，在这种活动中，劳动本身一定是充满幸福感和享受感的。

第四，劳动必须对身体有益，不能损害劳动者的健康。在绝对的意义上，所有劳动都必须伴随一定的体力或智力的耗费，自然也就无法避免一定程度

---

① 参见何云峰《人类解放暨人与劳动关系发展的四个阶段》，《江淮论坛》2017 年第 1 期。
② 《马克思恩格斯全集》第 30 卷，人民出版社 1995 年版，第 618 页。

的劳累。但只要将劳动强度和时间控制在一定限度内，找到每一个劳动者的劳动时间和休息时间的合适比例，将高强度和高风险的劳动尽可能地转移给机器，才能保证劳动对人身体的有益性，而不损害劳动者的身心健康。

第五，劳动的享受性是过程和结果的统一，人既要在劳动过程中享受劳动，也必须在结果上实现一种幸福的状态。过去人们对劳动幸福的理解，往往侧重从劳动的结果判断和评定是否有幸福感和享受感；或者又只因劳动过程的辛苦程度就简单地否定劳动获得幸福、劳动成为享受的可能性。实际上，两者不可偏废。劳动既要成为享受的过程，也必须能够提供可持续享受的基础，即劳动幸福是劳动过程和劳动结果的统一，是劳动的对象性和对象化过程的统一。

现代社会的劳动治理只有符合以上五个基本特性，才能让劳动本身成为一种真正的享受。"如果劳动能够创造出一种使人深层感受到的内心愉悦，那么劳动就会变成人人愿意参与的享受型活动。"[1]

其次，从社会劳动的治理层面看，"让劳动本身成为享受"需要从以下两个方面得到体现。第一，让劳动对人的压迫降到最低程度，即将人从不合意愿的强迫性劳动、丧失自主性的机械劳动和损害劳动者健康的高强度和危险性劳动中解放出来。劳动并非完全主观的思想活动，也不是与动物无异的自然活动，劳动具有双重特征。一方面劳动作为感性的对象性活动，在马克思那里意味着人对对象性关系的自觉。从这个意义上说，劳动展现的是人的本质力量，进而实现人的主体性。现代工业体系是人类最为自豪的成就之一，马克思曾将工业及其历史所产生的对象性存在和对象化结果喻为"一本打开了的关于人的本质力量的书"和"感性地摆在我们面前的人的心理学"。[2] 另一方面，劳动关联着自然界，是人与自然的物质变换过程，因而这种活动也必然要服从和受制于自然活动的规律，即劳动在为人类创造物质资料和精神文化生活的同时，蕴含着自然必然性对人可能造成的伤害和压迫。在心理学上表现为心理紧张和精神压力，在生理学上伴随的是体力的消耗所带来的劳累甚至痛苦。因此，作为社会性的劳动，必须通过客观的社会条件和治理过

---

① 何云峰：《劳动幸福论：以劳动幸福为基础构筑社会主义精神》，上海教育出版社 2018 年版，第 53 页。

② 参见 [德] 马克思《1844 年经济学哲学手稿》，人民出版社 2014 年版，第 85 页。

程尽可能将劳动的压迫性降至最低，但不能将"劳动的享受性"抽象地理解为无任何压迫性。这是不可能的，也完全违背人的自然属性。

第二，让劳动对人的促进性最大程度地得到发挥。劳动可以促进人的发展，使人的多方面潜能得到充分发挥。劳动作为感性的对象性活动同时也是对象化活动，但对象化活动更多是衍生性和第二性的。也就是说，对象化的存在对于人作为主体性的存在来说仍然是展现人的主体本质和体现人类主体力量的中介和环节。与黑格尔单纯将劳动看成实现抽象的精神自由的中介和环节不同，在马克思的思想中，劳动本身具有本体论或存在论的意义。但在现代社会中，劳动这种展现人的本质力量的生存论意义出现了理论和现实的双重悖论。一方面，人作为有限性的存在物，不可能从事一切活动，因而有了不同的分工，即个体劳动的差异化和多样化；另一方面，这种个体的差异性和多样性又造成人的需要的无限性，人必须通过各自特殊的劳动使彼此的需要得到相互满足。这就是个体劳动与社会劳动的辩证关系。分工就意味着专业化，专业化要求劳动活动具有相对的稳定性以及专门性，这种稳定性和专门性就会将人的发展限制住，使人难以获得真正的自由全面发展。所以要想让劳动本身真正地成为一种享受，社会治理必须从劳动幸福的高度把握这种矛盾，从其五个规定性出发，尽可能地引导、培养和形成享受性劳动的社会环境和氛围，在合理的限度内最大限度地开发劳动者的创造性和潜力，让劳动者在劳动过程中感到享受而非束缚和压抑。

"让劳动本身成为享受"的五个规定性和两方面体现在现实中实际上是统一的辩证过程，其核心要义都是要尽可能使得劳动阶级在劳动过程中体验到深层次的愉悦。因此，"让劳动本身成为享受"不是抽象的命题，而是一种现实的历史运动过程，是一个社会良善治理、良性发展和文明进化的标尺。

第二节 劳动成为享受的现实困境

在理论上探讨"让劳动本身成为享受"之所以如此重要和紧迫，是因为现实劳动的异化。关于劳动异化的原则性分析和批判在马克思那里早已有过比较充分和完整的阐明，关于现代社会"劳动不幸福"的理论探讨大多仍是跟在马克思身后亦步亦趋。我们认为，随着资本在世界范围的进一步展开以及金融资本、人工智能时代的到来，劳动异化的形式也随之发生了新的转变。对这些新的异化形式和实体性内容的概括、分析和批判，是理解"让劳动本身成为享受"之重要意义的理论前提。

第一，过强的压迫性使得人们越来越厌恶劳动，降低了劳动展现人的本质和生命活动的享受性和幸福感。现代劳动对人的压迫性并不只是表现为对身体的压迫和摧残，更多地表现为对劳动的合意愿性、自主性、兴趣匹配性的否定和压迫，同时，劳动的状态和结果也由高强度体力劳动所造成的生理耗费转变为脑力劳动造成的过度劳动甚至过劳死亡。马克思在《1844年经济学哲学手稿》中对异化劳动批判的经验对象是大工业机器体系下的体力劳动，因此劳动的不合意愿性、非自主性、非匹配性等都以人依附于机器的体力劳动为批判中心。劳动的异化表现为感性对象的丧失、肉体的折磨、身体的畸形和自我的贬值，工人在劳动过程中"不是感到幸福，而是感到不幸，不是自由地发挥自己的体力和智力，而是使自己的肉体受折磨、精神遭摧残"①。随着人工智能时代的到来以及物质劳动的非物质化，人们开始陷入一种幻象，即现代劳动的自主选择程度、合意愿程度越来越高，对人身体简单粗暴的摧残也随之逐渐消失。这种历史发展固然具有进步意义，但这种劳动的"自主"与"合意愿"恰是为资本意识形态以及压迫形式改善所掩盖的虚假自由和自主。"斜杠青年"的出现正是这一假象的呈现，个人的社会分工进一步分解为个人身兼数职，不但不是自主性的本质体现，在现代社会更可能走向"业不精、术不专"的反面，是一种不利于个人全面发展的无效匹配。同样，互联网的普遍应用使得休闲时间和劳动时间的界限被打破，加班由特定的场域转变为无处不在、无时不有的偶然性。更为隐蔽的是，现代剥削形式在脑力劳动时代转变为对精神和智力的无限度开发和利用，这种造成神经紧张和精神压迫的现代性焦虑并不亚于体力劳动时代对"身体的规训和惩罚"。互联网行业、金融服务业以及媒体行业等脑力劳动职业类型的过劳死亡事件频发便是最为典型的例证。可见，异化劳动的直接后果就是工人的被迫劳动以及由此

---

① ［德］马克思：《1844年经济学哲学手稿》，人民出版社2014年版，第50页。

而来的厌恶劳动，从而明显降低了劳动的享受性和幸福感。

第二，以资本逻辑为"以太"所形成的不良社会氛围使得越来越多的人力图逃避劳动、不愿参加劳动，反而崇尚不劳而获，以不劳动为荣。树立正确的劳动价值观是实现劳动幸福、让劳动本身成为享受的观念前提。但现代社会的普遍病症是越来越多的人想要逃避劳动，越来越崇尚不劳而获的错误价值观。所谓"让劳动本身成为享受"的最基本问题是享受主体先劳动起来，没有劳动、逃避劳动就不可能从劳动中获得享受感，进而也体验不到劳动所带来的幸福。一方面，人们在现实的工作中对劳动异化有着真实和强烈的切肤之感，参与劳动的积极性和主动性自然就会大打折扣，逐渐远离和排斥劳动；另一方面，这种对异化劳动的厌恶和逃避所形成的错误价值观，会发生恶性循环。在《资本论》中，马克思揭示出资本的本质逻辑，即社会对财富的追求由旧时代"五谷丰登"的使用价值的生产，转变为今天的剩余价值生产。这种生产逻辑的转变在个人价值观层面表现为对货币积累的崇拜，是为拜金主义。这一蜕变的内在机制实际上就将"劳动"由目的本身降格为实现资本增殖的环节和中介之一。也就是说，只要能达到个人货币积累的目的，是通过创造性的诚实劳动，抑或有害于他人和社会的非诚实劳动，就成为次要的和不必考虑的问题，甚至不劳而获也是可以的。在以资本逻辑为"以太"的生产逻辑支配下，作为社会关系总和的现实的人逐渐形成了以不劳动为光荣的错误劳动价值观。劳动成为享受的规定性之一是过程与结果的统一，在错误的劳动价值观支配下的社会实际上是这种关系的颠倒和片面化，即劳动过程颠倒为手段，劳动结果片面化为劳动的唯一目的。这种颠倒用马克思的表述就是，"这个媒介（货币——引者注）富到什么程度，作为人的人，即同这个媒介相脱离的人也就穷到什么程度"①。没有劳动过程与劳动结果的统一，劳动的享受性就不能被真实地体验到，"让劳动本身成为享受"也就随之沦为一个不可能实现的笑谈。

第三，社会关系的全面物化，将劳动抽象化为维持生计的活动，使劳动者变成了单向度的人。在异化劳动的第四个规定中，马克思指认了由劳动产

---

① 《马克思恩格斯全集》第42卷，人民出版社1979年版，第19页。

品、劳动活动、类本质的异化所造成的人同人的社会关系的异化。① 但是他在这个阶段还没有研究清楚这种异化的实体性内容，而只是现象性地描述了人与人关系的对抗与斗争。直到《政治经济学批判（1857—1858 年手稿）》才指出了劳动异化的这一本质就是社会关系的物化。马克思认为，人在进行物质生产活动的同时，也在生产人与人的社会关系。但在资本主义制度下，这种人与人的感性关联一方面以"物"为中介，另一方面为物所掩盖，"人们信赖的是物（货币），而不是作为人的自身"②。马克思物化思想的深刻之处在于，尽管在劳动过程中，我们仍然需要与他人打交道、进行感性的交往，但每一个人所围绕的真实核心是物或货币，只要物或货币从人们的劳动—交往中撤离，感性与情感关联甚至伦理关系都会作为衍生性的伴随物而消失。当前社会大体来说处于"超越谋生劳动、实现体面劳动"的发展阶段，因此，这一阶段人与人的社会关系仍然没有逃离全面物化的藩篱，劳动也就变成一种抽象的活动。马克思认为，在谋生的劳动中，劳动主体和对象不仅是异化的，而且是偶然性（即抽象性）的，因为劳动者的使命取决于外在的社会需要，所以他必须服从这种格格不入的外部强制。最后，维持生存的强制劳动转变为目的，而展现人的现实的行动则只具有手段的意义，"活着只是为了谋取生活资料"③。另外，随着劳动分工越来越先进，更多技术性活动（如具有特色的手工业劳动）被先进的智能机器替代，人反而成为附属于机器的一个工具和要素，服从于机器的逻辑和程序安排，劳动者越来越像一台机器，做着可有可无、无足轻重的工作。在这种异己的物实现对人的全面统治的社会中，劳动者变成了离自由越来越远的单向度的人。闲暇时间被剥夺、生产世界和生活世界的界限被打破，使得劳动的享受特征和本质被一再边缘化。

第三节　如何让劳动成为一种享受

尽管今天的劳动形式仍然带有一定的压迫性和谋生性，由此而造成的错

---

① 参见［德］马克思《1844 年经济学哲学手稿》，人民出版社 2014 年版，第 52—54 页。
② 《马克思恩格斯全集》第 30 卷，人民出版社 1995 年版，第 110 页。
③ 《马克思恩格斯全集》第 42 卷，人民出版社 1979 年版，第 29 页。

误劳动价值观大行其道，从而大大降低了劳动的幸福感和享受感，但我们认为"让劳动本身成为享受"并非不可能实现。"劳动具有谋生性，但随着社会的发展，劳动的谋生性在整个劳动中所占的比重将会不断下降。"① 因此，要使劳动最终成为人的第一需要、成为真正的享受性活动，社会发展离不开以下三个方面的积极建构。

第一，大力发展社会生产力、提高社会生产效率，使劳动的生存需求比重不断下降，将强制性和被迫性的劳动从资本逻辑中解放出来，为人们创造出更多的自由时间，从而逐渐使劳动成为人的第一需要。使劳动成为享受的过程，实际上就是自由劳动实现的过程，也是劳动解放的过程。解放劳动并不是要解放一切为人类生产物质生活资料的劳动，而是要把人从单纯为了生存需要而进行的必要劳动中解脱出来。必要劳动就是生产基本生活资料的那部分劳动，这种进行物质变换的劳动领域在马克思看来始终是一个必然王国，而作为目的本身的人类能力的发展即真正的自由王国只存在于必然王国的彼岸，"自由王国只是在必要性和外在目的规定要做的劳动终止的地方才开始"②。人属于自然的一部分，必须通过吃喝来维持肉体的存在和完成自身的再生产，所以，生产力的充分发展、社会生产效率的提高，在一定程度上实现了物质的极大丰富，自然也就决定了人能否从禁锢在自然必然性之内的强制性劳动和被迫性劳动中解放出来。这里就会出现"自由时间"和"劳动时间"的划分。让劳动成为一种享受的前提是人不再为基本的生活需要、养家糊口烦恼担忧，人们不仅自由自主地参与适合自己的生产劳动，而且还能在劳动时间之外获得自由活动的时间。这时，衡量社会"财富的尺度决不再是劳动时间，而是可以自由支配的时间"③。因此，劳动幸福的尺度也就随之发生了改变，让劳动本身成为一种享受，也就依赖于自由时间的存在和延长。

吊诡的是，尽管现代社会的生产力不仅超出以往个体劳动为主的封建时代，而且超过了资本主义自由和垄断时期，但人们忙碌依旧、加班依旧、过

---

① 何云峰：《劳动幸福论：以劳动幸福为基础构筑社会主义精神》，上海教育出版社 2018 年版，第 148 页。

② ［德］马克思：《资本论》第 3 卷，人民出版社 2004 年版，第 928 页。

③ 《马克思恩格斯全集》第 31 卷，人民出版社 1998 年版，第 104 页。

劳依旧。是谁偷走了我们的闲暇和健康？这其实是资本逻辑在作怪。自由时间对于劳动是否能够成为幸福和享受的活动固然至关重要，但"资本的趋势始终是：一方面创造可以自由支配的时间，另一方面把这些可以自由支配的时间变为剩余劳动"①。发展个性和能力的自由时间被资本逻辑宰制下的劳动时间所吞噬，这就不仅仅是一个"生产力"的发展程度问题，在更高意义上，社会需要从良善治理的制度安排角度将劳动从资本逻辑中解放出来。只有将劳动的时间和强度控制在合理的范围内，使每一个人找到适合自己的劳动类型，并获得更多的合意愿性和自主性，努力实现社会从"过劳时代"转向"休闲时代"，"让劳动本身成为享受"才得以可能。

第二，积极吸收科学技术的最新成果，充分利用人工智能对人的解放作用，不断减少危险性劳动、摧残性劳动、单调枯燥性劳动对人的折磨，提高劳动的自主创造性。如果说，社会生产力的发展为自由时间的开辟奠定了物质基础，那么现代科学技术如人工智能的应用则提供了形式和内容上的自由发展空间。首先，我们要充分认识人工智能对人的劳动解放的意义。光有自由时间远远不够，关键在于如何让自由时间变成人的享受时间，让劳动变成一个享受的过程。随着需求的不断扩大，人类也需要不断地进行生产和再生产。那些危险系数和枯燥程度很高的劳动，不论什么时代都不可能成为人们的享受活动。而人工智能的工业应用为解决这一问题带来了曙光，可以说"人工智能为替代人类劳动而生"②。人工智能对异化劳动的解放性主要表现在弥补人类自身劳动能力的不足、完成人类难以完成的劳动类型、减轻人类劳动强度和负担以及提高人类劳动效率。因此就人工智能的积极意义而言，"劳动解放不是不劳动，不是摆脱任何劳动，而是要让劳动回归到自由劳动，回归到那种真正合乎人的意愿，具有快乐性，具有最低限度摧残性的劳动状态"③。到目前为止，人们对人工智能形成了一种普遍的焦虑和担忧，害怕人

① 《马克思恩格斯全集》第 31 卷，人民出版社 1998 年版，第 103—104 页。
② 何云峰：《劳动幸福论：以劳动幸福为基础构筑社会主义精神》，上海教育出版社 2018 年版，第 179 页。
③ 何云峰：《劳动幸福论：以劳动幸福为基础构筑社会主义精神》，上海教育出版社 2018 年版，第 106 页。

工智能如无人驾驶、智能机器人等的应用会造成社会大面积的技术性失业。这与自动化大机器时代到来时的担忧如出一辙。实际上，这种担忧是多余的。新的劳动总会替代旧的劳动，人工智能的应用表面上减少了劳动机会，实际上是创造了更多的劳动机会，即新的劳动形式和多样化的工作内容。人工智能是历史性的存在物，而不是超历史性的存在者（如上帝）。也就是说，人工智能是在人类的实践过程中产生和发展的，它是社会的历史的产物，对其的担忧本质上就是用超历史即非历史性的眼光看待历史性的存在物。这一点在马克思的"需要理论"中阐释得很清楚，"已经得到满足的第一个需要本身、满足需要的活动和已经获得的为满足需要而用的工具又引起新的需要"①。这里的需要就是一个历史性的范畴，是人类对人工智能的需要产生了人工智能。因此，人工智能作为工具又会产生新的需要，即解放劳动的进一步需要，同时也即新的产业所带来的新的劳动岗位的需要。"机器体系的这种道路是分解——通过分工来实现，这种分工把工人的操作逐渐变成机械的操作，而达到一定地步，机器就会代替工人。"② 当然，在替代旧劳动形式的同时，我们还需要考虑和培养个人知识的可迁移能力，以保持新旧劳动形式之间过渡的连续性。

但科学技术是一把双刃剑，换句话说，人工智能天然也具有双重性。一方面，人工智能可以解放重复、繁重、枯燥的无意义的劳动形式，如流水线工作、工地体力劳动、文字校对等；另一方面，新的技术作为生产工具一旦被资本逻辑支配，不但不会让劳动本身成为享受，反而会使劳动过程变得更加不自由、不自主，更加折磨劳动者。如智能手环利用大数据来监测工人的劳动时间和劳动强度，不仅没有体现人工智能技术的解放作用，反而给劳动者成倍增加工作量。"最发达的机器体系现在迫使工人比野蛮人劳动的时间还要长，或者比他自己过去用最简单、最粗笨的工具时劳动的时间还要长。"③ 这就需要对人工智能进行政治经济学批判，即分析和研究现代科学技术的最新成果在现代资本主义生产过程中的作用、地位以及运作形式。这对于我们尽最大可能地充分利用科学技术对劳动的解放一面，进而"让劳动本身成为

---

① 《马克思恩格斯选集》第1卷，人民出版社2012年版，第159页。
② 《马克思恩格斯全集》第31卷，人民出版社1998年版，第99页。
③ 《马克思恩格斯全集》第31卷，人民出版社1998年版，第104页。

享受"，具有某种决定性的意义。

第三，"让劳动本身成为享受"还需要逐渐克服社会关系的异己力量，将人从抽象的统治之中解放出来，恢复劳动的积极性和创造性，建立个人关系和个人能力的普遍性和全面性。劳动既造成人与自然关系的实际发生，也生产人与人的社会关系。虽然人与人的社会关系的生产意味着获得劳动机会，但在以"物"或货币为中介的社会中，这种关系往往内在包含着对抗性的异己力量。人在一个非自由选择和非自主支配的劳动过程中所建立的往往也是不愉快的社会关系，所以反过来说，要"让劳动本身成为享受"，首先就要尝试建立一种非异化的自然发生的社会关系，在这样的社会关系中，我们的劳动才会成为吸引人的劳动，才能从中获得个体的自我实现。但按照马克思的理解，这种劳动的享受性发生和获得的过程同时也是劳动普遍异化发生的过程，因为要使人的"这种个性成为可能，能力的发展就要达到一定的程度和全面性，这正是以建立在交换价值基础上的生产为前提的，这种生产才在产生出个人同自己和同别人相异化的普遍性的同时，也产生出个人关系和个人能力的普遍性和全面性"①。在生产与生活的界限还比较明显的时代，人与人关系的片面性和对抗性还只是停留于生产领域，限定在资本家和雇佣劳动者之间；但自这一界限被打破之后，人与人的社会关系的对抗性也发展到了具有一定普遍性和全面性的程度，以往两大阶级之间的矛盾转变为劳动阶层内部的矛盾。这就需要在更高的层次上扬弃这种全面性和普遍性的异化。例如要警惕竞争万能主义，劳动者之间的竞争必须有一定的限度，需要在竞争机制存在的同时安排与之相适应的配套措施。在同一个劳动共同体中的竞争，总会有失败者和淘汰者，如果只是高扬胜出者的劳动幸福，那么如何让这些失败者的劳动也成为享受呢？社会不应该给予个别劳动强者过多的光环，要培养其劳动光荣感，但不能变成个人英雄主义。这种劳动中的个人英雄主义也是社会达尔文主义的一种表现，"奖励要对事但不轻易对人下定论，才符合劳动幸福的原理"②。这意味着，要从社会制度安排的高度建立起保护每一个

① 《马克思恩格斯全集》第30卷，人民出版社1995年版，第112页。
② 何云峰：《劳动幸福论：以劳动幸福为基础构筑社会主义精神》，上海教育出版社2018年版，第238页。

劳动者的劳动价值和劳动创造能力的系统性体制机制，这种保护需要社会的整体性和系统性视野，这是一个社会治理而非简单的价值观引导的问题。

总而言之，"让劳动本身成为享受"并非天方夜谭的浪漫主义想象，而是人类在一定社会条件下可以实现的共同目标。但这一目标并不会自然实现，相反一方面要从社会生产的客观维度奠定劳动过程与劳动结果相统一的物质基础，另一方面要通过人们的共同努力，积极努力建构起一个以劳动幸福理论为观念基础的新的社会文化价值体系。只有主客观条件满足，"让劳动本身成为享受"才不会堕入空想的理论窠臼之中。

第四篇

劳动与中国现实

第十章　劳动是理解新中国 70 多年辉煌成就的钥匙[*]

2019 年是中华人民共和国成立 70 周年华诞。学术界从各个学科、角度认真总结了这 70 年的发展经验。这是继 2018 年总结改革开放 40 周年经验之后的又一次全面大反思。毫无疑问，无论哪个方面的社会主义建设成就都是十分辉煌的，都有许多值得总结和反思的内容。无论是从新中国 70 多年的建设成就，还是改革开放 40 多年来所取得的丰硕成果看，这都应该归结为"劳动创造"这一总根源。从理论逻辑看，"劳动创造"作为马克思主义理论的核心思想，体现出马克思主义历史动力理论的阶级性，是解释任何社会发展和进步的总钥匙。从实践逻辑看，正是我国广大人民在中国共产党的正确领导下进行了创造性的劳动，秉持艰苦奋斗、勤劳勇敢的劳动精神，才创造出一个又一个辉煌。如果离开劳动这把金钥匙，我们就难以真正理解为什么社会主义中国能在这么短的时间里取得如此引人注目的巨大进步。

第一节　调动劳动积极性是中国共产党的执政法宝

对于任何一个社会来讲，充分调动劳动者的劳动积极性是该社会存在和发展的基础。同样，劳动积极性的高低也是攸关社会主义建设成功与否的第一核心要素。中国共产党在中华人民共和国成立后的第一要务就是调动广大人民的劳动积极性，充分发挥劳动者在生产劳动过程中的主观能动性。在执

---

[*]　本章主要内容已发表。参见何云峰、王绍梁《劳动是理解新中国 70 年辉煌成就的钥匙》，《理论与评论》2019 年第 6 期。

政初期，中国共产党面临一穷二白的局面，生产力水平极其低下。当时，劳动者的素质较低，劳动积极性也不高。虽然全国有四亿多人口，但是绝大部分都是文盲。这样的劳动力状况，严重制约了生产力水平的提高。

诚然，构成生产力最基本的组成部分或要素，包括劳动者、劳动资料和劳动对象。但是在这诸多要素中，劳动者是最关键的，在既有的生产方式前提下起着决定性作用。在生产过程中，劳动者积累了一定的劳动经验、劳动技能和科学文化知识，他们持续将之运用于改进劳动资料，尤其是发展先进的劳动工具，从而不断推动生产力向前发展。在整个生产力系统中，劳动者是关键要素，特别是劳动者自身内在的动力、积极性和主动性。总之，充分调动劳动者的劳动积极性是发展社会主义生产力的重中之重。

在中华人民共和国成立前的革命时期，中国共产党就十分注重将调动人民的劳动积极性与中国革命的实际要求相结合，针对不同时期的革命性质和目标制定相应的土地政策，以调动各阶层的生产劳动积极性，进而夯实群众基础以更好地服务于革命运动。

在土地革命时期（1927—1937 年），由于受到国民党与帝国主义、封建主义势力的联合压迫，中国共产党开始在革命根据地实行打土豪、分田地的土地政策。中国共产党第五次全国代表大会通过的《政治形势与党的任务议决案》提出，"这个时期里革命的主要任务，是除去反动根基，以巩固革命。要做这件事，必需执行急进的土地改良政纲和创造乡村的革命民主政权"[1]。《土地问题议决案》是这一阶段调动劳动积极性以实现革命目标的标志性文件，议决案直接指出："共产党将领导农民从事于平均地权的斗争，向着土地国有、取消土地私有制度的方向，而努力进行。"[2] 中国共产党为什么要领导农民进行土地革命？其目的在于调动农民劳动积极性以实现当时的革命目标。在此期间，毛泽东同志领导中国共产党制定了一条完整的土地革命路线，即依靠贫农雇农、团结中农、限制富农、保护中小工商业者，并消灭地主阶级，变封建和

---

① 中共中央文献研究室、中央档案馆编：《建党以来重要文献选编（一九二一—一九四九）》第 4 册，中央文献出版社 2011 年版，第 181 页。

② 中共中央文献研究室、中央档案馆编：《建党以来重要文献选编（一九二一—一九四九）》第 4 册，中央文献出版社 2011 年版，第 191 页。

半封建的土地所有制为农民的土地所有制。① 这一土地政策的实践不仅调动了当时中国农民阶级的劳动积极性，解放和发展了当时革命根据地的农业生产力，更重要的意义是将束缚在封建土地制度里的中国农民从地主阶层的剥削和压迫中解放出来，提高他们参军参战的意愿程度，进而保证了革命的胜利。

同样，在抗日战争时期（1937—1945 年），为了建立统一抗日战线，将全国各个阶层凝聚在一起共抵外敌，中国共产党根据新的形势对土地制度和政策做了相应的调整。毛泽东在中国共产党全国代表会议（1937 年 5 月）上作了题为《中国共产党在抗战时期的任务》的报告，他认为，"由于中日矛盾成为主要的矛盾、国内矛盾降到次要和服从的地位而产生的国际关系和国内阶级关系的变化，形成了目前形势的新的发展阶段"②。中国社会主要矛盾的变化，决定了革命对象和革命主体的转变，即革命对象由地主阶级转变为日本帝国主义，革命主体由农民阶级变为全国各个阶层。因此，若想调动全国人民的革命积极性，就必须调动各个阶级的劳动积极性，由此才能解放抗日根据地的农业生产力，进而保证抗日战争的胜利。这就必须制定不同于土地革命时期的调和政策，即"地主减租减息、农民交租交息"的土地制度，并在一定程度上保障资产阶级的权利，以支持敌后长期的抗日战争。③

当中国革命进入解放战争时期（1945—1949 年），由于当时中国社会的主要矛盾从抗日战争时期的中日矛盾回到了地主阶级与农民阶级之间的矛盾，因此中国共产党提出，"土地改革的总路线，是依靠贫农，团结中农，有步骤地、有分别地消灭封建剥削制度，发展农业生产"④。1947 年，中国共产党制定了《中国土地法大纲》，根据新的革命目标制定了相应的土地政策，即：没收地主土地，废除封建剥削的土地制度，实行耕者有其田的土地制度。这个土地制度具有重大的历史意义：一是彻底地改变了中国传统的以封建土地所有制为主的生产关系，使广大人民的劳动积极性有了空前提高，并促进了解放地

---

① 参见刘引泉主编《中国民主革命时期通史（1919—1949）》下卷，东方出版社 1990 年版，第 132 页。

② 《毛泽东选集》第 1 卷，人民出版社 1991 年版，第 252 页。

③ 参见中央档案馆编《中共中央文件选集（一九四一——九四二）》第 13 册，中共中央党校出版社 1991 年版，第 280—282 页。

④ 《毛泽东选集》第 4 卷，人民出版社 1991 年版，第 1314 页。

区的农业生产力，使当地农民的生活焕然一新；二是在彻底解放受地主阶级
剥削和压迫的农民阶级的同时，使广大劳动群众站在了中国共产党的革命立
场上，极大地提高了人民参与共产党领导的解放全中国这一伟大事业的积
极性。

事实上，劳动积极性的调动不仅直接推动了中国的革命运动，为改变中
国半殖民地半封建的命运奠定了社会生产的主体根基，而且更为重大的政治
意义是为中国共产党的执政夯实了经济基础，确立了中国共产党和社会主义
中国的合法地位。中华人民共和国成立初期中国共产党已经深谙这个道理，
所以始终把调动和提高劳动者的劳动积极性作为执政的法宝。

中华人民共和国成立之前，长期的战争和动乱导致中国经济处于分散和薄
弱的严峻态势，各类生产资料并非集中在国家手里，不为人民所有。这就造成
中国经济遭到严重破坏，各种社会矛盾日益尖锐。中华人民共和国成立后国家
面临的主要任务，就是要通过改变旧的生产关系，调动广大人民的劳动积极性，
尽快恢复生产，发展国民经济。因此，1953—1956 年，在国家政权基本巩固之
后，中国共产党便着手对农业、手工业和资本主义工商业实行社会主义改造。
社会主义改造是改变上述问题的最典型、最具有历史意义的标志。它具有以下
两方面的作用：一是实现了生产资料私有制转变为社会主义公有制，为社会主
义建设奠定了坚实的经济基础；二是极大地调动了劳动者的劳动积极性。

首先，农业的社会主义改造。农业的社会主义改造经历了互助组、初级社
和高级社三个阶段，加入合作社生产的农户达到 96.3%。在社会主义制度尚未
建立的中国，通过合作化的方式将以个体劳动为主的分散化经济形态转变到以
集体劳动为主的集中化经济形态，无疑具有重大的历史意义。相对于长期被束
缚在封建地主与农民对抗关系中的劳动组织形式，农业的社会主义改造极大地
调动了农村劳动群众的劳动积极性，解放和发展了中国农业生产力。

其次，手工业的社会主义改造。个体手工业在当时的中国经济中占据着
较为重要的地位。中国共产党将建立在个体劳动和私有制基础上的手工业按
步骤地改造成生产合作小组、手工业供销合作社，最后发展成为手工业合作
社，从而建立了社会主义的集体所有制。手工业的社会主义改造共吸收了
90%以上的手工业从业者加入合作社，解决了个体手工业的商品经济形式无

法得到扩大的社会再生产问题。

最后，资本主义工商业的社会主义改造。通过"公私合营、和平赎买"的方式，将民族资本主义经济改造为社会主义公有制经济，把资本主义工商业者改造成自食其力的社会主义劳动者。在通过一系列政策将私有制经济转变为公私合营经济之后，我国进一步通过定息的方式将公私合营企业转变成全民所有制企业。

在某种意义上，"三大改造"是通过改变生产资料所有制形式和重建社会劳动组织形式来调动整个社会的劳动积极性，从而为社会主义建设服务。这是一项伟大的经济变革。随着社会主义改造的基本完成，我国进入社会主义初级阶段。从生产资料所有制看，这一经济变革的意义在于使得分散在个人手中的生产资料变成了全体劳动人民所有，这无疑极大地提高了这一时期人民的劳动积极性。因为在人民当家作主的制度下，一切为了人民，一切也必须属于人民。充满着革命热情的劳动人民迫切地渴望将生产资料私有制转变成全体劳动人民所有的公有制，集中力量发展社会主义，尽快摆脱普遍贫困状态。总体来说，劳动人民的内生动力在社会主义改造完成之后得到了极大的调动，为社会主义建设取得初步成就奠定了生产方式的基础。

回顾新中国的发展历程，不难看出，为了调动劳动者的劳动积极性，中国共产党领导全国人民采取了一系列有效的措施，实行精神鼓励和物质鼓励相结合的方针，并以精神鼓励为主，物质鼓励为辅，全面调动了全国人民的劳动积极性。这是社会主义中国很快取得巨大成就的关键因素。判断一个执政党的执政能力可以有多个指标，但能否适时地充分调动广大劳动者的劳动积极性，并发扬自力更生的劳动精神，应该是最重要的指标。1964 年，周恩来总理在政府工作报告中指出："我们依靠人民公社的集体力量，充分发挥广大农民集体生产的积极性，迅速恢复和发展了农业生产。我们依靠广大工人和科学技术人员的创造性劳动，增强了自力更生地进行生产建设的力量。"[1] 因此，调动人民的劳动积极性是中国共产党执政的法宝，也是中国共

---

[1] 《1964 年国务院政府工作报告（摘要）》，https://www.gov.cn/test/2006-02/23/content_208787.htm，2024 年 3 月 29 日。

产党执政 70 多年的重要经验之一。

第二节　改革开放前30年的成就离不开
劳动人民的艰苦奋斗

社会主义中国的历史，就是劳动人民艰苦奋斗的创业史。社会主义建设的前 30 年是劳动创造的 30 年。中国共产党执政的前 30 年最值得总结的一个经验是劳动者劳动积极性的空前提高。劳动创造是取得所有建设成就的保证，一切都是劳动创造出来的。因此，充分调动劳动积极性是社会主义建设的头等大事。进入社会主义建设时期，"劳动创造世界"成为共识；形成劳动创造价值的社会整体氛围；喊出"比先进、学先进、赶先进"的竞赛口号；大力倡导和弘扬劳模精神；坚持艰苦奋斗精神；等等。正是这些劳动创造带来的动力推动了社会主义建设取得不断进步。习近平总书记指出："劳动是财富的源泉，也是幸福的源泉。人世间的美好梦想，只有通过诚实劳动才能实现；发展中的各种难题，只有通过诚实劳动才能破解；生命里的一切辉煌，只有通过诚实劳动才能铸就。"① 回顾社会主义建设时期的前 30 年，完全可以说，全体劳动人民凭借艰苦奋斗的精神，英勇顽强地战胜各种困难，几乎用全部的生命打拼才换来社会主义建设的初步成就。艰苦奋斗精神，既是劳动精神的核心，也是中国共产党带领广大劳动人民长期坚守的生活准则、工作作风、精神状态和价值方向。社会主义中国正是在这种精神的凝聚下克服种种困难，取得了辉煌成就。我们可以从劳动态度的转变、劳动行为的发生、劳动效果的形成等视角总结这一阶段的伟大成就。

首先，在劳动态度转变方面，全社会充分强调崇尚劳动、尊重劳动、劳动光荣和劳动美好的氛围，使所有人都对劳动产生积极的态度。我们认为，"尊重劳动是最核心的社会主义主张之一，而且应将其作为社会主义理论体系的根基予以强调"②。劳动态度是劳动积极性的核心，决定着劳动行为的发生、

---

① 《习近平谈治国理政》，外文出版社 2014 年版，第 46 页。
② 何云峰：《关于形成全社会尊重劳动氛围的制度思考》，《社会科学》2015 年第 3 期。

发展及变化。当所有有劳动能力的人都愿意参加劳动，用自己的双手自食其力的时候，劳动的内在动力就必然强劲起来。无论是中华人民共和国成立之前的土地革命时期、抗日战争时期和解放战争时期，还是中华人民共和国成立之后的社会主义革命的三大改造时期，都从根本上改变了全体劳动群众对待劳动的态度，迅速将"劳动"提高到至高无上的地位。因此，社会主义革命和建设的 30 年可以说是劳动走上神坛，劳工成为神圣的历程，这与封建社会的"勤劳"有着本质的区别。总体上看，人民群众的劳动过去要么是以个体劳动为主，要么被限制在地主阶级的压迫中无法自主自由地发挥；而进入社会主义社会后，一切个体劳动都具有了社会劳动的意义，极大地激发了劳动的活力，尤其是改变了以往鄙视劳动、不把劳动当回事的旧社会风气。

其次，从人们的劳动行为发生看，中国共产党全面发动每个劳动者都积极参与劳动和劳动竞赛，将旧社会的娼妓、"阔太太"、"富家小姐"改造成自食其力的劳动者，从而形成每个人参与劳动，依靠自身劳动生存和发展的社会局面。真实的劳动行为是劳动积极性的实体，是对客观世界的改造，它最能直接反映劳动者的内在动力以及这种动力的大小。只有让每个劳动者切实地参与劳动，获得劳动机会，社会进步的动力才会源源不断。这种改变也是通过社会的革命运动得以完成的。不推翻封建地主阶级就不可能让这些不劳而获的群体彻底从旧制度中解放出来，变成劳动群众的一分子。在"三大改造"完成之前，整个社会劳动阶层的劳动活力还处于被束缚的状态。当农业、手工业和资本主义工商业被社会主义改造之后，许多过去"不劳而获"的群体也加入实际的劳动大军，与过去被束缚的劳动群体一起焕发了新的活力。

最后，从劳动效果的角度看，社会主义中国在很短的时间里就展示出劳动的力量，这在人类历史上是十分罕见的。劳动效果是衡量劳动积极性的宏观标志，是直接可感知的劳动积极性。一切劳动积极性的调动最终都要展现为实实在在的劳动效果。例如，劳动（工作）效率的高低，产品（劳务）质量的好坏，劳动耗费的多少等。中华人民共和国成立初期，仅用几年时间，社会主义制度已经基本建成，国民经济恢复后的 1952 年到 1956 年，人均GDP 从 119 元增加到 166 元，总人口从 5.75 亿人增加到 6.28 亿人，居民消费水平从 80 元增加到 104 元。① 依据抽样调查数据显示，全国人口预期寿命从 1949 年的 35 岁左右提高到 1957 年的 57 岁②，平均每年扫除上百万文盲劳动人口。实际上，改革开放前 30 年最伟大的成绩主要体现在工业体系的建设上。仅就第一个五年计划来说，我国社会总产值平均每年增长 11.3%；工农业总产值平均每年增长 10.9%；国民收入平均每年增长 8.9%。③ 正是由于调动了广大人民的劳动积极性，促进了社会生产的实际提高，因此"在这样一个大革命的过程里，社会财产没有遭到损坏，社会秩序没有发生混乱，社会生产没有下降"④。令人遗憾的是，"大跃进"和"文化大革命"导致劳动积极性整体偏离了正轨。中国人均 GDP 从 1957 年的 168 元增加到 1976 年的 316 元，增长比率近 90%。⑤ 人均预期寿命从 1957 年的 57 岁提高到 1975 年的 68 岁。但是，居民消费水平仅增长 45%，农村居民的恩格尔系数不降反升，职工每年工资从 624 元下降到 575 元，生活必需品仍然十分匮乏。⑥ 在调动劳动积极性发生异化的时期，中国也有"农业学大寨"、大庆油田等集体劳动精神的典型经验，以及第一颗原子弹等劳动成果。这些都是改革开放前 30 年全体劳动人民取得辉煌成就的历史铁证。可见，改革开放前 30 年尽管也发生过波折，走过弯路，但劳动成果充分证明中国人民的劳动创造力。虽然从 GDP 总量看，改革开放解放的生产力是前 30 年无法相比的，但从 GDP 增长率看，改革开放前 30 年除了一些特别的年份和时期之外，其经济建设成就也是令人赞叹的。例如，1958 年 GDP 增长率高达 22%，即使是处在特殊时期的 1970 年也超过了 16%。⑦

---

① 参见国家统计局编《新中国 60 年》，中国统计出版社 2009 年版，第 611、608、616 页。

② 参见国家统计局社会统计司编《中国社会统计资料（1993）》，中国统计出版社 1994 年版，第 33 页。

③ 参见武力主编《中华人民共和国经济史（增订版）》上卷，中国时代经济出版社 2010 年版，第 296 页。

④ 中共中央文献研究室编：《建国以来重要文献选编》第 10 册，中央文献出版社 1994 年版，第 299 页。

⑤ 参见武力主编《中华人民共和国经济史（增订版）》下卷，中国时代经济出版社 2010 年版，第 1389—1390 页。

⑥ 参见李文《新中国社会发展的成就、经验与展望》，《马克思主义研究》2015 年第 10 期。

⑦ 参见武力主编《中华人民共和国经济史（增订版）》下卷，中国时代经济出版社 2010 年版，第 1389 页。

改革开放前 30 年取得的辉煌成就是来之不易的。社会主义中国刚刚成立的时候，以美国为首的西方国家对中国极端仇视，采取政治上不承认和孤立、经济上封锁禁运的政策，军事上实行封锁包围、伺机侵略颠覆的方针，妄图扼杀新生的社会主义中国。当时的中国一穷二白，多年的战争导致国家千疮百孔，发展经济成为第一要务。而经济的发展必须极大调动全国人民的劳动热情，使劳动创造性得到充分发挥。为此，国家制定了一系列的方针政策，不断调整生产关系，极大地解放了生产力，实现了劳动者的劳动积极性空前高涨的目的。经过短短三年时间，国家财政经济已经获得了根本好转。

20 世纪 60 年代初，中国遭遇自然灾害。当时，农业生产力水平本来就低，各种抗灾能力严重不足，面对如此大面积的持续特大干旱，中国面临的经济困难可想而知。即使在那样的困难下，中国的建设事业仍然不断取得新成就。这应该归功于广大劳动者发扬艰苦奋斗精神抗击自然灾害，齐心协力用汗水打拼出一条又一条血路。例如，河南林州人民在极其艰难的条件下，战天斗地，发扬"自力更生、艰苦创业、团结协作、无私奉献"的精神，从太行山腰修建"引漳入林"的工程——红旗渠（后被誉为"人工天河"）。当时的劳动者完全靠手工和简陋的劳动工具，削平了 1250 座山头，架设 152 座渡槽，开凿 211 个隧洞，挖砌的土石达 2225 万立方米。如果把这些土石垒筑成高 2 米，宽 3 米的墙，可纵贯祖国南北，把广州与哈尔滨连接起来；最后建成总干渠长 70.6 公里，全长 1500 公里，渠底宽 8 米，渠墙高 4.3 米，纵坡为 1/8000 的红旗渠，被誉为世界第八大奇迹。[①] 红旗渠历时近十年才建成，先后有 81 位干部和群众献出了宝贵的生命，其中年龄最大的 63 岁，年龄最小的只有 17 岁。正是依靠广大劳动人民这种万众一心、艰苦奋斗、不怕苦不怕死的血拼劲头，红旗渠才得以胜利建成。基于此，我们才能理解改革开放前 30 年为何会出现以"三线精神"为代表的民族精神。正是在无数人以生命为代价的辛苦劳作下，我们才有了"艰苦创业、勇于创新、团结协作、无私奉献"的三线精神。

因此，改革开放前 30 年的成就是值得充分肯定的。与抗美援朝、"两弹

---

① 参见林州市人民政府官网，http://www.linzhou.gov.cn，2024 年 3 月 29 日。

一星"、人造卫星上天等许多伟大成就一样，红旗渠也仅仅是其中的一个例子。正如有学者所强调的那样，虽然在此期间发生了"大跃进""文化大革命"等严重失误①，但在经济建设、社会进步和外交上取得的巨大成就是不能否定和抹杀的。从 1953 年到 1978 年，中国工农业总产值年均增长率为 8.2%，其中工业总产值年均增长率为 11.4%，农业总产值年均增长率为 2.7%。这个增长速度不仅是旧中国所无法比拟的，而且与当时世界其他各国相比也是快速的。② 在当时艰苦的国内条件和险恶的国际环境下，社会主义中国之所以能够取得各项伟大成就，最终要归因于劳动人民的艰苦奋斗和创造精神在中国共产党的正确领导下得到了空前发挥。正如毛泽东在《论联合政府》中所指出："人民，只有人民，才是创造世界历史的动力。"③ 这在新中国得到了令人心悦诚服的验证。

第三节　改革开放40多年最大限度地激活了劳动的积极性

社会主义中国 70 多年可以划分为两个大的阶段。如前所述，改革开放前 30 年所取得的成就依靠的是劳动积极性和创造性的巨大发挥；同样，改革开放 40 多年来中国也取得了备受世界关注的成就，一跃成为世界第二大经济体，创造了人类社会发展史上的奇迹。这些奇迹也是广大劳动人民用血汗换来的。因此，只有用劳动创造这把钥匙，才能解开改革开放 40 多年辉煌成就的奥秘。

1978 年 12 月，党的十一届三中全会决定开始实行对内改革、对外开放的政策。对内改革的目的，就是要调整生产关系和上层建筑中不适应生产力发展的因素。改革不是要放弃社会主义道路，不是社会制度的改变，而是局部

---

①　如果从调动劳动积极性的角度看，无论是改革开放前 30 年早期的"大跃进"，还是后期的"文化大革命"，其失败或错误的原因在于当时社会未将提高劳动积极性本身作为运动的主要标准或目的；从历史结果看，也正是因为这些运动没有真正调动起劳动人民的劳动积极性，这一点才尤其值得我们反思和警惕。

②　参见梁柱《党在社会主义建设时期的巨大成就不容抹杀》，《红旗文稿》2017 年第 16 期。

③　《毛泽东选集》第 3 卷，人民出版社 1991 年版，第 1031 页。

性的变革和调整。邓小平指出："我们的改革要达到一个什么目的呢？总的目的是要有利于巩固社会主义制度，有利于巩固党的领导，有利于在党的领导和社会主义制度下发展生产力。"① 这也就是说，改革的目的是发展生产力。而生产力系统中最关键的要素是劳动者，即人的因素。改革开放以来，社会主义中国采取了各种具体措施，旨在调动劳动者最大限度地发挥作用，使每个劳动者的内部驱动力获得充分展现。换句话说，改革开放是以劳动积极性的最大限度发挥为目标，而不是要改变社会主义制度。关于这个根本性问题，绝对不能有半点犹豫和含糊。

事实上，改革开放 40 多年来，社会主义中国的巨大成功也正在于，通过对内改革、对外开放，搞活了经济，极大地激活了广大劳动者的劳动内驱力，为实现中华民族的伟大复兴迈进了关键性的一步。改革开放前 30 年，中国实行高度集中统一的计划经济体制，虽然具有调动劳动积极性的巨大作用，但随着计划经济体制的弊端不断显露出来，人民的劳动积极性逐渐受到计划经济的影响，严重阻碍了生产力的发展。这意味着当时的生产关系和上层建筑亟待调整。因此，中国共产党作出了进行改革开放的重大抉择。

我们认为，无论从哪个角度总结"中国经验"，最根本的还是要从劳动视角加以审视。改革开放就是把每个劳动者的劳动积极性调动起来，激活了农村和城市的劳动生产积极性，这其实就是我们热议的"人口红利"。在计划经济时代，劳动积极性曾经得到空前调动，但由于没有处理好分配关系，导致干好干坏一个样、干与不干一个样，最终破坏了劳动者的劳动积极性。改革开放所实行的一系列政策，极大地调整了分配关系，每个劳动者都积极开动脑筋，各自发挥创造性，从而积聚了巨大的能量，推动社会主义建设长足发展。以农村劳动者劳动积极性的调动为例，在计划经济时代，农村劳动力被限制在狭小的土地上，劳动创造性无法得到最大限度发挥，即使发挥了也无法合理分配从而无法实现其劳动价值，这就极大地限制或挫伤了劳动者的劳动积极性。1978 年，安徽凤阳小岗村 18 位村民冒死实行的"包产到户"所点燃的星星之火改变了整个中国农村。这就是家庭联产承包责任制的诞生，

① 《邓小平文选》第 3 卷，人民出版社 1993 年版，第 241 页。

它极大地激发了农村劳动人民的劳动积极性和创造性，迅速将束缚在公社集体劳动中的生产力解放出来，改变了农民吃不饱穿不暖的困局。

1981年十一届六中全会指出，我国社会的主要矛盾是人民日益增长的物质文化需要同落后的社会生产之间的矛盾。从客观生产的维度看，生产力是检验和度量社会发展的主要指标。但从主体层面看，要解决这一社会主要矛盾，首先就必须调动最广大人民群众的积极性。改革开放初期，中国有近8亿农民。如何创造性地将这8亿农民的劳动积极性激发出来，为社会主义建设和改革添砖加瓦？这样就引发了21世纪轰轰烈烈的农民工浪潮。改革开放以来，农民得以进城务工，劳动力得到空前解放，到目前为止中国大约有超过1亿农村劳动者进城从事各行各业的工作。① 改革开放成功地将农民从农村转移到城市，使他们从纯粹的农业劳动者转变成特殊的工人阶级。这是一场伟大的社会变革，它将沉睡在农村的数亿劳动力所容纳的生产潜力充分地挖掘出来。他们为城市的现代化建设作出了巨大贡献，也为中外企业提供了庞大的"廉价劳动力"资源。但是，这一社会运动也引发了诸多社会问题，如留守儿童、空巢老人、农村的空心化以及城市与农村的二元对立结构等。这是中国向前发展所不可跨越的暂时阶段。可以说，没有农民的血汗付出，中国的改革开放难以取得如此巨大的成就。这是因为，在改革开放前严格限制人口流动的体制下，农村劳动力在十分有限的原有土地上无法充分展示其创造活力；而改革开放则把这种劳动活力充分调动起来了，加之农村实行家庭联产承包责任制以后，原地务农的劳动者也因为生产关系的调整，迸发出巨大的劳动积极性。

与此同时，城市也大力推进搞活经济的举措。个体经济、私营经济全面放开，加上大量的国有企业和集体企业转制，使得原先体制内的劳动力大量释放出来，劳动者用各种方式方法寻求自己的奋斗方向和工作机会，他们努力在市场经济条件下用新的劳动方式去实现个人目标和自我价值，秉持艰苦奋斗的精神，用罕见的毅力和创造力，努力追求自己的美好生活。在这个过

① 参见《2018年农民工监测调查报告》，https://www.gov.cn/xinwen/2019-04/30/content_5387773.htm，2024年3月29日。

程中，城市里被解放出来的体制内劳动者和农村劳动者一样，都是靠艰苦奋斗的劳动精神而获得幸福生活的。江泽民同志曾引用毛泽东同志的话特别强调："务必继续保持谦虚谨慎、不骄不躁的作风，务必继续保持艰苦奋斗的作风。"① 改革开放带来了许多新的文化元素，也带来了许多巨变。然而，广大劳动人民艰苦奋斗的劳动精神没有变化。正是这种劳动精神才最终带来了实实在在的进步和发展。而且，在释放体制内劳动力的同时，国有企业和集体企业也进行了大量改革，从而使留在体制内的劳动力发挥出比以前更加明显的作用。

2017 年，习近平总书记在党的十九大报告中强调："中国特色社会主义进入新时代，我国社会主要矛盾已经转化为人民日益增长的美好生活需要和不平衡不充分的发展之间的矛盾。"② 如果说以改革开放激发的劳动积极性作为驱动所解决的是"落后的生产力"问题，那么新时代所要解决的就是"不平衡不充分"的新问题。解决"新问题"仍然要从激发劳动积极性和创造性入手。"不平衡不充分"至少包括历史遗留而长期存在的城乡二元结构下的贫富差距问题，即农村和城市之间发展的不平衡，农村生产力发展的不充分。这也是所谓的"三农"问题。因此，中国共产党采取了一系列政策调整农村的生产关系，调动农民群众的劳动积极性，激发农村的巨大潜力。在改革开放前后，一方面，农村劳动力逐渐从农村向城市转移；另一方面，实行家庭联产承包责任制后，农民依靠一亩三分地基本也能维持生存。直到进入新时代之前，农村基本上还是处于 20 世纪的家庭小农经济形态，"生存"问题虽然解决了，但是"发展"问题接踵而至。这就要求农村生产关系必须加以新的变革。在这种历史必然性的推动下，我国通过系列政策推出的农村土地所有权、承包权和经营权"三权分置"③，使得中国城市的市场经济经验移植到农村，激活了农村的发展。这种新的土地制度的落实是以"精准扶贫"政策作

---

① 中共中央文献研究室编：《十四大以来重要文献选编》上，人民出版社 1996 年版，第 406 页。

② 习近平：《决胜全面建成小康社会 夺取新时代中国特色社会主义伟大胜利——在中国共产党第十九次全国代表大会上的报告》，人民出版社 2017 年版，第 11 页。

③ 这些政策包括：2014 年出台的《关于农村土地征收、集体经营性建设用地入市、宅基地制度改革试点工作的意见》、2016 年出台的《关于完善农村土地所有权承包权经营权分置办法的意见》、2017 年党的十九大报告提出的"第二轮土地承包到期后再延长三十年"，等等。

为依托得到贯彻的。根据调研，这主要是通过农村合作社的经济形式展开，而合作社又分为私人资本占主导、纯集体所有制和"家庭联产承包责任制+集体管理"三种形式。无论哪一种合作社形式，都是通过创造新的劳动关系激活贫困户、农村龙头大户等群体的劳动积极性和创造性。据统计，2014年精准扶贫开始实施时全国共有7000万贫困人口。直到2020年，正值中国共产党的百年华诞之际，所有贫困县和贫困人口实现摘帽脱贫，全面建成小康社会。这是新时代的改革和实践取得的骄人成绩。值得探索的是，如何长期保持农村这种劳动关系的稳定性，以确保农村劳动积极性和创造性的可持续发展。

改革开放40多年来，在中国共产党的领导下，广大城乡劳动者付出前所未有的努力，秉持艰苦奋斗的劳动精神，流出了无数辛勤汗水，才换来了今天的幸福生活。正如邓小平所指出："艰苦奋斗是我们的传统，艰苦朴素的教育今后要抓紧，一直要抓六十至七十年。我们的国家越发展，越要抓艰苦创业。"①

总而言之，回顾中华人民共和国成立70多年来的历史不难发现，充分调动广大劳动者的劳动内生动力，激发每个劳动者的创造性和积极性，是推动社会主义革命和建设不断取得新成就的关键。这是中国共产党执政兴国的制胜法宝，这个法宝早在中华人民共和国成立之前的长期革命斗争中就得到了有效验证。在新民主主义革命时期，中国共产党领导人民在解放区、红色革命根据地一边从事生产劳动，打土豪分田地以调动各阶层的劳动积极性，一边与敌人斗争，凝心聚力，深受广大人民的拥护和爱戴。在长期革命斗争中，中国共产党领导人民始终坚持艰苦奋斗的劳动精神，最终取得了革命的胜利。中华人民共和国成立后，中国共产党继续坚持以全面调动全国人民的劳动积极性为法宝，始终牢记为中国人民谋幸福、为中华民族谋复兴的初心和使命，不仅进行了改革开放前30年的伟大而艰辛的探索，而且取得了改革开放40多年来的辉煌成就。改革开放后，我国各项事业之所以能够取得举世公认的辉煌成就，根本原因在于全国人民的劳动潜能得到充分释放，包括农村劳动力从土地上得到解放和城市劳动力从滞后的生产关系中得到激活所产生的巨

---

① 《邓小平文选》第3卷，人民出版社1993年版，第306页。

大劳动能量。今天的中国，无论是在最基层的农村还是在繁华的都市，劳动者们始终踏踏实实，不怕苦不怕累，克服各种困难，用生命和血汗为幸福生活而奋斗。中国共产党的正确领导以及中国劳动人民的勤劳勇敢、艰苦奋斗、勤俭节约的美德和精神，是中国特色社会主义建设事业发展壮大的根本保证。因此，离开劳动这把钥匙，不可能真正解开社会主义中国取得辉煌成就的奥秘。劳动创造是永恒的社会发展动力。无论怎么变革，最大限度地调动广大劳动者的劳动积极性，这一点是永远不能改变的。习近平总书记指出："中华民族是勤于劳动、善于创造的民族。正是因为劳动创造，我们拥有了历史的辉煌；也正是因为劳动创造，我们拥有了今天的成就。"[1] 这句话道出了广大劳动者创造发展的真理。

---

[1] 习近平：《在庆祝"五一"国际劳动节暨表彰全国劳动模范和先进工作者大会上的讲话》，人民出版社 2015 年版，第 4 页。

第十一章　"劳动扶贫"新理念与中国特色扶贫道路探索*

2015 年 11 月，《中共中央－国务院关于打赢脱贫攻坚战的决定》正式出台。"到 2020 年，稳定实现农村贫困人口不愁吃、不愁穿，义务教育、基本医疗和住房安全有保障。"① 自精准扶贫政策落实以来，中国的扶贫实践取得了丰硕的成果。2021 年 2 月 25 日，全国脱贫攻坚总结表彰大会在北京召开。习近平总书记在大会上庄严宣告："我国脱贫攻坚战取得了全面胜利"②。在中国共产党的领导下，中国人民上下一心，经过 8 年多的共同奋斗，实现了近 1 亿人脱贫，832 个贫困县全部摘帽，12.8 万个贫困村全部出列，完成了消除绝对贫困的艰巨任务，创造了彪炳史册的人间奇迹。

2018 年 8 月，笔者组织团队在山西省 L 县开展了全日制精准扶贫走访调查。通过对官方提供的材料和数据的整理，结合实践考察的经验归纳，我们形成了该报告。如何防止返贫并形成扶贫脱贫乃至振兴乡村的长效机制是我们在理论和实践上的出发点。我们首先通过对农村经济基础的考察，发现农村经营主体已经进入高度资本化的状态，这一资本化的过程是通过农村新型合作社的三种模式而得到展开的；其次，分析了各项扶贫政策在设计和实践中对扶贫对象的"劳动"的影响，发现一些政策在制定原则和实施过程中存在着对劳动参与的不同程度的排斥，并从理论上探究了扶贫实践中"劳动—生产"交合与分异的根源；最后，在农村新型合作社的实践基础上提出"劳

---

* 本章主要内容已发表。参见王绍梁、潘二亮、朱丹《"劳动扶贫"新理念与中国特色扶贫道路探索——基于山西省 L 县的精准扶贫实践考察》，《贵阳学院学报》（社会科学版）2020 年第 1 期。

① 《中共中央－国务院关于打赢脱贫攻坚战的决定》，人民出版社 2015 年版，第 4 页。

② 习近平：《在全国脱贫攻坚总结表彰大会上的讲话》，人民出版社 2021 年版，第 1 页。

动扶贫"新理念,以及扶贫政策的"设计""实施"和"考核"三原则,以此作为对中国特色扶贫道路的尝试性探索。

第一节 农村经营主体的资本化与新型合作社的三种模式

对当前中国农村经济基础的考察是研究农村问题和扶贫问题的首要的和基本的理论准备。这种考察对于理解中国农村并提出有建设性和长效性的扶贫理念是必要的。因此,以新型合作社作为切入口,我们分析了该地区合作社的发展现状,从资本构成的视角概括了合作社的三种模式,发现农村经营主体已经进入高度资本化的状态。农村经营主体的资本化是创造"劳动关系"的基本前提,同时也是"劳动扶贫"新理念提出的现实基础。

（一）L县农民专业合作社的发展现状

早在 1994 年,山西省就出现了全国第一个真正意义上的农民专业合作社。① 而作为山西省吕梁市集中连片特困地区深度贫困大县,L县合作社成立时间也比较早。截至 2018 年 8 月 7 日,L县已登记注册的农民专业合作社数共有 2009 个,其中包含已注销合作社数 131 个。根据 L 县工商局提供的数据,我们可得出以下信息:

1. L县农民专业合作社每年新增数量

由图 11-1 可知:2002 年至 2006 年,L县的合作社数量都没有增加。2007 年至 2008 年,合作社数量呈现直线上升趋势;2009 年至 2011 年,合作社增速减缓。从 2012 年起,合作社如雨后春笋,连续七年增数超过 100 个。尤其在 2016 年和 2017 年两年间,合作社年增长数达到最高,分别为 469 个和511 个,仅这两年新增总数就达到全县合作社总数的 48.78%。比较来看,2012 年之前平均每年仅新增 25 个合作社;2012 年 1 月至 2018 年 8 月,平均每年新增 244 个合作社。以 2012 年为界,后 7 年每年合作社的平均增长数是

① 参见孙计东《中国农民专业合作社问题研究综述》,《齐齐哈尔师范高等专科学校学报》2009年第 1 期。

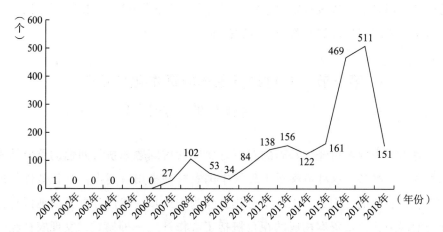

图 11-1 L 县农民专业合作社每年新增数量①

前 12 年的近 10 倍。

2. L 县农民合作社每年新增资本

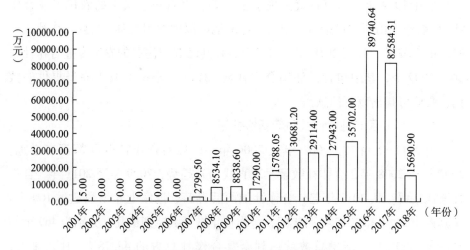

图 11-2 L 县农民专业合作社每年新增资本总数

由图 11-2 可知：从 2001 年至 2018 年 8 月，L 县专业合作社注册总资本约为 35.47 亿元。其中，注册资本最少有 7700 元，注册资本最多有 5000 万

---

① 本图由作者自制，下同。

元。从注册资本数来看，2016 年和 2017 年骤然增高，分别达到 8.97 亿元和 8.26 亿元。仅两年的注册资本之和就占总注册资本的 48.58%。

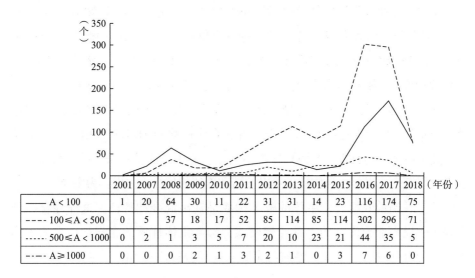

（年份）	2001	2007	2008	2009	2010	2011	2012	2013	2014	2015	2016	2017	2018
—— A＜100	1	20	64	30	11	22	31	31	14	23	116	174	75
---- 100≤A＜500	0	5	37	18	17	52	85	114	85	114	302	296	71
---- 500≤A＜1000	0	2	1	3	5	7	20	10	23	21	44	35	5
---- A≥1000	0	0	0	2	1	3	2	1	0	3	7	6	0

图 11-3　L 县农民专业合作社每年新增资本分布结构

由图 11-3 可知：（1）注册资本在 100 万元以下的合作社共有 612 个，占总合作数 30.46%。峰值出现在 2008 年和 2017 年，占比为 10.46% 和 28.73%。（2）注册资本数集中在 100 万元至 500 万元的合作社有 1196 个，占总合作社数的 59.53%。整体呈现快速增长趋势，同样在 2016 和 2017 年达到最高峰，占比分别为 25.25% 和 24.75%。（3）合作社数在 500 万元至 1000 万元之间有 176 个，占比 8.76%，峰值出现在 2016 年和 2017 年；1000 万元以上的有 25 个，占比 1.24%，峰值同样出现在 2016 年和 2017 年。

（二）L 县农民专业合作社的发展特点

第一，L 县农村专业合作社数量多，注入资本基数和数额大，表明农村专业合作社正在走向高度资本化。从注册资本的不同区间和注册资本总数来看，其峰值都出现在 2016 和 2017 年。年平均注册资本为 176.56 万元，高于年平均注册资本数的合作社有 711 个。2016 年合作社注册数量最多，注册资本总数也最大。2016 年专业合作社平均注册资本为 191.34 万元，高于年平均注册资本数。2017 年专业合作社平均资本为 161.64 万元，虽然略低于平均注册资本数，但注册资本总额同样巨大。单个注册资本主要集中在 100—500 万元之间，占比超过一半。这在一定程度上表明 L 县农村经济基础已在近三年进入高度资本化的状态。

第二，专业合作社仍然是以传统小农生产方式为主。截至 2018 年 5 月 15 日，L 县合作社总数为 1842 个，其中造林合作社所占比例逐年增长，共有 292 个，占比 15.85%；种植合作社有 490 个，占比 26.60%；养殖合作社有 478 个，占比 25.95%；种养合作社有 342 个，占比 18.57%；其他有 240 个，占比 13.03%。总体来说，种植、养殖、种养、造林合作社分布比较均匀，但是以种植和养殖为主的合作社数有 1310 个，占总合作社数的 71.12%。由于 L 县属黄土丘陵沟壑区，其农业耕地面积比例不高，农业生产的基本条件差、机械化程度低、规模小。因此，合作社仍然以种植和养殖的传统小农生产为主导。

第三，当前农村经营主体的资本构成呈现出混合性特征。这种混合特征表现为农民专业合作社的三种经营模式，即纯集体性质的合作社、个人资本占主导的合作社，以及集体性质与家庭联产承包责任制相结合的合作社。

（三）L 县农民专业合作社的三种模式

农民专业合作社指的是以农村家庭承包经营为基础，通过提供农产品的销售、加工、运输、贮藏以及与农业生产经营有关的技术、信息等服务来实现成员互助目的的组织。农民专业合作社实际上是集体成员互助和家庭承包经营相结合的形式。然而，在实际发展过程中，农民专业合作社由于实质经营主体的转变，新型经营主体的多样化，导致合作社的模式也有了形式上和内容上的变化。通过对 L 县农民专业合作社的分析，就资本构成来说，有以下三种模式：

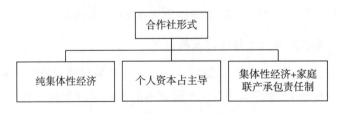

图 11-4 L 县农民专业合作社的三种模式

第一种：纯集体性质的合作社。纯集体性质的合作社本质是公有制性质。在这种合作社的全部收益中，一部分纳入集体经济组织，也就是该部分资本的实际支配权将隶属于集体经济组织,即村"两委"。另外一部分,在一定期限(三年)内由贫困户均分,之后全部归集体所有。根据实地调研,这种纯集体性质的合作社,生产投入大、周期长、回报低,一方面导致无法吸纳大多数劳动力;另一方面导致新型经营主体由形式上集体经营向实质上村"两委"负责转变,加之国家政策支持力度大,使得投入高度资本化。

第二种:个人资本占主导的合作社。这种模式主要采用"能人大户+贫困户"的形式。虽然让贫困户参与进了合作社,但是合作社仍然以个人资本为主导。甚至有的合作社形式上是合作,实质却是私有制经营形式。因此,以个人资本为主导的合作社模式,本质上是通过采取带动贫困户的名义获得国家的政策扶持,其大趋势仍然是使资本走向个人化。

第三种:集体性经济与家庭联产承包责任制相结合的合作社。这类合作社采用的"集体+个人"双重负责的模式。这种模式一方面有效地发挥了集体统一管理的作用,另一方面使贫困户直接对自己的生产负责,有效地调动了劳动群众的生产积极性。这种模式成功的原因在于:一方面,该合作社采用农户自愿主动加入的形式,充分考虑了合作社成立的可能性和经营的可持续性,同时也将劳动力吸纳进扶贫实践过程。另一方面,合作社的经营方式虽然是集体统一进行分配和管理,但仍然保留了农户对自己生产负责的形式,这不仅有助于科学化生产,使劳动生产效率大大增加,而且也保证了农民专业合作社经营主体的确定性。

第二节 "劳动—生产"在扶贫实践中的交合与分异

通过实地考察,我们认为精准扶贫主要精在"产业",而产业的发展又离不开人的"劳动",也就是农村劳动力的参与。结合具体的实践调研,我们考察了各项扶贫政策在实践中对"劳动"的影响。现实中劳动与生产的分离为"劳动扶贫"理念的提出奠定了实践的基础,同时也充分说明"劳动扶贫"理念的理论价值与现实意义。

(一)扶贫政策在设计与实践中对"劳动"的影响

第一,光伏扶贫。光伏扶贫是一种新兴的扶贫方式,一般采用"公司化运营+合作社所有+贫困户分红"形式，旨在通过光伏太阳能发电形式，将发电收益与扶贫对象增收挂钩进而达到扶贫的目的。因地区政策的不同，其收益的分配模式不一，但都有一定的比例用于贫困户稳定增收脱贫。该扶贫政策存在两个问题：一是扶贫户"劳动参与性"问题。在 L 县，光伏扶贫项目得到普遍推广。但在安装、维护和运行光伏发电设备方面，普通人需要经过培训方能上岗，一个村级光伏扶贫点所需劳动力很有限。这种扶贫模式由于生产端无法有效吸纳农村劳动力而只在分配端让扶贫对象参与收益分红，且扶贫对象对于具体盈利模式、实际收益和运营过程缺乏详细了解，最终导致扶贫对象与扶贫项目相分离。二是贫困户实际收益问题。根据实地考察，这种扶贫模式的实质性效果并不大，关键是其仍然属于间接性救济式扶贫，依旧没能激活农民内生动力以促进扶贫脱贫长效机制的建立。

第二，生态扶贫。生态扶贫是旨在通过加大贫困地区生态保护修复力度，从而实现生态改善和脱贫双赢的扶贫方式，其主要运营模式为"合作社+管护（生产）+贫困户"，优先考虑吸纳贫困人口参与林业管护和生产，如山西实施的"购买式造林"。所谓"购买式造林"，是指市场主体自主造林，造林成功后经市场交易变现，造林者获得经济效益。在此模式下，政府与造林生产过程相分离，仅充当监管者和验收人的角色。这种扶贫政策的目标是通过市场化运作实现生态保护和脱贫目标的双赢。根据走访调查，由于扶贫对象在年龄结构和劳动能力等方面参差不齐，在实际运作过程中造林合作社并不一定完全优先考虑扶贫对象参与造林生产过程，而是更多地雇佣高质量的劳动力。这种市场逻辑包含着排斥扶贫对象的内在趋势，也在一定程度上偏离了该模式的扶贫初衷。

第三，金融扶贫。金融扶贫指的是"鼓励和引导商业性、政策性、开发性、合作性等各类金融机构加大对扶贫开发的金融支持"[①]。一般来说以向扶贫对象小额信贷为主，其他还有通过参与融资、投资、基金、参股等方式获取收益，从而帮助贫困群体脱贫。金融扶贫是一项创新的扶贫方式，在实践中得到了各大贫困地区的大力推广。尽管金融扶贫政策呈现多样化，但从

---

① 《中共中央-国务院关于打赢脱贫攻坚战的决定》，人民出版社 2015 年版，第 21 页。

"劳动"视角看可分为两种模式。一种模式针对的是有劳动能力、致富产业或创业意向的群体,其理想效果是通过金融资本的注入来刺激生产,并激活农村贫困家庭中的闲置劳动力;另一种模式则是针对无劳动能力或致富能力的群体,其路径则是通过贫困户这一身份中介将资本与市场相嫁接,并"带资入企"使贫困户获得固定分红以达到扶贫效果。根据调研,我们发现金融扶贫在操作过程中并未有效将扶贫对象的劳动纳入扶贫实践过程。一方面,一部分贫困主体往往缺乏正常的劳动能力;另一方面,小额贷款由于资金安全的要求和资本逻辑的规定往往选择将资本转贷给有一定信用的企业,与扶贫对象的劳动也是分离的状态。

第四,电商扶贫。L县电子商务协会组织农户在农产品生产基地严格按照标准进行生产,由农产品加工基地进行加工包装,由电商进行网上销售。全程产业链标准化运作,统一采购、统一包装、统一运营、统一配送、统一售后等诸多标准化,形成一条产供销一体化的电商生态系统。经过走访村电子商务站点和L县电子商务中心,我们发现虽然电子商务对扶贫起到了一定的带动作用,但源于"电子商务"本质上是着眼于商品的流通领域,其效果也较为有限。电商扶贫的初衷是将农村土特产通过网络化销售到全国各地,而不少农村的电子商务站点在现实中都转变为"快递代理点",商品的流通方向转变为从农村外部流向农村内部。因此,这种扶贫方式只能将农村极少数剩余劳动力纳入其中。

(二)扶贫实践中"劳动—生产"分异的三种逻辑分析

从以上分析可知,各类扶贫项目都产生了积极的脱贫效果。然而,一个较为突出的问题在于,具体的扶贫实践将扶贫对象不同程度地排斥在扶贫政策之外,用经济哲学的话语来说就是将扶贫对象的劳动排除在生产过程之外。无论是贫困户还是贫困地区的劳动主体都没能很好地参与到具体的扶贫实践之中,这种分离大致分为三种逻辑:

第一,扶贫政策本身将劳动者排除在生产之外。最为典型的是金融扶贫和光伏扶贫之类,这种扶贫政策本身是"资产收益"扶贫,也就是从分配领域解决脱贫问题。资产收益扶贫解决的是"经济"的问题,而不是"生产"的问题,自然无法使多数贫困户以及当地农民参与进来。所以资金的投入应当倾向于努力改变农村生产方式，而不是把城市的生产方式简单地移植到农村，即应旨在改变旧生产方式并从农村内部培育出新型生产方式。这就意味着，只有把资金投入"劳动—生产"过程，才能够将更多的扶贫对象吸纳其中。

第二，市场的内在逻辑将贫困户或农村分散型劳动力排除在扶贫生产过程之外。市场遵循的内在逻辑是效率，而扶贫政策一旦以市场为主体，低效率、低质量和无组织的劳动力就会被市场筛选和淘汰掉。这种扶贫政策虽然包含劳动要素，但以效率原则主导的市场逻辑使其在实践中发生了变异，即将原本计划纳入生产过程的劳动又在一定程度上被"人为"排除在外。而扶贫的本质和第一原则是"公平"，扶贫的目的是缩小贫富差距。这说到底是两种原则的冲突，而市场逻辑的效率原则在农村的扶贫实践中仍然具有一定的优势地位。

第三，与劳动紧密相关，但"资本逻辑"主导的扶贫实践必然导致大多数劳动被排除在外，最终使得农村新型经营主体高度资本化。这种新型经营主体主要是农村社会的少数精英代表，在整个农村中起着重要的推动作用。如果从政策导向和社会内在机理来看，鼓励农村资源流向新型农村经营主体、培育农村社会的新型经营主体，这是大趋势、大方向。从资本逻辑和现实运动看，个人的资本化和资本的个人化是当前农村发展最强劲的原始动力。但当前遇到的已然发生的方向偏差是新型经营主体的个人化和私人化，很多的合作社表面上是"贫困户+个人"，但对合作社的风险承担、实际控制和收益都是导向个人，而不是集体。

为什么在现实中劳动主体与扶贫实践过程会发生如此之大的分异呢？我们认为这主要是"小农生产"（第一产业）与城市生产（第二产业和第三产业）之间本质区别所造成的。在城市的经济生产中，雇佣与被雇佣的关系是一种恒定的关系。这种关系可以为劳动者带来稳定的收入，以维持其生存和发展。这在农村却有本质的不同，农村经营主体的资本化尽管也存在雇佣劳动关系，但由于农业的投入大、周期长、风险大、回报低等特性，其无法同城市的生产一样，相应生产出稳定的雇佣劳动阶级。这可能导致农村贫富差距在新阶段的分化。而农村新型经营主体的资本化使得该群体将会有稳定而持续的收入，生活相对于一般农民会更有发展意义上的保障。显然，这与乡村振兴、共同富裕的目标还具有一定差距,而且很难改变城市虹吸效应和农村对城市的依赖现状。中国农村的当下矛盾和困局要想得到解决,就必须探索新的发展道路,以使得农村内部结构获得可持续发展的可能性。因此,我们认为劳动与生产的关系是密切而不可分的,而精准扶贫的关键在于"劳动—生产"的结合,如此才能形成扶贫工程的长效机制,这种长效机制又将为乡村振兴打下坚实的基础。

第三节 "劳动扶贫"新理念的现实展开与体系建构

近些年,学术界已对中国特色扶贫开发道路的内涵及其形成过程进行了比较宏观的研究。代表性的成果有两种:一种是以谢撼澜、谢卓芝为代表提出的"四个阶段"[1],即体制改革推动扶贫、开发式扶贫、综合开发式扶贫以及精准扶贫四个阶段;另一种是以吴振磊、张可欣为代表从扶贫方式的角度提出了中国特色扶贫道路近40年的"四个时期"[2],即以救济式和区域性扶贫为主、以开发式扶贫为主、以参与式扶贫为主以及精准扶贫等四个时期。这些成果是从扶贫方式和扶贫理念的宏观角度阐释中国特色扶贫道路。与其不同,我们认为应当从参与扶贫的劳动方式入手理解中国当下的特色扶贫道路,以作为视角的补充。

(一)中国特色扶贫道路的现实展开:农村新型合作社的三种模式

在众多扶贫政策实践和道路探索中,新型农村专业合作社堪称"星星之火",因为从创造劳动关系来看,这三种模式的合作社既包括雇佣劳动关系,也保留了小农生产中较为传统的劳动方式。由此可见,"小农生产"对于中国农村意义仍然重大。农民专业合作社的三种模式全面地展示了农村生产方式的变革,对这三种模式的经济哲学考察有助于我们准确把握中国特色扶贫道路的具体展开路径。

第一,纯集体性经济模式。这种模式是延续合作社的原始路径创办的。

---

① 参见谢撼澜、谢卓芝《中国特色扶贫开发道路研究》,《探索》2017年第5期。
② 参见吴振磊、张可欣《改革开放40年中国特色扶贫道路的演进、特征与展望》,《西北大学学报》(哲学社会科学版)2018年第5期。

但由于中国农村集体经济组织的经济能力薄弱，大部分依赖于政府财政补助。这就决定了当下纯集体性经济的原始积累来自"政府扶持"，这种原始积累仍然是输血式的积累，而不是从其内部完成。从实践考察来判断，这种集体性经济的失败风险相对是最大的。一方面是因为这种集体经济的所有权归属集体，经营管理权归属组织即实际的少数个人，而当前农村基层治理能力相较集体经济管理的要求还有一定的差距；另一方面是由于农村集体性经济的特殊性，难以将大部分农村劳动力有效地利用起来，使得劳动主体与集体经济的展开过程难以较好地"交合"。这种集体性质的经济模式虽然符合社会主义本质，但又存在着较大的资金风险，从而不利于经济内在驱动力的持续生成。

第二，个人资本占主导的模式。这种模式的资本构成属性决定了其在农村扶贫实践中的快速生长，即具有成功率高、可复制性强等特点。这种模式以个人资本为主、政府扶持为其次，其内在驱动不是集体经济的"破零"要求和集体生活的改善，但在客观效果上为农村的发展注入了内生动力，为农村的命运带来了从内部打破的机遇。以个人资本占主导的模式在展开过程中面临的问题在于，它很难真正将农村的大多数从原来的生产方式中解放出来，也很难将其大部分劳动力纳入其中，从而存在着资源最终向少数人倾斜的风险。这预示着农村内部贫富差距可能将以新的方式扩大。历史实践给我们的启示就是要在一定程度上尽其所能防止贫富分化在农村内部的重演。因此，致贫原因的焦点不应在"缺资金"，而在于农村自身还未成功塑造属于它自己的生产方式。

第三，集体性与家庭联产承包责任制的交合体。这种集体性经济的组织构成是，将管理从生产之中独立出来，包括将统购统销等科学管理和组织交由合作社，这种生产并不是天然将劳动排除其外，而是将生产责任交由家庭或个人，自己经营、自己打理。这种模式既是建立在三权分置的土地政策基础之上（因为集体管理需要土地流转以及经营等作为前提），同时又延续了中国已经开展了40多年的家庭联产承包责任制，十分成功地将农民劳动与农村生产统一了起来。这种形式达到了"劳动扶贫"理念的最高实现状态。这也正是中国扶贫道路的特色之一，因为这种模式不仅符合中国农村自身的历史文化传统，也与国外西方农村发展有着本质的不同。但这种模式只是作为特例来分析，没有看到其大面积复制和快速生长的可能性，在很多地方往往仍然延续家庭联产承包责任制的经济模式。这种模式虽然最符合社会主义的"中国特色"，但在资本全球化和"市场—资本"逻辑的主导下很难得到健康生长。因此，资本逻辑如果不能在农村得到有效遏制和合理运用，则可能会导致中国扶贫道路的"特色"被遮蔽甚至消解。

从中国扶贫实践看，农村的生产仍然是以种殖养殖等传统农业生产为主，而不是走工业化、服务业化振兴乡村的路径。当农村的生产建立在多种"劳动关系"的基础上，并能够将这些"劳动关系"固定下来以获得延续性，中国农村才能真正实现从内打破，进而获得强大的生命力，乡村振兴才得以可能。

（二）"劳动扶贫"新理念：制度前提、理论基础和三个原则

2016 年 10 月 30 日，中共中央办公厅、国务院办公厅印发了《关于完善农村土地所有权承包权经营权分置办法的意见》，提出了对农村未来发展起着决定性影响的"三权分置"土地政策，即农村土地的所有权、承包权和经营权分置。这是中国农村继 20 世纪 70 年代家庭联产责任承包制之后的又一轮新的土地改革制度。众所周知，土地三权分置政策的提出在新中国历史上经历了漫长的过程，即从"农民所有"到"集体所有"，再到"两权分立"和"三权分置"四个阶段。尤其是"两权分立"与"三权分置"的边际关系仍然在当下中国农村扶贫和乡村振兴中起着重要的作用。两权分立是为解决中国农民温饱问题而将承包经营权（实际使用权）从所有权中分立出来，这种土地政策调动了农民的劳动积极性，解决了中国农民的生存难题。但是，随着改革开放时代的到来，农村劳动力向城市转移，以至于出现了人地分离、空心农村、城乡对立的格局。"三权分置"土地制度改革正是在这样的历史条件下生成的，设置这种土地制度的目的在于鼓励农民将闲置土地流转给大户承包，积极培育农村新型经营主体。"三权分置"土地制度一方面提高了农村土地的利用率及其生产力，另一方面导致"先富带动后富"的理念再一次从城市移植农村。

这是理解"劳动扶贫"理念与中国特色扶贫道路的制度基础。当然我们也注意到，在众多扶贫理念中有"造血式扶贫"和"参与式扶贫"两大扶贫理念。所谓"造血式扶贫"指的是与"输血式扶贫"即直接救济式不同的扶贫理念。"造血式扶贫"主张通过扶贫让农民自身具有生产与扩大再生产的能

力，其主体是"农民"，因此势必会带来乡村的快速发展。但是，这一主体指的是少数农民还是多数农民呢？我们认为，"造血主体"应当是农村共同体中的集体农民，而不是农民中的少数个体。

另一种就是"参与式扶贫"。这一理念是从国际扶贫理念借鉴而来，鼓励贫困主体参与到扶贫项目的决策、实施和管理的全过程。这是一种"自下而上"和"自上而下"良性互动的扶贫理念。但是，"参与式扶贫"在中国农村暂时出现了不适应的情况。其一，在实践过程中实现该理念非常困难，因为这对基层治理能力提出了极高的要求，尽管该理念表现出民主、平等、透明的一面，但这可能会直接降低扶贫效率。其二，这种模式强调的是包括政策实施、政策制定和政策管理在内的总体性参与，却没有探索出具体的"参与"方式。

结合实践调查，我们认为这一具体的方式应该是"劳动"的参与。劳动的参与是整个扶贫实践过程中最关键和最核心的环节，相比政策的制定、实施和管理的参与，更具根本性。因此，我们提出一种新的扶贫理念，即"劳动扶贫"。

从思想资源来说，"劳动扶贫"理念的理论基础是马克思主义哲学的劳动幸福理论。第一，劳动是人的类本质，因此是展现人的本质力量的活动，同时也是展现农民生命力量的活动。马克思曾说："我的劳动是自由的生命表现，因此是生活的乐趣"，"我在劳动中肯定了自己的个人生命，从而也就肯定了我的个性的特点"。① 在当前阶段，对于农村社会来说，劳动仍然主要表现为"体力劳动"，体力劳动仍然是农民获得本质力量展现的主要劳动形态。中国长达几千年的农业社会塑造的农民就生存世界来说是离不开劳动的。在劳动过程中，农民不仅能够获得稳定的收入，而且能让以"勤劳"为基本价值观念的劳动阶级在劳动过程中展现农民的本质力量，得到自我认同。

第二，劳动是人的第一需要，也是农民的第一需要。这一需要不仅创造出生存的条件和自我认同，而且还包括获得人的尊严和他人的认同。在中国长期的小农生产规制下，中国人形成了比较牢固的劳动价值观念，如"劳动

---

① 《马克思恩格斯全集》第 42 卷，人民出版社 1979 年版，第 38 页。

光荣""勤劳致富"等。"劳动光荣"作为价值观在本质上是人通过劳动从外部世界获得的一种赞扬和荣誉,这种社会心理在中国农村延续至今。因此,如果具有正常劳动力的人不劳动,在熟人社会中往往会被"说闲话"与被否定。这也是当前部分扶贫干部和非贫困户抱怨扶贫对象"等靠要"思想严重的根本原因。基于人性的批判对于扶贫本身是无效的,我们要考虑的是从根本上消除这种"等靠要"思想的途径和方法。"有活干"仍然是中国农民当前的第一诉求。这种社会心理表达的社会事实就是农民不能离开劳动,靠着自己的双手劳动致富才能够让贫困户实现物质和精神的双重脱贫。

第三,劳动是财富的源泉,也是幸福的源泉。所谓劳动幸福,是指"人通过劳动使自己的类本质得到确证进而得到深层愉悦体验的过程"[1]。对于农民来说,幸福不仅是物质需要的满足,还包括农民、扶贫对象的活动世界、精神世界和交往世界的建构。唯有通过农民自身的劳动参与,才能完成这种幸福世界的建构。当农民和扶贫对象通过自己的劳动获得本质力量的展现,并且也获得在农村社会的尊严时,不仅"等靠要"思想的基础被撤销了,而且对"等靠要"现象的抱怨也会自然消失。造成这种现象的原因归根结底还是一些扶贫政策在实践过程中没有将劳动纳入其中,没有能够有效地将劳动与生产相结合,因此才会出现"大跃进"式扶贫、变相救济式扶贫和"边扶贫边抱怨"的现象。

那么,我们如何将"劳动扶贫"理念贯彻到扶贫实践以及乡村振兴战略的实践之中呢?我们认为"劳动扶贫"理念包含"设计""实施"和"考核"三个规范性原则:

第一原则:扶贫政策的设计和制定将"劳动"作为优先考虑要素,即"劳动"是否能够"参与"。由此前分析可知,有些扶贫政策在前提上就已经将扶贫对象的劳动排除在外。这样的扶贫政策正是由于资本逻辑的作祟反而能够得到较为快速推进。因此,扶贫政策的制定之初就应当仔细考量是否能够将农民包括扶贫对象的劳动吸纳其中。就山西 L 县的贫困人口结构看,普

---

[1] 何云峰:《劳动幸福论:以劳动幸福为基础构筑社会主义精神》,上海教育出版社 2018 年版,第 19 页。

通或技能劳动力的人口占 56.39%，基本满足目前农村大部分生产领域的需要。而从全县外出务工人口分布看，在省内务工的农民比例达到 91.33%，他们的务工地距离家乡并不算太远，为劳动力回流创造了地理空间的可能性。

第二原则：扶贫政策的实施将"劳动"作为优先实施标准，即"劳动"是否参与其中。无论扶贫政策在理论上是否与"劳动"紧密关联，在保证质量和效率的前提下，政策在实施过程中都需要优先考虑将扶贫对象以及农民的劳动纳入其中，简单劳动、体力劳动皆可。在这一原则下，扶贫工作者要考虑的不仅包括甄别扶贫政策是否能够与劳动相结合，而且要思考和探索一项扶贫政策以怎样的方式、在多大程度上可以与劳动相结合。

第三原则：扶贫政策的验收应当把"劳动"作为优先考核标准，即是否有"劳动"的参与。这一维度在实践中遭遇困境，即此前讨论的"效率"与"公平"的原则冲突。有些政策虽然在设计和实施中与劳动紧密相关，但在实践中将预定的分散、低效劳动力排除在外。这在某种意义上也偏离了扶贫政策制定的初衷。因此，我们认为，一方面要重点考察第一原则即扶贫项目是否有将"劳动"纳入其中，另一方面更要重点考察这些扶贫项目在多大程度上调动了农民的劳动积极性，尤其要考核和验收这些项目是否真实有效地雇佣和使用了扶贫对象的劳动力。

"劳动扶贫"新理念作为规范性理论并不是要求扶贫工作者将扶贫政策与劳动强制关联，而是为当前的扶贫实践提供一个值得探索的方向。如果劳动始终被排除在生产过程之外，靠着分红、补贴等方式在形式上（贫困线）实现贫困户脱贫，这无异于间接回到了"救济式扶贫"。这种"形式脱贫"的危险在于脱贫户存在大面积返贫的可能性，也就是返贫率的回升。这一危险直接影响扶贫的实际效果和未来效应。而精准扶贫或乡村振兴是一项长期而系统的工程，这就要求我们必须将马克思主义理论与中国农村的实际情况相结合。基于此，我们认为中国农村只有坚持"市场经济"与"小农生产"相结合，并在扶贫实践过程中将劳动与生产统一起来，一方面充分利用资本对农村生产方式的变革作用，另一方面努力克服其在农村社会的野蛮生长，方能真正走出一条具有中国特色的扶贫道路，从而为推进乡村振兴战略和实现共同富裕奠定坚实的基础。

第十二章　深入"劳动现场"与和谐
劳动关系的建构[*]

2021 年五一劳动节前夕，北京人社局劳动关系处副处长以体验劳动的方式进入外卖员劳动现场，引起了全网热议，并收获众多网友点赞。尽管资本对劳动的傲慢性处罚规则本身并没有因此而得到撼动，但这种形式对外卖送餐行业的政策、规则的优化起到了"立竿见影"的效果。为应对舆论，美团、饿了么等外卖平台随即都表示正在逐步取消对外卖员的逐单处罚规则。无独有偶，五一劳动节后，一篇北京大学的博士学位论文《"数字治理"下的劳动秩序：平台经济劳动过程与资本控制研究》也在网络迅速走红，其原因在于，这篇论文是作者通过深入劳动现场、体验近半年的外卖劳动后才完成的。这一研究充分揭示了资本如何通过数字技术控制劳动过程，还原了平台经济的劳动真相。由此可见，深入劳动现场可以促进现代劳动关系的治理和研究，对于调和、改善劳动关系能够起到积极推动作用。那么，什么是"劳动现场"？深入劳动现场的现实基础是什么？这一方案对于化解新时代的社会矛盾具有怎样的意义和价值？本章试图围绕这几个问题展开论述。

第一节　政治经济学批判视域中的"劳动现场"概念

"劳动现场"（labour scene），是指通过人的感官来把握的某种具体的、直观的、即时的劳动情境（labor situation）。深入"劳动现场"的意义在于，

＊　本章主要内容已发表。参见王绍梁《深入"劳动现场"：新时代劳动关系的改良方案》，《劳动哲学研究》2023 年第 1 期。

观察者/参与者通过在劳动过程中与劳动者进行信息交换、亲密接触、语言交流等感性交往去建构出对劳动阶级的情感认同,其政治功能还包括观察者/参与者通过对劳动过程的考察发现劳动者遭遇的不合理现实,并采取行动以改善其生存状态。劳动现场不等于劳动现象(labor phenomenon),但劳动现象来源于劳动现场。与"劳动现象"概念不同,"劳动现场"概念不仅意味着劳动现实的呈现以及对这种现实的认识、解释,而且同时包含着认识世界和改变世界两个维度,它在本质上要求人们通过对既定的劳动现实的否定去积极地建构一种更理想、更完善的劳动图景。因此,"劳动现场"概念蕴含了丰富的时代意蕴:

其一,这里的"劳动"不是指抽象的劳动概念,而是指具体的工作类型和劳动形式。劳动现场是指某种具体的劳动过程,不同的工作类型呈现的劳动现场也不一样。不同的劳动现场暴露出的劳动问题也不同。从劳动时间看,分为白天劳动现场和夜间劳动现场;从劳动空间看,分为开放的劳动现场和封闭的劳动现场。前者是相对显性的,后者是相对隐性的。因此就关注度而言,当劳动问题发生时,前者往往会比后者受到更多关注。同样,体力劳动现场和脑力劳动现场、物质劳动现场与非物质劳动现场、生产性劳动现场与非生产性劳动现场暴露出的问题也不尽相同。

其二,"现场"(scene)概念表明,"劳动现场"不是对"劳动"的纯粹理论分析,而是指现实的人的劳动实践过程,是感性的在场,即处在某一个感性的场域之中。感性的劳动现场对人具有感官上的刺激作用和心灵的教化作用,它能够突变式或潜移默化地改变人对某一劳动类型的固有偏见,进而改变人的劳动价值观念。这便是劳动现场具有的劳动教育意义。劳动教育首先是劳动实践教育,其中包含深入劳动现场,体会劳动的辛苦,感受劳动的意义。

其三,"现场"不仅意味着"在场",还意味着劳动者与观察者在同一时空中,是观察者与劳动环境、观察对象的交融,具有人类学田野调查的特征和性质。也就是说,观察或体验劳动的主体与劳动者要发生感性交往和互动,通过进入特定的劳动情境来获得对具体劳动类型的感性认识。深入劳动现场的目的是通过观察、询问、调研来发现和解决劳动问题。这意味着,深入劳动现场，它首先必须是非公开和非宣传性的活动，反之，就容易蜕变为宣传性的作秀、表演。

那么，"劳动现场"概念是否具有文本依据呢？它在马克思的政治经济学批判视域中又具有怎样的位置？首先，"劳动现场"概念在马克思的文本中是用"生产过程""劳动过程"来表示的。这里有必要引入马克思在《资本论》第一卷中给出的一个启示：

> 劳动力的消费过程，同时就是商品和剩余价值的生产过程。劳动力的消费，像任何其他商品的消费一样，是在市场以外，或者说在流通领域以外进行的。因此，让我们同货币占有者和劳动力占有者一道，离开这个嘈杂的、表面的、有目共睹的领域，跟随他们两人进入门上挂着"非公莫入"牌子的隐蔽的生产场所吧！①

一个新的概念在这里被发现了，即过去用以描述"生产过程"的"劳动过程"，我们概括为"劳动现场"。马克思在这里使用了生产场所（abode of production）这一概念。在前资本主义社会或资本主义萌芽时期的生产场所，生产过程基本上还未与劳动过程完全分离。以手工业劳动为例，劳动者、劳动资料和劳动对象都是紧密相连的，在这个意义上，生产过程就是劳动过程，劳动过程就是生产过程。因此，在资本主义大机器生产还不是特别成熟时，生产过程还特别依赖于人的劳动。因而"生产场所"指的往往就是劳动场所，即劳动力的消费场所。在一般的理解中，劳动过程也是指人与自然之间的物质变换过程，因而"劳动"在这里成为人和自然界之间的中介。但马克思认为，人的劳动过程同样是人的社会关系的建构过程，劳动不仅仅是中介性或工具性的活动，还是人的生活世界本身。马克思对现代资本主义的生产过程进行了分析和界定：一是货币购买生产资料和劳动力的交换过程，二是劳动力与生产资料进行结合的劳动过程，三是劳动产品与货币在市场上进行交换的价值实现过程。这三个过程，最能暴露劳动问题，并让劳动成为折磨和否

① ［德］马克思：《资本论》第1卷，人民出版社2004年版，第204页。

定人的异化活动的正是第二个过程即劳动过程。

因此，劳动现场同劳动过程一样，不但是一个描述性概念，而且具有马克思异化劳动理论的批判性功能，是对马克思劳动批判理论的重新定义。马克思异化劳动批判理论的重要特征在于其对"劳动现场"的经验描述。从异化劳动的四个规定来看，包括对劳动者与劳动产品、劳动者与劳动本身相异化的描述。"工人生产得越多，他能够消费的越少"，"工人的产品越完美，工人自己越畸形"，"劳动越有力量，工人越无力"，"劳动越机巧，工人越愚笨"。① 更重要的是，马克思还批判了劳动关系的异化。而让马克思把这些劳动现象呈现出来的前提正是"劳动现场"之存在和被发现。反过来说，劳动现场（劳动过程）是劳动问题的原始发生地，而对劳动问题的解决则首先依赖于对劳动现场（劳动过程）的考察和研究。

从理论上看，正因为马克思着眼于劳动现场，才发现了"异化劳动"理论，进而把握到了劳动的本质。反观之，异化劳动理论不仅是对现代劳动关系对抗性本质的揭示，也为我们如何在现代雇佣劳动关系的框架下构建和谐劳动关系提供了启示。马克思对异化劳动的"四个规定"，不光是纯粹的理论分析，其批判本身亦给予人一种"现场感"，即对劳动异化的"现象"呈现。这正是马克思批判劳动过程异化的根本旨趣所在。如果劳动过程异化了，那么，人的生活世界也就异化了，劳动由此才变成否定人的生命价值的工具性活动。同样，在《资本论》中，马克思通过考察资本主义生产制度下的劳动现场，揭示出雇佣劳动背后的劳动真相，包括过度劳动对劳动者身体健康的损害，使用童工对儿童成长造成的不可逆伤害，职业病问题，以及资本原始积累时期暴露出的邪恶面，等等。

正因为生产场所即劳动现场是资本家"赚钱的秘密"的所在地，而且是在流通领域以外不为人所见的隐蔽之处，马克思才将其说成"非公莫入"（No admittance except on business）之地。正因它藏着秘密，才会被话语权掌握者挂上"非公莫入"的牌子。把劳动现场说成是"非公莫入"之地，其表面意思是，如果不是为了进行业务往来、商业合作，简而言之，如果不是为

---

① ［德］马克思：《1844年经济学哲学手稿》，人民出版社2014年版，第49页。

了商品生产和交换，你就不得进入劳动现场。因此，在劳动现场，"不仅可以看到资本是怎样进行生产的，而且还可以看到资本本身是怎样被生产出来的。赚钱的秘密最后一定会暴露出来"①。资本主义生产方式的目标不在于商品的堆积，而在于把劳动产品兑换成货币，实现资本的积累。资本的积累来源于价值的创造，而价值的唯一来源只能是人的活劳动，所以资本主义必然要求资本家在劳动过程中尽最大的可能压迫和剥削劳动者，无限制地透支人的劳动能力，甚至把他们的生命榨干也在所不惜。这才是"非公莫入"的真实原因。资本的生产过程就是劳动者被盘剥的过程，而在过程中发生的劳动问题往往就被"非公莫入"的意识形态给遮蔽了。

进一步说，被遮蔽的不仅是劳动问题，更根本的是劳动主体——人，"劳动现场"概念则是对劳动主体性即"人"的彰显和再发现。"生产"与"劳动"的最大区别之一就是主体性问题，现代生产的主要变化或本质就是去主体性，即逐渐降低劳动者在生产中的主体地位，或是采取智能机器人的替代选择，或是生产链条的智能化，都试图甚至早已稀释了"人"在生产中的重要性。这种变化是我们今天才面临的现实，并非自古以来如此。生产过程主体性的遮蔽正是资本主义意识形态要达到的效果。"数字—信息"技术引发的生产革命，几乎在所有生产领域都实现了人与机器的分离，如智能机器人的广泛运用把劳动过程从生产过程的主导地位降低到了边缘地位，人成了机器的附庸，成了生产体系中可有可无的零件。"从劳动作为支配生产过程的统一体而囊括生产过程这种意义来说，生产过程已不再是这种意义上的劳动过程了。"② 现代社会的劳动过程由此便从生产过程中分异出来，形成了庞大的非物质劳动领域。当今天我们再谈"生产"时，并不一定存在着"人"或"劳动"，主体可能不是"人"而是"物"（机器）。但"劳动过程"或"劳动现场"，指的必然是人的活动过程，是人的主体性的显现和在场。因此，马克思曾批判国民经济学对"人"的遮蔽："国民经济学不考察不劳动时的工人，不把工人作为人来考察"③。因为国民经济学的任务是揭示资本主义的财富如何

---

① ［德］马克思：《资本论》第 1 卷，人民出版社 2004 年版，第 204 页。

② 《马克思恩格斯全集》第 31 卷，人民出版社 1998 年版，第 91 页。

③ ［德］马克思：《1844 年经济学哲学手稿》，人民出版社 2014 年版，第 13 页。

增长，至于在财富增长的同时，作为创造财富的主体即"人"就自然被排斥在这一科学的视野之外。"劳动"概念之所以不能被"生产"或"实践"概念取代，是因为劳动既有实践主体之价值性维度，也有生产之工具性维度。在此意义上，使用"劳动现场"而不是"生产现场"的理论用意是重新发现生产中的"人"，包括人的感受、体悟、情感等。

第二节　现代劳动关系的复杂性表明
深入劳动现场的必要性

劳动关系问题是现代社会治理体系的神经中枢，它的形成、展开和解决直接关系着良善社会的建设和运行，可谓牵一发而动全身。而对于"劳动关系"的认识，我们过去常以为就是劳资关系，即工人与资本家的关系。西方学界一般就把研究劳动关系问题的劳动关系学（Labour Relations Science）称为产业关系学（Industrial Relations Science）、劳资关系学（Labour-capital Relations Science）。这种认识来源于对马克思主义唯物史观的一般把握，即现代社会的政治组织是资本主义生产方式的上层建筑，其本质是为资本运动服务的国家机器，所以"现代的国家政权不过是管理整个资产阶级的共同事务的委员会罢了"①。这样，社会矛盾主体被限定在无产阶级和资产阶级的对抗关系之中，对于社会矛盾、冲突及其治理的研究，也往往限制在劳动与资本二元对抗的框架结构之中。

然而，在对西欧世界以外如东方社会的历史发展和社会结构进行解释时，我们容易把马克思主义的经典理论教条化地运用其中。在这种理论指导下，我们把人类历史的发展简单地理解为近似线性的演变过程。而每一个国家都会因为自己独特的历史文化传统形成与其他国家或民族不同的，甚至完全异质的劳动关系。马克思本人也反对套用西方国家的历史经验分析东方民族的社会发展问题，他在回复俄国女性革命家查苏利奇（Вера Ивановна Засулич）的信中就指出："这一运动的'历史必然性'明确地限制在西欧各国的范围内。"② 这一

---

① ［德］马克思、恩格斯：《共产党宣言》，人民出版社 2014 年版，第 29 页。
② 《马克思恩格斯文集》第 3 卷，人民出版社 2009 年版，第 589 页。

启示，同样可以运用于对现代劳动关系的剖析，即是说，不能想当然地从资本与劳动的二元对立来认识现代的劳动关系本质，而应该从既定的社会现实反过来把握这种本质内涵的丰富性、复杂性、多元交互性。可见，对当代中国劳动关系的复杂性的认知与解释是改善、优化劳动关系的前提。

那么，什么是"劳动关系"？按照通常的解释，劳动关系就是人们在劳动过程中形成和发展起来的社会关系。从这个意义上说，劳动关系既包括劳动阶级内部的社会关系，也包括劳动者与资本家之间的社会关系，除上述两种关系之外，还应包括行政管理者与劳动者的社会关系。由于这种社会关系是围绕满足需要的"劳动"展开的，因而是一种利益互动的关系。因此，"劳动—资本—权力"是把握现代劳动关系问题的"三位一体"。现代社会矛盾的运动则是围绕这三者的互动和斗争展开的。但这三个阶层之间的关系并不是固定不变的，"而是一种变化和流动的活体，它处在不断建构过程中"①。

从马克思主义辩证法看，现代劳动关系的矛盾分为主要矛盾和次要矛盾，权力与劳动、资本与劳动、权力与资本的矛盾是主要矛盾，而权力、资本和劳动内部的矛盾是次要矛盾。而诸类矛盾又存在主要方面和次要方面，矛盾的主要方面是掌握着话语权，占据主导地位的一方，因此，权力、资本是支配和规定劳动的两股力量。就劳动关系来说，权力、资本与劳动又分为对抗性（斗争性）和非对抗性（同一性）的关系，对抗性在这三类主要矛盾中具有普遍性的地位。正如毛泽东所说："捉住了这个主要矛盾，一切问题就迎刃而解了。"② 这句话告诉我们，只有辨别清楚现代劳动关系的主要矛盾，才能看清现代劳动问题的本质。劳动关系的主要矛盾决定着劳动问题的性质、特征和所处阶段，也决定着我们当前的任务和工作方向。权力和资本在劳动关系中所处的是支配、统治地位，劳动则处于被支配和被统治地位。从特殊到普遍，任何一个劳动分工，其背后都有一个劳动群体，而所有行业的劳动群体的集合，就被称为劳动阶层。劳动阶层一方面深受资本的支配和剥削，另一方面也深受权力的统治和管控。关于资本与劳动的矛盾以及资本对劳动的

---

① 李培林等：《中国社会分层》，社会科学文献出版社 2004 年版，第 6 页。
② 《毛泽东选集》第 1 卷，人民出版社 1991 年版，第 322 页。

剥削，理论界已经给予了充分的关注。相对薄弱的研究则是，权力阶层与劳动阶层的利益对抗，以及由于权力与资本的复杂性关系引发的劳动阶层利益的损害等内容。

所谓权力阶层，按照靳凤林的界定，是指"政治权力的运作、政策法规的执行、国家机器的运转都离不开掌握权力的人"①。权力阶层处于金字塔的顶端，它掌握社会资源的配置权和规则的制定权。它的一举一动都影响着劳动阶层的方方面面，同"劳动"形影不离。根据靳凤林的研究，权力的不合法使用导致损害劳动阶层利益的基本途径包括公共权力的违法膨胀、执政成本的不断攀升、既得利益集团的缓慢形成、权力腐败现象的广泛蔓延。②从劳动关系视域分析，这主要体现在三个方面：一是劳动规则或政策制定缺乏劳动阶层参与。个体劳动从属于不同的劳动分工体系，管理部门在制定某项行业规则并涉及劳动者的利益时，劳动阶层往往都是接受和服从行政命令，缺乏充分的话语权，包括知情权、监督权和决策权。这必然会给少数盘剥劳动者的机会主义者提供钻空子的机会。二是权力的不合法运用给劳动阶层利益造成的消极影响。这主要表现为少数行政管理者以执法为名目，利用手中的公权力来实现个人利益的最大化。三是权力与资本的交互性关系对劳动阶层的双重影响。这种劳动关系的隐性矛盾依然存在，既是资本与劳动的矛盾，也是权力与劳动的矛盾，还可能是资本与权力的矛盾向劳动领域的延伸或转移。这两条矛盾逻辑的并存，表明权力与资本的界限有待进一步明确，这种明确有助于在制度性层面消除个别权力为个别私人资本服务的空间。这正是习近平总书记在党的二十大报告中指明的方向："弘扬党的光荣传统和优良作风，促进党员干部特别是领导干部带头深入调查研究，……重点纠治形式主义、官僚主义，坚决破除特权思想和特权行为。"③与此同时，劳动阶层可通过法律体系与资本对抗，这种对抗对于劳动主体性的建构来说具有积极的意

---

① 靳凤林：《追求阶层正义：权力、资本、劳动的制度伦理考量》，人民出版社2016年版，第23页。
② 参见靳凤林《追求阶层正义：权力、资本、劳动的制度伦理考量》，人民出版社2016年版，第80—87页。
③ 习近平：《高举中国特色社会主义伟大旗帜 为全面建设社会主义现代化国家而团结奋斗——在中国共产党第二十次全国代表大会上的报告》，人民出版社2022年版，第68页。

义。这就要求我们完善具有普遍效力的规则体系，包括劳动保障法律体系、政府对社会的管理体系、劳动与资本的互动体系。

随着中国经济体制实现从社会主义计划经济向社会主义市场经济的转变，有学者认为，劳动关系的性质已经"由国家作为全社会代表的利益—体化的劳动关系，转变为企业主和劳动者两个独立的利益主体所构成的雇佣劳动关系"，同时，"劳动关系的运行机制也将逐步由以政府为主体的行政手段的控制，转变为以企业为主体的市场机制的调节"。[①] 这意味着劳动关系面临权力与资本的"双重主体"。因此，市场经济的社会主义性质发挥着重要的作用，行政权力在调整劳动关系的政治实践中也拥有着主导性的话语权。

靳凤林还指出了冲突主体的多元性、劳资冲突的多维性、冲突方式的多样性、冲突根源的复杂性以及管控模式的多变性。[②] 在"劳动—资本"二元对立的西方国家，当劳资冲突发生时，工人或工会会采取合法化的抵抗方式，如罢工、怠工、联合抵制、纠察、占据工厂、自主生产等。与西方社会不同，中国劳动关系呈现的是"强权力—强资本—弱劳动"的三元格局。侯才认为，以农业社会的经济形态为主导的国家或历史阶段必然导致"行政权力支配社会"，这就是中国传统社会的历史逻辑。

> "中国特色社会主义是在半殖民地半封建社会的基础上建立和发展起来的，而不是在纯粹资本主义的基础上建立和发展起来的，因而当代中国的现代化进程和社会发展显然不可能完全或彻底摆脱中国传统社会历史逻辑的规定和影响。"[③]

因此，除了采取劳动争议仲裁和诉讼以外，权益受到侵害的少数劳动者往往选择极端、激烈或消极悲观的方式维权。[④] 这些表明，"非理性的对抗性"

---

① 常凯主编：《劳动关系学》，中国劳动社会保障出版社 2005 年版，第 133—134 页。
② 参见靳凤林《追求阶层正义：权力、资本、劳动的制度伦理考量》，人民出版社 2016 年版，第 98—106 页
③ 侯才：《当代中国发展的客观逻辑及其哲学课题》，《光明日报》2021 年 4 月 12 日第 15 版。
④ 参见靳凤林《追求阶层正义：权力、资本、劳动的制度伦理考量》，人民出版社 2016 年版，第 102 页。

劳动关系妨害了社会和谐、稳定和可持续性的良性发展。曾有调查显示，随着社会理性化程度的提高，越来越多城市外来农民工采取理性手段和正当途径来维护自己的权益。①

冲突方式的多样性体现出当代中国劳动关系的复杂性，同时表明更进一步构建和谐劳动关系的紧迫性。但劳动关系主体的多元性、交互性，以及解决劳资冲突方式的破坏性、自发性和非理性，使得这种建构成为一件困难的事情。基于此，我们认为，通过进入劳动现场，考察劳动过程，建构劳动情境，发现劳动问题，反馈、制定有利于改善劳动关系的劳动政策，是当下可行的改良方案。

第三节　深入劳动现场是构建和谐劳动关系的新路径

2023 年 3 月 19 日，中共中央办公厅印发了《关于在全党大兴调查研究的工作方案》，要求各地区各部门"坚持问题导向，增强问题意识，敢于正视问题、善于发现问题，以解决问题为根本目的"，"深入实际、深入基层、深入群众调查了解情况"。② 更进一步说，这首先要深入的就是广大劳动人民的生活实践之中，亦包括"劳动现场"。那么，为什么要"深入"劳动现场？一方面，劳动现场存在着现实的人及其活动，而不只是包括作为物的生产机器的运行，劳动现场就是人们的生存场，是他们的现实生活世界的再现。劳动人民的欢乐、喜悦在此，痛苦、不幸也在此。另一方面，劳动现场是暴露劳动问题的地方，这正是社会需要被改造、行政管理者优化规则和权力正确限制资本的地方，还是体现我们"人民至上"或"以人民为中心"的政治理念的地方。简而言之，"劳动现场"概念为构建新时代和谐劳动关系提供了一个新的思路。

第一，深入劳动现场，体验劳动的辛苦，能够陶冶人民公仆的情操，加强他们尊重劳动、热爱劳动、为劳动人民服务的信念。"劳动最光荣、劳动最崇高、劳动最伟大、劳动最美丽"的政治理念要落到实处，就必须深入劳动

---

① 参见杨正喜《中国珠三角劳资冲突问题研究：农民工视角下的一种阐释》，西北大学出版社 2008 年版，第 73 页。

② 《中办印发〈关于在全党大兴调查研究的工作方案〉》，《光明日报》2023 年 3 月 20 日第 1 版。

现场，体会劳动的幸福与痛苦。新时代劳动教育的对象不能局限在学生，还应当包括行政管理者、领导干部。同样，劳动教育不能沦为简单的知识教育和价值灌输，而要把我们的劳动教育场域从会议、教室延展至我们的工地、工厂、车间、田野，即劳动现场。这也是感性劳动之教育的力量。2014 年 4 月 30 日，习近平总书记在乌鲁木齐接见劳动模范和先进工作者、先进人物代表时指出："劳动，是共产党人保持政治本色的重要途径，是共产党人保持政治肌体健康的重要手段，也是共产党人发扬优良作风、自觉抵御'四风'的重要保障。"① 这意味着，是否尊重劳动、尊重劳动人民，是检验共产党员党性原则的试金石。因此，深入劳动现场，考察劳动、体验劳动，是塑造共产党员优良精神品质的重要途径之一。

第二，深入劳动现场，倾听劳动人民的诉说，创新新时代的群众路线。群众路线是中国共产党的根本工作路线和永葆青春活力的重要法宝。但在实践过程中，一些领导干部偏离了群众路线核心精神的主航道，把践行群众路线变成了走走看看、观摩观摩就罢了的形式主义。"走马观花"的形式主义之风不仅不是对共产党群众路线的真正践行，恰是脱离群众路线的结果。毛泽东同志说："在我党的一切实际工作中，凡属正确的领导，必须是从群众中来，到群众中去。"② 群众路线讲求的是树立"干部—群众"的利益、情感共同体意识。在今天，真正地深入群众，最主要的是深入劳动人民的队伍之中，感受其在劳动中的辛酸苦辣，认真吸收他们提出的建议和意见，一改形式主义的群众路线。毛泽东同志还指出了群众路线的两个重要原则："一条是群众的实际上的需要，而不是我们脑子里头幻想出来的需要；一条是群众的自愿，由群众自己下决心，而不是由我们代替群众下决心。"③ 这就是说，正确的决策不是坐在办公室里拍脑袋想出来的，而是必须从劳动人民的生活实际出发，根据他们的实际需要反复讨论和精心设计出来的。

第三，深入劳动现场，发现劳动过程暴露出的漏洞和问题，优化行政管

① 《习近平在乌鲁木齐接见劳动模范和先进工作者、先进人物代表 向全国广大劳动者致以"五一"节问候》，《人民日报》2014 年 5 月 1 日第 1 版。

② 《毛泽东选集》第 3 卷，人民出版社 1991 年版，第 899 页。

③ 《毛泽东选集》第 3 卷，人民出版社 1991 年版，第 1013 页。

理部门的政策规则，改变一些制度设计脱离实际的面貌。劳动政策不是主观地拍脑袋想出来的，一切规则都要结合社会现实，建立在充分调查研究的基础上，经过劳动人民的反复实践才能落地生根。深入劳动现场，是连接顶层设计和人民实际需要的重要方式，也符合马克思主义强调的"从人们的社会生活实践出发"的唯物主义历史观。进入劳动现场，表明不是停留在外部的观看，而是要有科学的调查研究，学会在劳动现场发现问题、挖掘问题，把不利于劳动群众和社会利益的因素扼杀在摇篮里。具体的政策、方针也需要人民群众在劳动实践中去检验。行政管理者只有深入劳动现场，才能主动、及时地发现并记录问题，并不断地修正、完善具体的规则。"调查就像'十月怀胎'，解决问题就像'一朝分娩'。调查就是解决问题。"① 唯有深入劳动现场，才能根本性地解决劳动问题，才能真正地构建和谐的干群劳动关系。

第四，深入劳动现场，是实现现代社会精细化管理、高质量发展的必要环节。精细化管理是社会高度分工的必然结果，也是实现社会高质量发展的必然要求。但精细化管理的目标和落脚点应该是"以人为本"，在具体的社会管理中，就是以"劳动人民为本"。深入劳动现场，就是检验精细化管理有没有做到以人为本。精细化管理的重点在于"精细"，是管理政策、管理过程和管理效果的精细，做到这些自然离不开对人们劳动实践过程的精细化了解，要达到此效果，非深入劳动现场不可。通过进入劳动现场，我们可以检验管理政策是否符合实际情况，发现管理过程是否存在漏洞，检验管理效果的好坏。这直接关系到社会的高质量发展。高质量发展要解决的正是社会发展的有量无质、高量低质的问题。数字高不等于人民生活质量高。评判发展质量高低的核心标准是劳动人民美好生活的实现程度，而"高质量发展，就是能够很好满足人民日益增长的美好生活需要的发展，是体现新发展理念的发展"②。因此，深入劳动现场，体察人民的劳动幸福感、生活幸福感，可以检验社会整体的高质量发展成效。

第五，深入劳动现场，直面劳资冲突、矛盾，及时改善劳动关系，为构

---

① 《毛泽东选集》第 1 卷，人民出版社 1991 年版，第 110—111 页。
② 《习近平谈治国理政》第 3 卷，外文出版社 2020 年版，第 238 页。

建和谐劳动关系做出实际的努力。稳定、繁荣、和平是当前劳动关系的大环境，但市场经济发展伴随的劳动冲突又是必然的和不可避免的。只要发展资本，劳资矛盾就会应运而生。资本的目的是压榨劳动以获取剩余价值，而权力的目的是统治并维持社会稳定。在双重逻辑的前提下，当劳动问题出现时，劳动阶层的权益难以得到优先、及时和高效的保障。因此，限制资本逻辑的泛滥、遏制资本野蛮的方法在现实中不只是"对抗性方案"一种，还可以通过及时解决人们在劳动过程中遭遇的问题，主动介入劳动矛盾的关系，促进劳资冲突的化解。集权化的政治体制和民主化的政治体制所对应的劳动关系分别是以雇主为中心的利益一体型和利益协调型，"目前我国的劳资关系正在经历着由利益一体型向利益协调型的转换"①。利益协调型的劳动关系表明，改良的方案在今天最有市场，是当前形势下的最优之选。

因此，不仅要把深入劳动现场纳入新时代劳动教育的实践范畴，让尊重劳动成为娃娃们的共识，而且还要把深入劳动现场作为学术实践和政治实践的基本要求，进而促使劳动关系由感性的田野调查回归理性的学术研究，再把调查研究的成果转化为有效的劳动政策。通过深入劳动现场，抓住主要矛盾、排除潜在危机，劳资矛盾演变为劳资冲突的可能性方能大大降低。正如习近平总书记所说："劳动关系是最基本的社会关系之一。要最大限度增加和谐因素、最大限度减少不和谐因素，构建和发展和谐劳动关系，促进社会和谐。"② 深入劳动现场，是构建和谐劳动关系、提高劳动幸福程度的可行方案。

① 靳凤林：《追求阶层正义：权力、资本、劳动的制度伦理考量》，人民出版社 2016 年版，第104 页。
② 习近平：《在庆祝"五一"国际劳动节暨表彰全国劳动模范和先进工作者大会上的讲话》，人民出版社 2015 年版，第 8 页。

参考文献

一　中文参考文献

（一）马克思主义相关著作

《邓小平文选》第 3 卷，人民出版社 1993 年版。

《列宁全集》第 55 卷，人民出版社 1990 年版。

《列宁选集》（第 1—4 卷），人民出版社 2012 年版。

［德］马克思：《1844 年经济学哲学手稿》，人民出版社 2014 年版。

［德］马克思：《资本论》（第 1—3 卷），人民出版社 2004 年版。

［德］马克思、恩格斯：《共产党宣言》，人民出版社 2014 年版。

《马克思恩格斯全集》第 16 卷，人民出版社 1964 年版。

《马克思恩格斯全集》第 1 卷，人民出版社 1995 年版。

《马克思恩格斯全集》第 30 卷，人民出版社 1995 年版。

《马克思恩格斯全集》第 31 卷，人民出版社 1998 年版。

《马克思恩格斯全集》第 33 卷，人民出版社 2004 年版。

《马克思恩格斯全集》第 3 卷，人民出版社 2002 年版。

《马克思恩格斯全集》第 3 卷，人民出版社 1960 年版。

《马克思恩格斯全集》第 32 卷，人民出版社 1998 年版。

《马克思恩格斯全集》第 42 卷，人民出版社 1979 年版。

《马克思恩格斯全集》第 2 卷，人民出版社 1957 年版。

《马克思恩格斯文集》（第 1—10 卷），人民出版社 2009 年版。

《马克思恩格斯选集》（第 1—4 卷），人民出版社 2012 年版。

《毛泽东选集》（第 1—4 卷），人民出版社 1991 年版。

《习近平谈治国理政》，外文出版社 2014 年版。

《习近平谈治国理政》第三卷，外文出版社 2020 年版。

中共档案馆编：《中共中央文件选集（一九四一——一九四二）》第 13 册，中共中央党校出版社 1991 年版。

中共中央文献研究室编：《建国以来重要文献选编》第 10 册，中央文献出版社 1994 年版。

中共中央文献研究室编：《十四大以来重要文献选编》上，人民出版社 1996 年版。

中共中央文献研究室、中央档案馆编：《建党以来重要文献选编（一九二一——一九四九）》第 4 册，中央文献出版社 2011 年版。

（二）学术译著

［苏］阿·弗·谢尔盖耶维奇：《卡尔·马克思的伟大发现：劳动二重性学说的方法论作用》，睢国余译，北京大学出版社 1984 年版。

［法］鲍德里亚：《生产之镜》，仰海峰译，中央编译出版社 2005 年版。

［英］达尔文：《物种起源》，周建人等译，商务印书馆 2009 年版。

［美］大卫·哈维：《跟大卫·哈维读〈资本论〉》第 1 卷，刘英译，上海译文出版社 2013 年版。

［德］迪特·亨利希：《康德与黑格尔之间：德国观念论讲演录》，彭文本译，商周出版社 2006 年版。

［美］E·迈尔：《生物学思想发展的历史》，涂长晟等译，四川教育出版社 1990 年版。

［德］恩斯特·卡西尔：《人论》，甘阳译，上海译文出版社 1985 年版。

《费尔巴哈哲学著作选集》上卷，荣震华、李金山等译，商务印书馆 1984 年版。

《费尔巴哈哲学著作选集》下卷，荣震华、王太庆、刘磊译，商务印书馆 1984 年版。

复旦大学哲学系现代西方哲学研究室编译：《西方学者论〈一八四四年经济学—哲学手稿〉》，复旦大学出版社 1983 年版。

［美］哈里·布雷弗曼：《劳动与垄断资本：二十世纪中劳动的退化》，方生

等译，商务印书馆 1979 年版。

《海德格尔选集》上、下卷，孙周兴选编，生活·读书·新知上海三联书店
　　1996 年版。

［美］汉娜·阿伦特：《人的境况》，王寅丽译，上海人民出版社 2009 年版。

［美］赫伯特·马尔库塞：《爱欲与文明》，黄勇、薛民译，上海译文出版社
　　2012 年版。

［美］赫伯特·马尔库塞：《理性和革命：黑格尔和社会理论的兴起》，程志
　　民等译，上海人民出版社 2007 年版。

［德］黑格尔：《法哲学原理》，范扬、张企泰译，商务印书馆 1961 年版。

［德］黑格尔：《精神现象学》上、下卷，贺麟、王玖兴译，上海人民出版社
　　2013 年版。

［德］黑格尔：《逻辑学》上、下卷，杨一之译，商务印书馆 2017 年版。

［德］黑格尔：《哲学科学百科全书 Ⅲ 精神哲学》，杨祖陶译，人民出版社
　　2015 年版。

《黑格尔说否定与自由》，王运豪编译，华中科技大学出版社 2017 年版。

《黑格尔通信百封》，苗力田译编，中国人民大学出版社 2015 年版。

［德］卡尔·洛维特：《从黑格尔到尼采：19 世纪思维中的革命性决裂》，李
　　秋零译，生活·读书·新知三联书店 2006 年版。

［匈］卢卡奇：《历史与阶级意识——关于马克思主义辩证法的研究》，杜章
　　智等译，商务印书馆 2011 年版。

［匈］卢卡奇：《青年黑格尔（选译）》，王玖兴译，商务印书馆 1963 年版。

［法］路易·阿尔都塞、艾蒂安·巴里巴尔：《读〈资本论〉（第 2 版）》，李
　　其庆、冯文光译，中央编译局出版社 2017 年版。

［意］奈格里：《〈大纲〉：超越马克思的马克思》，张梧等译，北京师范大学
　　出版社 2011 年版。

［美］诺曼·莱文：《马克思与黑格尔的对话》，周阳等译，中国人民大学出
　　版社 2015 年版。

［法］让·鲍德里亚：《符号政治经济学批判》，夏莹译，南京大学出版社
　　2015 年版。

［法］让·鲍德里亚：《为何一切尚未消失？》，张晓明、Jean-François Petit de Chemellier（薛法蓝）译，南京大学出版社 2017 年版。

［法］让·鲍德里亚：《物体系》，林志明译，上海人民出版社 2019 年版。

［法］让·鲍德里亚：《消费社会》，刘成富、全志钢译，南京大学出版社 2014 年版。

［法］让·鲍德里亚、菲利普·帕蒂：《临界：鲍德里亚访谈录》，戴阿宝译，上海社会科学院出版社 2021 年版。

［法］让·波德里亚：《象征交换与死亡》，车槿山译，译林出版社 2012 年版。

［斯洛文尼亚］斯拉沃热·齐泽克：《事件》，王师译，上海文艺出版社 2016 年版。

［英］斯蒂芬·霍尔盖特：《黑格尔导论：自由、真理与历史》，丁三东译，商务印书馆 2013 年版。

［美］汤姆·罗克摩尔：《黑格尔：之前和之后——黑格尔思想历史导论》，柯小刚译，北京大学出版社 2005 年版。

［法］托马斯·皮凯蒂：《21 世纪资本论》，巴曙松等译，中信出版社 2014 年版。

［美］托马斯·库恩：《科学革命的结构》（第四版），金吾伦、胡新和译，北京大学出版社 2012 年版。

［法］雅克·董特：《黑格尔传》，李成季、邓刚译，上海人民出版社 2015 年版。

［法］亚历山大·科耶夫：《黑格尔导读》，姜志辉译，译林出版社 2005 年版。

［英］亚当·斯密：《国民财富的性质和原因的研究》上卷，郭大力、王亚南译，商务印书馆 1972 年版。

张世英主编：《新黑格尔主义论著选辑》下卷，商务印书馆 2003 年版。

中国社会科学院哲学研究所西方哲学史研究室编：《国外黑格尔哲学新论》，中国社会科学出版社 1982 年版。

（三）学术专著

常凯主编：《劳动关系学》，中国劳动社会保障出版社 2005 年版。

陈来：《中华文明的核心价值：国学流变与传统价值观》，生活·读书·新知三联书店 2015 年版。

邓晓芒:《黑格尔〈精神现象学〉句读》第 1 卷,人民出版社 2014 年版。

邓晓芒:《黑格尔〈精神现象学〉句读》第 2 卷,人民出版社 2015 年版。

邓晓芒:《黑格尔〈精神现象学〉句读》第 3 卷,人民出版社 2016 年版。

邓晓芒:《思辨的张力——黑格尔辩证法新探》,湖南教育出版社 1992 年版。

高全喜:《论相互承认的法权——〈精神现象学〉研究两篇》,北京大学出版
　　社 2004 年版。

高兆明:《心灵秩序与生活秩序——黑格尔〈法哲学原理〉释义》,商务印书
　　馆 2014 年版。

国家统计局编:《新中国 60 年》,中国统计出版社 2009 年版。

国家统计局社会统计司编:《中国社会统计资料(1993)》,中国统计出版社
　　1994 年版。

何云峰:《劳动幸福论:以劳动幸福为核心构建社会主义精神》,上海教育出
　　版社 2018 年版。

贺麟:《黑格尔哲学讲演集》,上海人民出版社 1986 年版。

侯才:《青年黑格尔派与马克思早期思想的发展:对马克思哲学本质的一种历
　　史透视》,中国社会科学出版社 1994 年版。

靳凤林:《追求阶层正义:权力、资本、劳动的制度伦理考量》,人民出版社
　　2016 年版。

李培林等:《中国社会分层》,社会科学文献出版社 2004 年版。

李强:《社会分层十讲》,社会科学文献出版社 2008 年版。

刘引泉主编:《中国民主革命时期通史(1919—1949)》,东方出版社 1990
　　年版。

鲁品越:《鲜活的资本论——从〈资本论到中国道路〉(第 2 版)》,人民出
　　版社 2016 年版。

汝信:《论黑格尔哲学》,中国社会科学出版社 2014 年版。

宋祖良:《青年黑格尔的哲学思想》,湖南教育出版社 1989 年版。

孙伯鍨:《探索者道路的探索:青年马克思恩格斯哲学思想研究》,南京大学
　　出版社 2002 年版。

孙正聿：《马克思主义辩证法研究》，北京师范大学出版社 2017 年版。

吴晓明：《马克思早期思想的逻辑发展》，上海人民出版社 2016 年版。

吴晓明：《形而上学的没落——马克思与费尔巴哈关系的当代解读》，人民出版社 2006 年版。

吴晓明、王德峰：《马克思的哲学革命及其当代意义——存在论新境域的开启》，人民出版社 2005 年版。

武力主编：《中华人民共和国经济史（增订版）》上、下卷，中国时代经济出版社 2010 年版。

杨继绳：《当代中国社会各阶层分析》，甘肃人民出版社 2006 年版。

杨正喜：《中国珠三角劳资冲突问题研究：农民工视角下的一种阐释》，西北大学出版社 2008 年版。

仰海峰：《〈资本论〉的哲学》，北京师范大学出版社 2017 年版。

俞吾金：《被遮蔽的马克思》，人民出版社 2012 年版。

（四）期刊论文

白刚：《辩证法的历险——从"德国观念论"到〈资本论〉》，《马克思主义与现实》2017 年第 5 期。

关锋：《劳动辩证法：马克思历史辩证法的新解读》，《天津社会科学》2007 年第 2 期。

韩立新：《马克思的异化劳动理论究竟是不是循环论证》，《学术月刊》2012 年第 3 期。

韩志伟、吴鹏：《论黑格尔劳动辩证法的历史形态与逻辑展开——兼论马克思的批判与超越》，《学术研究》2017 年第 8 期。

何云峰：《关于形成全社会尊重劳动氛围的制度思考》，《社会科学》2015 年第 3 期。

何云峰：《劳动幸福权：通过劳动创造兑现的人之初始权利》，《湖北大学学报》（哲学社会科学版）2020 年第 3 期。

何云峰：《论劳动幸福的四个观测维度及其辩证关系》，《贵阳学院学报》（社会科学版）2020 年第 2 期。

何云峰：《论劳动幸福权》，《社会科学家》2018 年第 12 期。

何云峰：《马克思劳动幸福理论的当代诠释和时代价值——再论劳动人权马克思主义》，《上海师范大学学报》（哲学社会科学版）2018 年第 5 期。

何云峰：《人类解放暨人与劳动关系发展的四个阶段》，《江淮论坛》2017 年第 1 期。

何云峰：《社会主义对资本主义社会文化价值系统的超越》，《湖北大学学报》（哲学社会科学版）2018 年第 6 期。

何云峰、王绍梁：《鲍德里亚缘何误解马克思的劳动理论》，《北京大学学报》（哲学社会科学版）2021 年第 6 期。

何云峰、王绍梁：《黑格尔劳动辩证法思想的萌芽、形成及其应用——基于后黑格尔的批判性视角》，《学术交流》2019 年第 6 期。

何云峰、王绍梁：《劳动是理解新中国 70 年辉煌成就的钥匙》，《理论与评论》2019 年第 6 期。

何云峰、王绍梁：《论"劳动幸福"何以可能——兼对劳动幸福理论若干争议的回应》，《社会科学辑刊》2021 年第 6 期。

何云峰、王绍梁：《马克思劳动辩证法的新解读——"资本—劳动"权力关系的起源与变革》，《武汉大学学报》（哲学社会科学版）2019 年第 6 期。

何云峰、王绍梁：《马克思劳动概念的两重维度及其辩证关系——兼析〈资本论〉中劳动辩证法的革命意义》，《马克思主义与现实》2019 年第 2 期。

何云峰、王绍梁：《"让劳动本身成为享受"何以可能》，《探索与争鸣》2019 年第 7 期。

侯才：《当代中国发展的客观逻辑及其哲学课题》，《光明日报》2021 年 4 月 12 日第 15 版。

刘森林：《三种"辩证法"概念：从〈启蒙辩证法〉到〈资本论〉》，《哲学研究》2018 年第 3 期。

刘同舫：《从显性到隐性的主奴辩证法——〈精神现象学〉与〈1844 年经济学哲学手稿〉关系注解》，《哲学研究》2014 年第 1 期。

毛勒堂：《论作为劳动哲学的马克思哲学》，《江汉论坛》2017 年第 4 期。

潘斌：《"为了承认而承认"：重审黑格尔主奴辩证法的神话》，《社会科学》2017 年第 11 期。

孙乐强：《哲学与经济学的双重演绎：黑格尔劳动哲学的逻辑嬗变》，《南京工业大学学报》（社会科学版）2012 年第 4 期。

王代月：《劳动辩证法：从黑格尔到马克思》，《哲学动态》2018 年第 4 期。

王德峰：《论马克思的感性意识概念》，《云南大学学报》（社会科学版）2016 年第 5 期。

王德峰：《论异化劳动学说对于历史唯物主义的奠基意义》，《复旦学报》（社会科学版）1999 年第 5 期。

王德峰：《马克思的历史批判方法》，《哲学研究》2013 年第 9 期。

王德峰：《马克思意识概念和生产概念的存在论探源——兼论海德格尔对马克思的批评》，《复旦学报》（社会科学版）2001 年第 6 期。

王德峰：《社会权力的性质与起源——一个历史唯物主义的分析》，《哲学研究》2008 年第 7 期。

王德峰：《在存在论革命的本质渊源中洞察历史唯物主义》，《江苏社会科学》2000 年第 6 期。

王德峰、张敏琪：《论经济学的非历史性——重读马克思〈哲学的贫困〉》，《学术月刊》2021 年第 7 期。

王金林：《论马克思对黑格尔劳动概念之重构》，《哲学研究》2017 年第 4 期。

王绍梁：《从方法论的深化重新认识马克思共产主义思想的流变》，《湖北社会科学》2021 年第 11 期。

王绍梁：《从"劳动光荣"到"劳动幸福"：当代青少年劳动价值观的转变》，《青年学报》2019 年第 1 期。

王绍梁：《马克思劳动概念的存在论意蕴——以〈巴黎手稿〉为阐释中心》，《湖南科技大学学报》（社会科学版）2023 年第 2 期。

王绍梁：《深入"劳动现场"：新时代劳动关系的改良方案》，《劳动哲学研究》2023 年第 1 期。

王绍梁：《新时代社会主义文化价值理论体系的反思与重构——兼评何云峰教授的〈劳动幸福论〉》，《社会科学家》2020 年第 9 期。

王绍梁、何云峰：《论马克思对黑格尔劳动辩证法的批判与颠倒——以〈巴黎手稿〉为文本依据》，《财经问题研究》2019 年第 9 期。

王绍梁、潘二亮、朱丹：《"劳动扶贫"新理念与中国特色扶贫道路探索——基于山西省 L 县的精准扶贫实践考察》，《贵阳学院学报》（社会科学版）2020 年第 1 期。

王绍梁、朱丹：《劳动幸福"四重世界"的当代诠释与实现路径——〈巴黎手稿〉"异化劳动"的新解读》，《齐齐哈尔大学学报》（哲学社会科学版）2018 年第 6 期。

吴晓明：《辩证法的本体论基础：黑格尔与马克思》，《哲学研究》2018 年第 10 期。

吴晓明：《〈精神现象学〉的劳动主题与马克思的哲学奠基》，《北京大学学报》（哲学社会科学版）2010 年第 5 期。

仰海峰：《马克思的劳动概念：鲍德里亚的批评及其误读》，《南京社会科学》2003 年第 4 期。

仰海峰：《〈资本论〉哲学思想研究：反思与重构》，《华中科技大学学报》（社会科学版）2017 年第 3 期。

俞吾金：《论马克思的"劳动辩证法"》，《复旦学报》（社会科学版）2011 年第 4 期。

俞吾金：《马克思对黑格尔方法论的改造及其启示》，《复旦学报》（社会科学版）2011 年第 1 期。

张盾：《哲学经济学视域中的劳动论题——关于马克思与黑格尔理论传承关系的微观研究》，《南京大学学报》（哲学·人文科学·社会科学版）2006 年第 5 期。

张奎良：《论辩证法的合理形态》，《马克思主义与现实》2018 年第 4 期。

张义修：《从"劳动塑形"走向现代性批判——马克思对黑格尔劳动概念的重释》，《哲学研究》2013 年第 9 期。

二　外文参考文献

Bertell Ollman, "Marx's Vision of Communism: A Reconstruction", *Critique*, Vol. 8, No. 1, June 1977.

C. J. Arthur, *Dialectics of Labour: Marx and His Relation to Hegel*, Oxford: Basil

Blackwell，1986.

G. A. Cohen，"Marx's Dialectic of Labor"，*Philosophy & Public Affairs*，Vol. 3，No. 3，Apr. 1974.

Georg Lukdcs，"The Dialectic of Labor: Beyond Causality and Teleology"，*Telos*，No. 6，1970.

Georg wilhelm Friedrich Hegel，*Schriften zur Politik und Rechtsphilosophie*，Leipzig: Felix Meiner，1913.

Herbert Marcuse，"The Realm of Freedom and the Realm of Necessity: A Reconsideration"，*Praxis*，Vol. 5，No. 1，1969.

Jan Kandiyali，"Freedom and Necessity in Marx's Account of Communism"，*British Journal for the History of Philosophy*，Vol. 22，No. 11，Jan. 2014.

John E. Elliott，"Marx and Engels on Communism, Scarcity, and Division of Labor"，*Economic Inquiry*，Vol. 18，No. 2，Apr. 1980.

Paul Stewarta1，"Labour in Uncertain Worlds: The Return of the Dialectic?" *Work, Employment and Society*，Vol. 13，No. 1，1999.

Sean Sayers，*Marx and Alienation: Essays on Hegelian Themes*，New York: Palgrave Macmillan，2011.

Tom Rockmore，*Marx's Dream: From Capitalism to Communism*，Chicago: University of Chicago Press，2018.

Ware R. X.，*Marx on Emancipation and Socialist Goals: Retrieving Marx for the Furture*，London: Palgrave Macmillan，2019.

后　记

这部拙著呈现的是我在读书期间的学术思考。对于它的出版，我是诚惶诚恐的。其中的观点或多或少带有探索性质，不可避免包含不成熟的、不够系统的和未经严格的论断。实际上，我进入劳动哲学研究领域经历了一个转变过程。在刚学习哲学时，我比较关注前沿理论，"操持着"时髦的学术话语，对劳动理论并没有太大的兴趣。碰巧，我的导师何云峰教授此时在进行劳动幸福问题研究，并提出了"劳动人权马克思主义"这一新的理论主张。我当时与普通人的感受一样，对这一概念有种本能的拒斥。因为这与广大劳动阶级的主观感受是完全相反的，"劳动"在他们眼里只是作为生存的手段，劳动过程伴随的更多是辛苦和劳累。基于此，我专门写了一篇文章来论证劳动幸福的"不可能性"。这种否认劳动幸福的社会心理在学术界也有所反映。在有些学者看来，资本逻辑已成为支配现代社会的主体性力量，而大多数的工作必然属于受资本逻辑规定的雇佣劳动。因此，只要资本存在一天，人们在劳动中就不可能感受到真正的自由和快乐。

在这一点上，我是幸运的。何老师秉持着开放包容的教育理念，没有因为我持有不同意见而生气。相反，他非常耐心地引导我对此问题进行更加认真细致的学术思考，而非急于"拍板"。随着马克思劳动理论研究的深入，我逐渐认识到劳动幸福问题是我们无法绕开的时代课题，正因为现实劳动的不幸福，保障劳动幸福权这一时代口号才具有真正的生命力。本书以马克思劳动理论为基础，着重探讨了劳动幸福相关议题。其中许多章节内容是以发表在期刊上的学术论文为基础进行写作的，不少内容和观点也是我与何老师师生情谊的见证。在硕博求学的六年里，我们之间有许多深度的学术合作。虽然我本人执笔居多，但文中思想、观点和逻辑架构大都来自我们两人私下学术讨论，也有来自何老师的课堂讨论，还有来自阅读何老师的文章和著作后得到的启发，再加上我自己的一些独立思考。因此，我要特别感谢何老师。我想，学术传承大概就是如此，思想观点传承、研究范式传承、研究方向传承，等等。只有沿着何老师开拓的劳动哲学问题领域继续深耕，不断结出新果实，才能展现传承，以表达出真诚的谢意。

此外，我也关注到文化人类学研究方法的重要性。在未来，我计划以基础理论和现实问题为抓手，并引入文化人类学的方法展开研究工作。如果说，人类学学科中的马克思主义相关理论是马克思主义方法论向其他学科的延展，那么在马克思主义哲学界恰相反，文化人类学之于劳动哲学的研究则具有开拓性的价值。然而，早期马克思的思想尤其是类哲学很大程度上被归为不成熟的哲学人类学范式，而晚年人类学又局限在类民族学的范畴被理解和把握。这一点使得文化人类学视野在马克思主义哲学论域中长期处于被遮蔽的状态。事实上，文化人类学与历史唯物主义和资本主义批判理论在方法论上具有可相通性。这种相通性主要体现在"历史科学"特别强调的经验性（亦即《德意志意识形态》所讲的"现实的人"或"人们的实际生活过程"），以及资本批判方法特别强调的对抗性（在《资本论》中主要以资本与劳动的矛盾关系为锚点），而文化人类学的视域必然要求超出一般的抽象原则而直接深入感性经验的矛盾运动之中，并揭示出这种对抗性在文化器物、文化习惯和文化观念上的生动表现。

本书的顺利出版离不开诸多师友和单位的帮助。感谢朱丹博士、李晓霞博士、魏艳平博士、齐旭旺博士和李雪林同学的前期助力，以及中国社会科学出版社李立老师高效、专业的编校。本书的出版还得到了国家社会科学基金青年项目"马克思《资本论》中的劳动辩证法思想研究"（项目编号：23CKS008）、浙江省哲学社会科学重点研究基地浙江大学马克思主义理论创新与传播研究中心、浙江大学马克思主义学院等的支持，特此鸣谢！

王绍梁
2024 年 5 月 1 日